江西省高校人文社会科学重点研究基地项目"新时代社会组织参与社会治理的路径优化研究——以民间商会为例"（JD21022）成果

南昌大学中国特色社会主义理论体系研究中心资助出版

民间商会

发展与基层治理

基于江西水镇商会的个案

卢艳齐◎著

中国社会科学出版社

图书在版编目(CIP)数据

民间商会发展与基层治理：基于江西水镇商会的个案 / 卢艳齐著 . —北京：
中国社会科学出版社，2024.9
ISBN 978-7-5227-3670-9

Ⅰ.①民… Ⅱ.①卢… Ⅲ.①商会—研究—江西 Ⅳ.①F727.56

中国国家版本馆 CIP 数据核字(2024)第 110734 号

出 版 人	赵剑英
责任编辑	梁剑琴
责任校对	周　昊
责任印制	郝美娜

出　　　版	中国社会科学出版社
社　　　址	北京鼓楼西大街甲 158 号
邮　　　编	100720
网　　　址	http：//www.csspw.cn
发 行 部	010-84083685
门 市 部	010-84029450
经　　　销	新华书店及其他书店

印刷装订	北京市十月印刷有限公司
版　　次	2024 年 9 月第 1 版
印　　次	2024 年 9 月第 1 次印刷

开　　本	710×1000　1/16
印　　张	14.25
插　　页	2
字　　数	241 千字
定　　价	88.00 元

前　　言

　　"在商言商"是民间商会一直以来的传统，随着民营企业家获得了参政议政的机会，"在商言政"现象也随之出现。新时代以来，在国家与社会关系的重塑下"在商言治"的现象成为新的关注点。本书聚焦民间商会与基层治理研究，将研究对象放置在政治社会结构之中，而非政治经济结构之中进行讨论。从不同视角进行考察，所获得的结论也呈现出一定的差异性。本书主要采取的是个案研究法，即通过对个案民间商会的深度挖掘来探讨党的十八大以来国家与社会的关系形态。为此，本书通过将一家民间商会的发展历程划分为生成、培育与作用发挥三个动态发展阶段，全景式展现国家与社会互动的微观路径。

　　通过个案的完整呈现，本书认为，国家与社会关系并非从一开始就确定下来，而是一个不断被型塑的过程。在党的十八大以前，民间商会的自主性在政府职能转型的背景下被逐渐释放出来。尊重社会发展的客观规律成为民间商会兴起的共识，这使得许多民间商会能够在免于政府的行政控制之下而按照治理的逻辑独立发展。随着新一轮脱钩改革的启动，国家与社会之间的紧密关系变得松弛，社会的自主性也逐步增强。与此同时，党的全面建设开始对国家与社会关系产生新的影响，主要表现为：一方面，基层党组织在社会中及时补位，填补国家权力在民间商会实时管理中的空白，对民间商会进行统合与引领；另一方面，基层党组织也通过积极发挥政治功能，运用自身政治优势，为民间商会链接发展资源，进而与政府共同培育民间商会。以上影响带来的结果是党对社会的统合，这不仅强化了党的社会基础，而且在理论上要求在基层治理中"找回政党"，由此党在国家与社会关系的讨论中成为一个不可忽视的变量。基层党组织的作用并不仅限于此，本书还发现，为了实现长期领导社会的目标，党组织能够在短期内迅速将社会阶层整合起来，在基层党组织实现"有形"与"有效"，"组织"与"工作"等双覆盖的党建理念指导下，以模式扩散的类行政化方式推动民间商会的建立，从而在更大范围内实现党建对基层治理的引领。这一行动表现预示着党对社会进行整合或引领的趋势。

面对国家角色在基层治理中的变换，民间商会又表现出怎样的态度呢？本书通过深度的个案研究表明，民间商会采取的是一种积极迎合的策略来处理与基层国家力量的关系，并在其引导下主动嵌入基层治理结构中。之所以出现这种情况，与脱钩改革下民间商会的资源依赖转向、管理层的党员结构、自身的功能定位等有着密切联系。民间商会对外部环境的适应能力强，以及与国家关系的融洽，是其之所以能够在社会组织中长期保持优先发展地位的重要原因。民间商会的积极态度主要表现在功能与作用的发挥上：一是继续保持基础性功能与赋予性功能的稳定发挥；一是根据制度环境的变化努力调适社会治理功能，在行动和理念上与基层国家力量保持一致。但是与党和国家的紧密关联，也可能使民间商会滑入自主性削弱的窠臼，加之中部地区基础条件的限制，民间商会仍存在互益性不强，专业性不足以及会员内部分化等现实问题。

推进基层治理的现代化，应当注重提升民间商会的治理参与能力，强化民间商会实现可持续发展的资源供给，实现协同主体之间的制度化关联。具体而言：首先，加大政府向民间商会购买服务的力度；其次，打造成熟型的支持型社会组织，以此孵化和培育更多具有现代化治理能力的民间商会；再次，为了揭升民间商会成员的获得感，应当强化民间商会的常规功能；又次，配强民间商会及其党组织的班子成员，试行党组织书记与会长一肩挑制度，着力疏通党社互动的结构性阻滞；最后，筑牢民间商会的社会组织协商意识，重新界定民间商会在基层治理中的功能作用，防止走偏走样。随着社会转型的加速推进，民间商会作为长期受到优先发展的社会组织也将持续发挥重要的和特殊的作用。根据新形势的变化对民间商会的功能与作用进行适度调整既是推进中国式现代化的题中之义，也是让社会建设焕发更多活力的应然之举。

基于以上考虑，本书划分为导论、正文、结论与探讨三个部分。导论部分主要介绍了本书的问题意识以及选题的理论与现实意义，通过对国内外文献进行回顾的方式指出了既有研究取得的成果以及当前研究存在的不足。正文部分介绍了个案商会从生成到培育再到作用发挥的动态完整过程，通过国家与社会之间持续不断的互动行为，考察国家引导民间商会生成和发展的政治意图，以及社会接受国家再组织化并主动选择被行政吸纳和被政党统合的行动策略。此外，该部分还通过以小见大的方式，归纳和总结当前国家与社会关系调适之下，民间商会与基层治理之间的多维关系，并从基层治理的角度出发提出具有针对性的建议，旨在为中西部地区民间商会的发展提供参考。结论与探讨部分聚焦的是新时代社会组织党建对国家与社会互动关系带来的深刻变化与影响，回应党建引领对理论研究的启示与发展走向。

目　录

导　论

一　研究的缘起、问题与意义

（一）研究的缘起

2017年10月，党的十九大胜利召开，习近平总书记在报告中提出了以"产业兴旺、生态宜居、乡风文明、治理有效、生活富裕"为总体要求的乡村振兴战略，由此开启了乡村社会发展的新征程。此后，中央连续出台多项文件全面推进乡村振兴战略。2020年党的二十大报告中，习近平总书记再次重申：全面推进乡村振兴。全面建设社会主义现代化国家，最艰巨最繁重的任务仍然在农村。乡村振兴战略从提出到全面铺开意味着由来已久的乡村衰落问题获得了党中央的高度重视，而化解乡村社会在发展中出现的一系列问题其实早已成为各地区推动乡村治理体系和治理能力现代化的重要议题。

中华人民共和国成立70多年来，我国乡村地区先后经历了国家政权建设、人民公社、村民自治和三治融合等几个时期的历史巨变，在基层政权建设不断朝着现代化目标迈进的同时也产生了治理上的困境。尤其是改革开放以来，在城乡发展速度不一致的时代背景之下，乡村社会在与城市的对比中，更加凸显了发展上的不平衡与不充分。总体而言，乡村社会面临治理任务更加繁重的现实困境。由于乡村治理主体单一，治理方式相对滞后，社会本身又难以产生自我修复的能力，加之基层政府在治理中存在多重问题，使得常规化的乡村治理格局耗散着农民对政府的信任。诚如赵树凯所言："乡镇政府在与基层社会的关系上，无论是基层政府从农村社会汲取资源和获取支持的能力，还是基层政府渗透基层社会、有效贯彻其政策的能力，都显得相当有限。"① 面对乡村治理的困境，不少地方政府和乡村社会都在积极探索有效的治理方式。例如在维持社会秩序稳定方面，山东省泰安市于2006 年在汶南镇组建平安协会，以解决困扰已久的治安问题，随后该机制被迅速推广，成为地方治理创新的典型案例。在推动村级治理有效方面，广东省清远市、湖北省秭归县、四川省都江堰市等地开展治理下沉的改革举措，将治理单元下沉至院落、村民小组、自然村一级，化解了南方部分农村地区村民自治失效的问题。在重构乡村治理体系方面，浙江等省份推行"三治"，即将村民自治扩展到"自治、法治、德治"相融合的层面，最大限度地调动和运用村庄内部的治理资源，使得"大事一起干、好坏大家判、事事有人管"的良好局面初步形成。这些有益的实践探索为乡村社会带来了新的发展机遇，推动了乡村社会的善治。同时我们还看到，国家仍在通过积极引导社会力量参与乡村治理的方式，重新建构乡村治理格局，打破治理僵局。被称作"第三部门"的社会组织是其中一支重要的力量。例如，乡贤理事会、红白理事会、村民议事会等，就是通过吸纳能人、运用能人威望对村庄公共事务进行治理的几种具有代表性的社会组织。

党的十九大报告指出，要打造共建共治共享的社会治理格局，进一步要求政府、企业、社会组织、公民个人等多元主体有效有序地实现基层治理的共同参与。显然，社会组织已经成为推动基层治理现代化的多元主体之一，是实现社会多元共治的重要力量。② 就基层治理现代化而言，社会组织的价值和意义由此凸显出来。

（二）研究的问题

改革开放以来，我国社会组织呈现蓬勃发展的态势。根据民政部2023 年统计公报显示，截至 2022 年，全国共有社会组织 89.1 万个，吸纳社会各类人员就业 1108.3 万人，比上年增长 0.8%。此外，还有大量无法按照现行法律法规登记注册的民间组织，包括一些草根组织、境外在华组织、社区社会组织、农村社会组织以及各类松散型的民间团体。

如此多的社会组织在公共服务供给、承接政府职能和参与城乡基层治

---

① 赵树凯：《乡镇治理与政府制度化》，商务印书馆 2010 年版，第 7 页。
② 王名、蔡志鸿、王春婷：《社会共治：多元主体共同治理的实践探索与制度创新》，《中国行政管理》2014 年第 12 期。

理等事务中发挥着日趋重要的作用。在实际中，不同地区的党委和政府会根据治理环境的具体情况对社会组织进行甄别，将其中具有治理潜质的社会组织纳入地区治理事务，使得社会组织参与基层治理的行为呈现出差异化的特质。在广大农村地区，较为常见的社会组织有老年人协会、农户用水协会、乡贤理事会、村民理事会、红白理事会等，此外还保留了一些较为传统的社会组织，如汉族地区的宗族组织，民族地区的"冬""寨老""议榔"等民间权威型组织。这些社会组织在调解村庄矛盾纠纷，维护乡村社会治安，稳定村庄社会秩序等方面仍在发挥一定的效力。但是总体而言，我国农村社会组织在发展过程中集中表现出发展结构失衡、性质上类行政化以及农民参与不足等特点，[①] 与实现乡村社会多元共治的目标要求之间仍存在较大的差距。

　　在农村社会组织发育不足的情况下，我们看到，从国家实施精准扶贫政策以来，乡村社会以外的社会组织大量地参与到了农村的贫困治理中。这些社会组织通过资金募捐、项目运作等方式和途径为乡村的减贫事业、产业发展和公共服务等作出了较为突出的贡献，而在脱贫攻坚的最后关键阶段，国家全力引导各类社会组织继续发力，与党委和政府共同全面打赢脱贫攻坚战役。也即是说，在农民组织化程度较低与农村社会组织发展相对滞后的情况下，基于城乡一体化建设的战略背景，地方可以通过引导城市社会组织参与到乡村社会建设中，为乡村的发展注入新的活力和动力。作为承接精准扶贫政策又一新的重大战略，这一方式也将为乡村振兴战略的实施带来较为显著的积极影响。但问题是，社会组织参与乡村社会建设不仅需要以社会组织的自觉自愿为前提，更要以政府购买服务作为物质保障。从长期来看，政府等外在资源的介入（如购买服务）对于社会组织的参与与积极性具有支撑作用。[②] 也即是说，社会组织参与乡村社会建设首先会面临动力机制的问题，即组织为何要花费大量的时间和精力去从事一些看似与它发展没有直接联系的活动呢？[③] 几乎所有的社会组织在基层治理的参与中都不可避免地要回答这一问题，而当这一问题被放置到以民营

---

　　① 陈荣卓、陈鹏：《新型城镇化背景下现代农村社会组织管理体制构建研究》，《社会主义研究》2013 第 6 期。

　　② Tara Kolar Bryan，"Multilevel Learning in Nonprofit Organizations：Exploring the Individual, Group, and Organizational Effects of a Capacity Building Program"，*Journal of Nonprofit Education and Leadership*，Vol. 7，2017，pp. 91–109.

　　③ 周雪光：《组织社会学十讲》，社会科学文献出版社 2003 年版，第 68 页。

企业家为构成主体的商会组织中，其意义便愈加凸显出来。因为在一般的观点看来，民营企业家的社会形象是"在商言商"，商会的功能主要是通过制定会员遵循的共同法则规范市场主体的行为，或是作为政府与市场之间的"第三部门"，在"政府失灵"与"市场失灵"时及时维护民营企业家及其公司企业的基本权益。然而，近些年来不断被印证的一个事实是：一个更贴近市场的社会组织，愈来愈多地参与到了基层治理中，成为推动基层治理现代化的主体力量之一。[①] 例如著名的"温州商会"，就已经参与到了地方的环境治理、工资谈判、劳资关系协调以及社会公益事业中。[②] 那么一个适用于所有社会组织的问题，同样也适用于民间商会，即民间商会为什么参与基层治理？民间商会是如何参与基层治理的？然而，通过对实践的观察我们发现，民间商会参与基层治理的行为实际上是国家主导的结果。因此，从政治学的角度出发，我们更要反思的问题是：国家为什么要培育和引导民间商会参与基层治理？国家又是如何培育和引导民间商会参与基层治理的？民间商会参与基层治理的效度如何？这些行为对国家与社会的互动关系造成了哪些影响？

带着这样的问题意识，本书试图以江西省 X 市一家具有典型意义的民间商会为研究对象，揭示国家培育和引导民间商会参与基层治理的逻辑，并在此基础上进一步考察民间商会在基层治理参与中所发挥的实际功能和作用，指出民间商会参与基层治理对当前国家与社会关系产生的影响及其启示。

（三）研究的意义

民间商会是近代历史的产物。自 1902 年在上海成立第一家现代意义上的商会至今，民间商会已有 100 多年的历史。在漫长的历史中，民间商会在政治、经济与社会发展中的功能与作用不断受到制度环境等因素的影响而发生变化。尤其是随着社会建设被纳入国家"五位一体"总体布局中，民间商会作为社会组织的价值和意义逐渐显现出来，这使得当前的民间商会与其以往在国家治理中所扮演的角色出现了一些不同的迹象。因此，不论是从理论价值层面还是现实意义层面，国家培育和引导民间商会参与基层治理都值得深入研究和探讨。

---

① 袁方成、陈印静：《社会治理现代化进程中的商会改革：风险及其化解》，《国家行政学院学报》2015 年第 4 期。
② 郁建兴：《改革开放 40 年中国行业协会商会发展》，《行政论坛》2018 年第 6 期。

第一，本书研究的理论价值。国家是基层治理的主体，是推动基层治理体系和治理能力现代化的核心力量，对国家行为的探索始终是延伸和丰富国家理论的重要途径。民间商会是以民营企业家为组成人员的社会团体，对民间商会的研究，其实也是对民营企业家这一社会阶层的研究，本书从民营企业家组织化的角度对新阶层进行分析，有利于站在历史的新起点延伸和拓展当前对民营企业家的研究。从更为宏观的层面来说，对民营企业家的组织化现象进行研究也符合社会分化时代国家对社会阶层重新进行多样化整合的需要。此外，民间商会的发展又关乎社会组织的发展。作为国家推进社会组织管理体制改革的一类重要主体，对民间商会的探讨也能够从理论意义上丰富我们对国家与社会关系新发展的认知。通过对民间商会参与基层治理全过程的实证分析，也能够更加清晰地把握社会组织的集体行动逻辑，在实践经验的总结中丰富和发展社会组织的研究理论。

第二，本书研究的现实意义。民间商会作为一类自改革开放以来就受到优先发展待遇的社会组织，不仅发展成熟体系健全，而且数量仍处于不断增长的趋势中，对社会的影响全面而深入，在社会生活和政治发展中的地位举足轻重。打造多元共治的基层治理格局，又需要国家引导和吸纳不同类型的社会组织参与进来，因此将民间商会作为一支重要的社会力量和治理主体进行培育和发展符合国家治理现代化的需要。对国家培育和引导民间商会参与基层治理的行为进行实证分析，不仅有利于提炼和总结有价值的实践经验，而且也能够从存在的问题中进行反思，为更好实现国家与社会的良性互动提出有针对性的、切实可行的建议。更为重要的是，本书所关注的民间商会，其参与基层治理的范畴主要集中在乡村社会，因而从乡村振兴战略的角度来看，本书还能为推进城乡融合发展以及社会组织助力乡村全面振兴提供有价值的参考。

二　相关文献述评

民间商会的历史由来已久，经过了一个多世纪的发展，民间商会一般被看作由商人自发组建的以互助互惠为目的的社会团体，其主要成员为民营企业家和民营企业。改革开放以来，民间商会在社会主义市场经济发展中扮演了十分重要的角色，在调解经济纠纷和维护民营企业家的合法权益方面也作出了突出贡献。民间商会的数量近些年仍保持着较高的增长趋势

（如表 0-1 所示）：

表 0-1　　　　　　全国各类商会数量（2006—2016 年）　　　（单位：个）

	2006 年	2007 年	2008 年	2009 年	2010 年	2011 年	2012 年	2013 年	2014 年	2015 年	2016 年
行业商会	7854	8846	10337	10764	14251	15965	17036	10051	11395	12668	13558
乡镇商会	17000	17215	17203	17201	17558	17701	17735	13187	14615	15939	16617
街道商会	3473	3580	3749	3789	4113	4447	4575	2993	3443	3865	4189
异地商会	780	961	1289	1398	2535	3345	3983	4001	4733	5825	6388
其他商会	1528	1653	1752	1677	2153	2397	2939	2293	2795	3382	3623
总计	30635	32255	34330	34820	40610	43855	46268	32525	36981	41679	44375

资料来源：根据中华全国工商业联合会历年会员和组织发展情况通报整理。

　　根据中华全国工商业联合会 2017 年颁布的章程，商会被划分为：行业商会、乡镇商会、街道商会、异地商会以及园区商会等类型，因园区商会所涵盖的类型较多，故而将其与联谊会、市场商会、开发区商会、楼宇商会、村商会等并称为其他商会。在实际研究中，商会又不仅限于"商会"这一名称，其他诸如行业协会或者同业公会等都可以看成商会。虽然各地区的工商联也被称为"总商会"，但是其性质和职能与一般的民间商会存在诸多不同之处，故而本书中的商会指代的是民间商会和行业协会，以区别于工商联性质的官办商会。

　　中国当代民间商会的快速兴起始于 20 世纪 90 年代。1993 年 11 月，党的十四届三中全会通过了《中共中央关于建立社会主义市场经济体制若干问题的决定》，其中明确指出"必须培育和发展市场体系，发展市场中介组织，发挥行业协会、商会等市场中介组织的服务、沟通、公证、监督作用"，商会的发展自此拥有了政治保障，走上了快车道。在此阶段，由于中国商会尚处于恢复和重启阶段，因而国内外关于商会的研究并不多，除了部分关于历史上商会的研究之外，基本局限于对商会的性质和功能等基础性研究。进入 21 世纪后，随着社会主义市场经济的蓬勃迅速发展，商会获得了长足的发展。2003 年，党的十六届三中全会通过了《中共中央关于完善社会主义市场经济体制若干问题的决定》，再一次明确提出了"积极发展独立公正、规范运作的专业化市场中介服务机构，按市场化原则规范和发展各类行业协会、商会等自律性组织"。其中"自律性组织"的提出，为商会的发展提供了一个独立的平台，而民间商会的兴起也因此有了更大的空间，并逐渐成为最为引人注目的一类社会团体。自此，关于中国民间商会的国内外研究开始不断增多。

（一）国外研究述评

从词源上说，"商会"一词为"舶来品"，是对西方商人社会团体的借鉴和使用，最早萌芽于欧洲封建社会的商人行会，也即是商人"基尔特"（guild）。商会在西方资本主义国家是非常成熟且完善的一类社会组织，在市场经济中发挥着举足轻重的作用。西方学术界对商会进行了大量的研究，形成了丰富的理论研究成果。就中国商会的研究而言，西方学术界的研究则较为缺乏，但是这些研究也带给中国学术界一定的启发。纵观西方学者对中国商会的研究，主要可以从历史时段和研究视角两个层面对这些研究进行划分。

1. 历史时段中的民间商会研究

中国的商会一般可以追溯至晚清时期由浙商宁波帮的领袖人物严信厚等人创办的上海商业会议公所。Fewsmith 主要考察的是晚清时期的商人团体，从传统商帮到第一家商会的转变过程。他从公共领域和私人领域的角度出发，认为晚清时期成立的商会组织，是中国历史上第一次承认的独立于国家之外的私人领域。但问题是，晚清政府并不明确公和私的边界在哪里，对于私人私有的协会组织，政府在实际中存在公权力介入私人领域的问题。① 进入民国，虽然传统商帮消失殆尽，Burgess 却指出传统的商帮组织给当时的商会组织留下了一笔宝贵的遗产，使得商会组织拥有诸如宗族类村庄的群体特征，能够坚定地站在一起抵抗外界的专横行为。除此之外，商会组织还在内部成员实现互帮互助之余，在赈灾救荒等公益慈善事业中发挥了作用。② Fox 则主要聚焦于民国时期的上海总商会，对上海总商会在民国时期的发展情况进行了探讨。在晚清政府结束统治后的一段时期内，上海总商会获得了比以往更大的独立自主性。国民党政府进驻上海以后，上海总商会代表商界精英做政治发声，同有组织的劳动工人进行

① Joseph Fewsmith, "From Guild to Interest Group: The Transformation of Public and Private in Late Qing China", *Comparative Studies in Society and History*, Vol. 4, 1983, pp. 617-640.

② J. S. Burgess, "The Guilds and Trade Associations of China", *The Annals of the American Academy of Political and Social Science*, Vol. 152, 1930, pp. 72-80.

协商，并在此过程中逐渐获得了合法性。① 对清末民初商会的研究其意义主要体现在史料价值上，但从现实的角度来看，对中国历史上商会的研究不足以体现当前中国商会的发展状况，而且基于不同生产资料和政治经济制度上建立起来的商会组织，从性质到功能的发挥方面都存在诸多的不同。

2. 理论视角下的民间商会研究

大多数西方学者关注的是改革开放后的民间商会，他们分别运用市民社会理论、法团主义理论以及现代政党理论对中国的民间商会进行分析。

其一，市民社会的理论视角。市民社会的理论视角强调民间商会是众用来抗衡国家的一种组织工具，将民间商会看成市民社会的载体，通过这种组织公众可以保护和争取自己的利益，独立于国家乃至与国家抗衡。市民社会的理论视角始于 20 世纪 80 年代末，主要用来研究中国、苏联以及一些东欧国家。在 20 世纪 80 年代末的国际政治发展中，人们发现市民社会成为苏联与东欧国家发生重大政治变迁的关键因素，因此"市民社会与国家"随之兴起，并将其运用到中国政治的研究中来。具体而言，王大伟（David L. Wank）和内维特（Christopher Earle Neivitt）是其中的代表人物，他们分别就中国大陆个案地区的民间商会展开了研究。王大伟根据他在福建厦门的个案调查认为，中国的民营企业家对待民间商会的态度和行为受到阶层内部分化的影响，换句话说，不同企业家会根据自己的实力和企业规模调整自己在民间商会中的行动策略。在不同实力的企业家中，对民间商会的发展和支持抱有最大热情和信心的是中等经营规模的企业家，因为从改革开放中发展起来的这些企业家缺乏与官员进行制度化联系的渠道。但是加入民间商会，与其他企业家进行联盟则可以帮助他们与正式的科层之间建立必要的联系，并以此来提高企业的收益。② 也即是说，在王大伟看来，作为市民社会的一种象征，民间商会对于不同阶层的企业家而言，其所能起到的作用是不同的。当然这也从另一个方面反映出，民间商会所能发挥的作用在一定空间内是有限的。内维特根据自己于 90 年代在天津地区对个体劳动协会和工商业联合会等类型组织的调查认

①　Josephine Fox, "Common Sense in Shanghai: The Shanghai General Chamber of Commerce and Political, Legitimacy in Republican China", *History Workshop Journal*, Vol. 50, 2000, pp. 22-44.

②　David L. Wank., "Private Business, Bureaucracy, and Political Alliance in a Chinese City", *The Australian Journal of Chinese Affairs*, Vol. 33, 1995, pp. 55-71.

为，改革开放后不同层级的官员会采取两种不同的职业策略。地市一级的官员采取的是一种较为传统的官员晋升策略，习惯揣摩和思考上级领导的喜好，满足他们的期望，因而较少关注地方的经济发展。区县一级的官员则相对不同，因为他们必须通过竭力推动地方经济的发展来赢得地方政治的支持，故而采取的是"小池里的大鱼"策略，而这种策略的施展反过来也推动了地方经济的发展。ICF（工商业联合会）因为能够表达和维护组织化支持者的利益，因此被内维特看成独立于国家的形成市民社会的一部分。但内维特同时又指出，这一事实仍然取决于中国的政治体制如何向前发展。①

王大伟和内维特沿用西方市民社会理论对中国民间商会的研究得出了与中国发展事实并不完全一致的结论。在市场经济体制确立之初，中国的民间商会组织，尤其是工商联这种官办的民间商会组织，与西方所谓的和国家权力进行对抗的市民社会相去甚远。Fewsmith 后来根据"温州商会"的研究就指出，民间商会更多的是代表了民营企业家联络交往的社会资本来提升行业利益，而不是形成一个市民社会。② 市民社会理论就其被运用于分析中国时的用法而言，预设了一种国家与社会之间的二元对立，③ 在此情况下，一些西方学者转而采用法团主义的理论视角。

其二，法团主义的理论视角。与强调社会与国家形成对抗力量的视角不同，法团主义从另一个角度出发，强调社会与国家之间的合作，从本质上看是一种合作主义的取向。在法团主义看来，国家与社会各自存在一定的自主性，但国家的权威受到根本保障，社会很难作为一支反抗力量与国家相对存在。不仅如此，国家还对社团的合法性进行规定，对这些社团的领导选举和利益表达加以监管和控制。运用法团主义对中国商会进行研究，以裴松梅（Margaret M. Pearson）最具有代表性。裴松梅提出了"社会主义法团主义"（socialist corporatism）的概念，她以 CAEFI（中国外商投资企业协会）为例，说明民间商会具有层级性和垄断性等特征，但同

① Christopher Earle Nevitt, "Private Business Associations in China: Evidence of Civil Society or Local State Power?", *The China Journal*, Vol. 36, 1996, pp. 25-43.

② Joseph Fewsmith, *The Logic and Limits of Political Reform in China*, Cambridge: Cambridge University Press, 2013, pp. 108-141.

③ ［美］黄宗智：《中国的"公共领域"与"市民社会"？——国家与社会间的第三领域》，载［美］黄宗智《实践与理论：中国社会、经济与法律的历史与现实研究》，法律出版社2015 年版。

时也具备国家控制与社会自主性的双重面孔。一方面，CAEFI 的建立、人事与合法性都受到国家的影响；另一方面，CAEFI 又具有表达利益诉求和影响政府政策的自主性。裴松梅指出，不同于施密特所认为的法团主义是对既存的分散的社会力量的整合，中国的"社会主义法团主义"是通过向社会让渡权力来促进国家的发展。① 此外，安戈（Jonathan Unger）和陈佩华（Antia Chen）通过对中国官办民间商会（工商联等）的调查，认为中国接近于国家法团主义，但是方向与东亚新兴的工业国家相反：中国并不是通过加强国家对经济与社会的控制，而是通过法团主义国家放松了控制，意味着中国正在从计划经济体制向代理人主导的模式进行转变。②

法团主义的研究范式将中国民间商会的研究向前推进了一步，在非此即彼的关系模式中，看到了国家与社会关系的多种可能性。但是也有学者通过对烟台地区的民间商会组织的调研发现，民间商会与国家之间具有法团主义的结构形式但没有法团主义的实质，民间商会在本质其实是嵌入政府结构中的附庸组织。③ 蔡欣怡（Kellee S. Tsai）更加直白地认为：行业协会在政策倡导方面的相对成功，主要是看地方政府与特定行业的利益在多大程度上是一致的。④ 张静在引介法团主义的理论视角时，也曾鲜明地指出，法团主义解释中国存在三重困难：（1）西方的法团主义处理的是"先分化，后整合"的结构，而研究中国的学者将法团主义反过来使用，背离了法团主义的传统主题；（2）法团主义需要制度化的联结机制，而中国尚不具备；（3）法团主义是反自由主义的，而许多学者使用它的目的则是分析和推论自由主义在中国的发展。⑤

其三，政党理论的视角。除了市民社会和法团主义两种主流的理论视角以外，还有学者运用政党理论对中国民间商会进行分析。例如，狄忠蒲（Bruce J. Dickson）就从政党的角度出发，指出中国共产党对社会力量所

---

① Margaret M. Pearson, "The Janus Face of Business Associations in China: Socialist Corporatism in Foreign Enterprises", *The Australian Journal of Chinese Affairs*, Vol. 31, 1994, pp. 25–46.

② Jonathan Unger, Antia Chen, "China, Corporatism and the East Asian Model", *The Australian Journal of Chinese Affairs*, Vol. 33, 1995, pp. 29–53.

③ Kenneth W. Foster., "Embeded with in State Agencies: Business Association in Yantai", *The China Journal*, Vol. 147, 2002, pp. 42–65.

④ ［美］蔡欣怡：《绕过民主：当代中国私营企业主的身份与策略》，黄涛、何大明译，浙江人民出版社 2013 年版。

⑤ 张静：《法团主义》，中国社会科学出版社 1998 年版，第 165—166 页。

采取的主要策略是吸纳整合，协会体系即是其中一种制度化的尝试。① 蔡欣怡（Kellee S. Tsai）通过对中国民营企业家与党的关系研究，认为党通过吸纳民营企业家成为党员，让其作为人大代表或政协委员等方式，有效地化解了民营企业家对政权存在的不利因素。②

从既有的研究来看，西方学者习惯性地运用西方理论对中国的民间商会实践进行分析和解读。他们在历史和现实的两个维度对中国民间商会组织进行了颇有见地的理论观察，也影响了中国许多学者的研究取向和方法运用。但问题是，西方学者对中国国家与社会的复杂关系缺乏体验，也没有跟进最新的实践，因此西方理论在中国的适用性往往会受到来自经验的挑战。此外，西方理论视角中的研究主要关注政会合作性质、合作模式等宏观性命题，对政党与社会关系等具体讨论较少，最终陷入解释受限的困境。

（二）国内研究述评

相较于西方学者的远距离观察，中国学者对民间商会的研究则更为"亲近"，材料更为丰富和翔实，研究更加深入而透彻。20世纪90年代以来，对民间商会的研究就从未终止过，学者们分别从经济学、政治学、社会学和历史学等学科角度对中国近代民间商会以及当代民间商会进行了全方位的研究。为了方便把握，本书拟从议题上对其中一些具有代表性的观点进行分类综述。

1. 关于民间商会近代历史的研究

对民间商会近代历史的研究肇始于我国辛亥革命研究的领军人物章开沅先生。1980年，章开沅先生发表了一篇题为"解放思想，实事求是，努力研究辛亥革命史"的重要文章。在该文中，他不仅提出了要运用马克思主义理论对辛亥革命的重要历史地位及其作用与影响进行重新认识的重要论断，还首次指出要注重对商会、商团等课题的研究，"除了企业家与企业集团以外，行帮、公所、会馆、商会、商团、码头、集镇等等都应该列入我们的研究课题，也只有这样逐步弄清各个侧面，我们才能对于资产阶级在辛亥革命前后的政治动向作出

① Bruce J. Dickson, *Red Capitalists in China: The Party, Private Entrepreneurs and Prospects for Political Change.*, Cambridge: Cambridge University Press, 2003, p.198.

② Tsai K. S., *Capitalism without Democracy: The Private Sector in Contemporary China*, Ithaca: Cornell University Press, 2007.

更为深刻的科学的说明"①。此后，马敏、彭南生、唐力行、朱英等学者挑起了民间商会近代史研究的大梁。他们对近代民间商会，尤其是民国时期上海等沿海发达地区的民间商会进行了深入研究。他们意识到近代民间商会的发展受到政治环境的深刻影响，也深刻地影响着国家和民族的政治命运，在历史的关键时刻为革命的兴起和发生做了重要的社会动员工作。② 民间商会的历史意义不仅在政治上有所体现，在社会生活中亦有突出表现，例如一些民间商会"通过办学、防疫施诊、防盗，为商铺学徒提供补习教育，弥补公共卫生之不足，构建公共安全体系，成为城市社会管理的一个有机部分"③。遗憾的是，尽管民间商会积极参与到国民革命、商事制度建设以及商会法律制定等事务中，但是近代历届政府并没有采纳他们的合理主张。他们关于扶助民族资本产业、废除苛捐杂税、改革政治制度、争取民族独立等主张，无法通过腐败无能的政府付诸实施，而自身的软弱与政治文化素质的相对低下也限制了他们的影响力，因而近代商会成为中国早期现代化的一个失败的承担者。④ 同时，又因为国家经济遇到建筑在地主土地所有制基础之上的中国封建经济结构与政治结构的两大阻碍，使得商会亦不能推动近代国家的资本主义转化。⑤ 对中国近代民间商会的研究实际是现实的一种折射和反映，都是基于国家对政治经济社会体制进行全方位改革的客观事实，历史学者看到了商会研究的前景，但又苦于当时民间商会尚未兴起而缺乏实证材料，故而历史学的研究变得重要起来。虽然这些对近代商会的研究未必能够很好地为当今民间商会的发展提供借鉴意义，但其中所展现的一脉相承的中国商人文化则为我们理解民营企业家的行动逻辑提供了一种视角。

2. 关于民间商会功能与作用的研究

如果说以朱英、马敏等学者为代表的民间商会近代史学研究围绕的主

---

① 章开沅：《解放思想，实事求是，努力研究辛亥革命史》，载《辛亥革命史丛刊》（第 1 辑），中华书局 1980 年版，第 10 页。

② 参见彭南生《五四运动与上海马路商界联合会的兴起》，《华中师范大学学报》（人文社会科学版）2009 年第 3 期；朱英《近代中国商人与社会》，湖北教育出版社 2002 年版，第 336—430 页；虞和平、陈君静《1920 年前后废督裁兵运动中的商会与孙中山》，《广东社会科学》2012 年第 3 期；马敏《试论晚清绅商与商会的关系》，《天津社会科学》1999 年第 5 期。

③ 彭南生：《行小善：近代商人与城市街区慈善公益事业——以上海马路商界联合会为讨论中心》，《史学月刊》2012 年第 7 期。

④ 虞和平：《商会与中国早期现代化》，上海人民出版社 1993 年版，第 366—388 页。

⑤ 唐力行：《商人与中国近世社会》（修订本），商务印书馆 2017 年版，第 342 页。

题是民间商会在近代国家转型中的特殊作用，那么以陈剩勇、郁建兴等学者为代表的当代民间商会研究则关注的是民间商会在社会转型中的功能与作用。与近代史类似，改革开放后的民间商会同样是率先在长三角、珠三角等沿海发达地区兴起。在诸多的民间商会和行业协会中，温州商会无疑是其中的佼佼者。经过30多年的发展，截至2015年，温州市共有行业协会商会205个，基层商会129个，其中市本级行业协会商会111个、团体会员单位30个，已经形成了各级总商会、行业协会商会、乡镇商会和异地温州商会齐头并进的发展格局和组织网络。温州商会的兴起，不仅带来了重大的现实意义，而且为学界提供了温州模式研究从经济学范式转向政治社会学范式转型的可能性。

　　20世纪90年代初期，邓正来、景跃进等学者将西方的市民社会理论引进到中国来。尤其是当高登·怀特（Gordon White）在对浙江萧山民间社团的调研基础上得出市民社会开始在中国孕育和发展的结论后，更是激发了学界对中国市民社会探讨的热情。① 受此影响，陈剩勇等学者开始将市民社会理论运用到温州商会的研究中，他认为温州的民间商会、行业协会和异地商会因内部的自主性治理使其具备了市民社会的特征。尽管民间商会的功能与作用随着经济社会的不断发展而相应变化，但总归而言，"商会是代表商人利益的社会团体，是商人自己的组织，代表商人群体与政府和其他社会群体协调"②。因此，民间商会的功能始终还是围绕着会员的核心利益来拓展。由于民间商会与国家公共事务密切相关，因此民间商会的研究就必然需要转入其与政府的关系中。

　　3. 关于民间商会与政府关系的研究

　　在向现代化国家的目标迈进过程中，民间商会与政府的关系研究经过了一个被西方理论深刻影响到自主探索解释框架和理论范式的转变。当带有浓厚的社会力量抗衡国家权力色彩的市民社会理论与带有明显社会自主性色彩的法团主义理论遭遇不同经验研究的挑战后，国内学者由此开始反思这些理论的适用性问题，并根据中国的国情对国家与社会的关系进行了许多新鲜的探索。学者们在充分结合本土实践的基础上，提出了诸如

---

　　① Gordon White, "Prospects for Civil Society in China: A Case Study of Xiaoshan City", *The Australian Journal of Chinese Affairs*, Vol. 29, 1993, pp. 63-87.

　　② 吴敬琏：《呼唤法治的市场经济》，生活·读书·新知三联书店2007年版，第168—172页。

"分类控制"① "行政吸纳社会"② "行政吸纳服务"③ 以及 "利益契合"④ 等一些用以解释中国独特的国家与社会关系的颇具影响力的概念。不论是在现实意义上还是在理论价值上,这些概念的提出都代表着国内学者学术自信的成长,也在实践中给予了政策制定者一些有针对性的借鉴和参考,甚至在一定程度上影响了社会组织管理体制的改革进程和方向。近些年来,一些学者又继续沿着康晓光等学者的研究路径,提出了一些新的解释框架,如敬乂嘉提出 "控制与赋权" 的新观点,开始注意到政府对不同社会组织进行赋权,以培育具备高度专业竞争力同时政治上服从的社会组织。⑤ 此后,随着国家社会组织管理体制改革的推进,行业协会商会等类型的社会组织与行政机关脱钩,"小政府、大社会" 的政社互动新模型显现出来,并逐步实现从政会不分到政会分开的转变。这样的现实变化,也让郁建兴等学者看到政府与行业协会商会等社会组织合作的可能性。他们认为,政府与民间商会组织的关系变迁,从单一控制逻辑到合作互动逻辑的调整,是政府主动调适与社会组织策略性能动的结果,故而称之为 "调适性合作"。⑥ 从学者们的研究中可以看出,民间商会与政府的关系仍处在不断的调适中,但毋庸置疑的是,由于民间商会所具有的社会优势使其成为 "在我国是得到优先发展、迄今发展最为充分的社会组织"⑦。

（三）基层治理的视角：对既有研究的总结与反思

当前关于民间商会的研究,主要侧重其与政府、国家、权力的关系,更多的研究是聚焦于民间商会在与占据主导地位的政府互动时所采取的相应策略,或者阐明当前的政会互动如何影响了新的国家与社会关系,或者

---

① 康晓光、韩恒：《分类控制：当前中国大陆国家与社会关系研究》,《社会学研究》2005年第6期。
② 康晓光、韩恒：《行政吸纳社会——当前中国大陆国家与社会关系再研究》,《中国社会科学》（英文版）2007年第2期。
③ 唐文玉：《行政吸纳服务——中国大陆国家与社会关系的一种新诠释》,《公共管理学报》2010第1期。
④ 江华、张建民、周莹：《利益契合：转型期中国国家与社会关系的一个分析框架——以行业组织政策参与为案例》,《社会学研究》2011年第3期。
⑤ 敬乂嘉：《控制与赋权：中国政府的社会组织发展策略》,《学海》2016第1期。
⑥ 郁建兴、沈永东：《调适性合作：十八大以来中国政府与社会组织关系的策略性变革》,《政治学研究》2017年第3期。
⑦ 郁建兴：《改革开放40年中国行业协会商会发展》,《行政论坛》2018年第6期。

分析国家与社会关系的新调适如何形塑了民间商会的功能与作用。提及治理，当前的研究或者探讨政府对民间商会的治理，①或者阐述民间商会内部的治理，②对民间商会参与基层治理的关注相对比较缺乏，这或多或少与此前我国的基层治理体系不完善有关。尽管如此，仍有部分学者关注民间商会的基层治理功能，并对此展开了相关论述。

探讨基层治理，首先需要讨论的一个问题是，民间商会的治理功能指什么？一般而言，民间商会的治理功能是在市场经济中成长起来的，受到发展主义的长期影响，民间商会的功能一直围绕着"在商言商"进行设定，推动会员及其企业的互利共赢是最基本的功能，因此民间商会所有的治理活动也就此展开。但随着社会建设日益受到重视，民间商会的治理功能开始在多个领域延伸。在吴巧瑜等学者那里，民间商会的治理功能所涵盖的内容较为丰富。她通过深圳地区"银商之争"的个案，认为民间商会在其中所起到的作用包括：（1）维护行业权益；（2）统一和规范行业的集体行动；（3）社会管理与服务；（4）影响政府的政策制定等。在她看来，民间商会组织已可以通过协商、谈判、游说、监督等理性化、程序化的活动，在政府与市场、政府与普通公民之间充任桥梁与纽带，起到缓冲、减压的作用。③周俊、宋晓清也指出，民间商会的治理功能主要是针对行业而言，包括自律、代表、协调和服务四大功能。但不同的是，他们在对比温州和杭州两地行业协会的公共治理功能后，认为："行业协会履行公共治理功能的意愿并不强烈，履行能力和履行效果都处于中低水平。"④虽然周俊与宋晓清从实证研究角度给出了不一样的答案，但是在另外一些学者看来，民间商会作为民营企业影响政府政策的一种制度化的集体行动载体，使得民营企业"能够在执政党的领导下，共同推动制度环境的改善和中国特色社会主义的建设"⑤。

从当前的研究来看，民间商会参与基层治理及其对社会建设影响的研

① 袁方成、陈印静：《制度变革与商会治理的转型》，《社会主义研究》2013第6期。
② 周桐宇：《民间商会内部治理的委托代理分析》，《华东师范大学学报》（哲学社会科学版）2008年第3期。
③ 吴巧瑜、董尚朝：《民间商会组织的社会治理功能透视——深圳"银商之争"的经验观察》，《华南师范大学学报》（社会科学版）2009年第4期。
④ 周俊、宋晓清：《行业协会的公共治理功能及其再造——以杭州市和温州市行业协会为例》，《浙江大学学报》（人文社会科学版）2011年第6期。
⑤ 何轩、马骏：《被动还是主动的社会行动者？——中国民营企业参与社会治理的经验性研究》，《管理世界》2018年第2期。

究仍较为有限，缺乏深入而具体的讨论。同时，站在社会组织的一般层面对民间商会的治理功能进行重新把握也需要进行深度挖掘，揭示出社会组织参与基层治理的政治之道。因此，纵观当前学界对民间商会的研究，我们发现当代民间商会的发展已经具备了这样一些特点：

第一，当代民间商会与不断被混乱局势所裹挟的近代民间商会有着截然不同的命运。在政府的有序管理之下，当代民间商会无须背负推动近代国家转型的沉重的历史任务，而且可以更加独立的姿态，与政府进行互动，能够更好地为组织的成员提供公共物品。

第二，经过改革开放40多年的风云激荡，当代民间商会与政府的关系互动模式日渐成熟，能够在政府与市场之间寻找到较为舒适的位置。长期受到的优先发展待遇，也使民间商会拥有了更加完备的内部体系和治理规则，自主发展的实力和能力都得到了强化，由此被国家寄予更大的期望。

第三，在告别了要么市民社会要么法团主义的二元分析窠臼之后，国内学者对国家与社会关系的新发现和新思路，为民间商会的未来发展勾勒了逐渐清晰起来的蓝图：将更多的民营企业家组织起来，在国家治理中发挥更大的作用。

但是在民间商会参与基层治理的动机问题上还存在许多未尽的讨论：是党政引导的结果还是民间商会自发的行为？在基层治理长期由党政主导的格局之下，党政引导似乎更具有解释力。但更为重要的是，民间商会在基层治理中的参与是否仅仅只是就行业治理而言？当前的研究习惯从市场中心思考民间商会的实际功能与作用，但并非所有的民间商会都具备承担振兴和治理行业等市场主体任务的能力。现实中的民间商会在治理中的参与实际上拥有多重可能性，也具有一定的可塑造性，这些差异化的治理取向为我们反思民间商会的当下境遇提供了有益的经验材料。民间商会是连接国家与民营企业家这一社会阶层的重要枢纽，既有研究取得了十分丰富的成果。这些成果为我们开展后续的研究带来了启示，也让我们对民间商会的发展历程与未来走向拥有了整体性、系统性的认知。进入新时代，当前学界的研究面临两个新挑战：

一是内地民间商会组织的兴起，对以沿海发达地区为常规对象的民间商会研究提出了挑战。蔡欣怡将中国的经济发展差异概括为几种模式：（1）以民营经济发展为主导的"温州模式"；（2）以乡镇集体企业发展为主导的"苏南模式";(3)以依赖外来投资为特色的"珠江模式";(4)承继改革前国有企业遗产的"国家主导模式";(5)拥有广大农村地区的"有限发展区域"。① 不同模式之下的地区发展差异是明显的。相较而言,内陆地区的民营经济发展要比沿海地区滞后,民营企业家的实力和经营规模也远不及沿海。纵然在经济发展上存在发达与欠发达之分,但因受到"温州商会"等民营企业家组织化的影响,内陆地区的异地商会、基层商会、行业协会商会等民间商会组织在近年来也出现了兴起的迹象。那么既有的民间商会研究是否还能发挥解释效力?在区域发展不均衡的背景下建立的民间商会,在实际当中与国家的关系究竟是怎样的?是否也可以在国家与市场之间赢得一定的话语权?其承担的职能和发挥的功效是否也与发达地区有所不同?这些都需要通过新的实证材料加以论证和说明。

二是基层党组织建设在民间商会中的推进以及民间商会与行政机关的脱钩改革,对既有的以政会关系为基调的研究提出了挑战。党的十八大以来,党中央全面加强了党的建设,注重提升党组织的组织力,将党支部的建设凸显出来,而民间商会党建亦成为基层党建的重要组成部分。民间商会党建作为新内容和新要求列入民间商会章程,成为上级主管部门考核和审查民间商会活动的一项重要指标。这些举措使得原本内隐于国家与社会关系中的执政党角色成为显性因素。那么执政党在治理前台的出现,会对民间商会产生怎样的影响?执政党与国家对民间商会产生的影响又有何不同?

对这些问题的思考是新时代推进民间商会乃至社会组织走向现代化的题中之义,但目前看来,学界的研究尚不充分。为此,本书希冀通过基层治理这一视角对近年来在"有限发展区域"内兴起的民间商会组织进行观察,并自觉将基层党组织建设作为其中的一个重要变量,从而更加理性地看待民间商会组织在当前国家治理中的境遇,考察基层治理中的国家与社会互动关系。

---

① ［美］蔡欣怡:《绕过民主:当代中国私营企业主的身份与策略》,黄涛、何大明译,浙江人民出版社 2013 年版,第 178—192 页。

三　理论基础与研究方法

（一）理论基础

本书的核心问题是对民间商会参与基层治理的实践进行考察，但理论关怀是党的十八大以来国家与社会在治理实践中的互动关系。本书涉及的内容有国家治理体系中的基层治理，也有民间商会的内部治理与外部治理参与。此外，还包括国家力量与社会组织的二元互动问题。因此，本书以国家社会关系互动论为价值底色，以治理理论为工具底色，对研究议题进行分析。

1. 治理理论

治理（governance）一词起源于拉丁文和古希腊语，原本是控制、引导和操纵的意思。后来经过西方学者的广泛运用，治理的内涵与外延不断演化，治理理论随之成为一个具有普遍指导意义的与国家公共事务管理有着密切关联的通用理论。何谓治理？在治理理论主要创始人之一的罗西瑙（J. N. Rosenau）看来，治理与统治不同，治理"指的是一种由共同的目标支持的活动，这些管理活动的主体未必是政府，也无须依靠国家的强制力量来实现"①。换句话说，与政府的统治相比较，治理的内容相对更加丰富，它既包括政府的正式机制，也包括非政府的机制，以及非正式的机制。此后格里·斯托克（Gerry Stoker）在对比较流行的各类治理概念进行梳理以后对治理理论做出了五点阐释。这五点阐释分别为：（1）治理指出自政府、但又不限于政府的一套社会公共机构和行为者；（2）治理明确指出在为社会和经济问题寻求解答的过程中存在的界线和责任方面的模糊之点；（3）治理明确肯定涉及集体行为的各个社会公共机构之间存在的权力依赖；（4）治理指行为者网络的自主自治；（5）治理认定，办好事情的能力并不在于政府的权力，不在于政府下命令或运用其权威。政府可以动用新的工具和技术来控制与指引；而政府的能力和责任均在于此。② 西方作为治理理论的发源地，对治理理论有着权威的见解，正如目前最权威的定义即是来自全球治理委员会。在发表的题为"我们的全球伙伴关系"的研究报告中，全球治理委员会将治理界定为：各种公共的

① 俞可平主编：《治理与善治》，社会科学文献出版社 2000 年版，第 2 页。
② ［英］格里·斯托克：《作为理论的治理：五个论点》，华夏风译，《国际社会科学杂志》（中文版）2019 年第 3 期。

或私人的个人和机构管理其共同事务的诸多方式的总和。① 总之，治理已经和统治一词相距甚远。在治理理论看来，政府已经不再是拥有对公共事务和公共物品进行支配权力的唯一主体，它显然更加看重政府管理方式和技术手段的创新，强调政府在现代化进程中的职能转型。

20 世纪 90 年代，治理理论被俞可平等学者译介到中国，随后法国学者希克斯的整体性治理理论、埃莉诺·奥斯特罗姆夫妇的多中心治理理论等一些前沿理论也广为中国学者所接受并运用。同时，治理理论也逐渐开始与中国的政治实践发生奇妙的反应，一些学者在西方治理理论的基础上提出了许多具有本土特色的概念，用以解释中国独特的治理现象，譬如简约治理、运动式治理、嵌入式治理等。② 西方治理理论与中国治理理论的交融为本书的研究提供了理论对话的可能性。

从横向上看，国家治理被划分为政府治理、社会治理、公司治理等诸多板块，但从纵向看，国家治理则存在着基层与中层之分，而其中基层治理又是当前国家治理最为关键的部分，从基层看中国政治成为许多研究者共同的选择。尤其是党的十八大以来，基层治理现代化的新方向具有丰富政治意蕴，例如治理主体方面的多元化、治理结构的网络化、治理制度的理性化以及治理方式的民主化与法治化。③ 基层治理中涉及的多个领域的探讨为本书的分析提供了生动的理论参考。

2. 国家与社会互动理论

国家社会二分法是现代政治学研究中的经典学术取向。就社会组织的研究而言，社会本位的观点希望达到的目标是减弱和降低国家权力或者行政权力的干预，强调社会组织的自主性和独立性；国家本位的观点所希望达到的目标则是权力在稳妥的区间内对社会组织进行监管和控制，防止社会组织以集体行动的方式滑向规模化的抗争禁区，在与国家争夺对社会的控制权中侵蚀执政党的合法性根基。然而，国家与社会之间的间隙与隔

---

① 俞可平：《治理和善治：一种新的政治分析框架》，《南京社会科学》2001 年第 9 期。

② ［美］黄宗智：《集权的简约治理——中国以准官员和纠纷解决为主的半正式基层行政》，《开放时代》2008 年第 2 期；周雪光：《运动型治理机制：中国国家治理的制度逻辑再思考》，《开放时代》2012 年第 9 期；唐皇凤：《常态社会与运动式治理——中国社会治安治理中的"严打"政策研究》，《开放时代》2007 年第 3 期；何艳玲：《"嵌入式自治"：国家—地方互嵌关系下的地方治理》，《武汉大学学报》（哲学社会科学版）2009 年第 4 期。

③ 袁方成、罗家为：《十八大以来城乡基层治理的新方向、新格局与新路径》，《社会主义研究》2016 年第 1 期。

阂，又或者是单向的嵌入与渗透都无法促成国家与社会向好向善发展，这与国家的善治目标相距甚远。为此，挣脱国家与社会之间零和博弈的困境成为一种新的研究追求，并获得了来自各方的认可。

在迈克尔·曼（Michael Mann）看来，国家的权力实际上可以划分为专制权力和基础性权力。专制权力是指国家精英所享有的权力，以及这种权力不必与市民社会进行制度化磋商所覆盖的行动范围，它凸显的是国家行使权力的专断任性的意志。而基础性权力则是指国家在实际中能够穿透市民社会并凭借后勤支持在其统治的领域内执行决策的能力。[①] 两者会随着时代的变迁而产生差异。例如，国家的基础性权力将会随社会的进步和发展而成长，反之，专制权力则会因国家与社会的关系而此消彼长消长，没有线性的历史轨迹。因此，在此情况下，推动国家与社会的互动性成长即成为此理论的现实观照。在国内，中国的学者们也越来越清楚地意识到国家与社会关系应当超越"对抗"范式，跟随乔尔·S. 米格代尔（Joel S. Migdal）等知名学者的步伐，强调"国家在社会中"，主张国家与社会互构。[②]

随着社会组织管理体制改革的深入推进，国家与社会的良性互动既成为理论研究的一种解释框架，也成为现代国家转型的一种价值追求。郁建兴认为："社会治理发展轨迹与进程的力量主要来自国家与社会的良性互动，而良好的社会基础则形构了社会治理的动力机制与内生逻辑。"[③] 实现良性互动的路径则是推动国家与社会关系从"双向嵌入"走向"双向赋权"。[④] 因为，这种基于共同目标和一致性行动的新路径，将营造出国家与社会间的有效互动，并能够促使双方的权力都得到增强。

基层治理走向多元共治不仅是国家治理的方针和策略，也是学界达成的共识。在引导社会组织参与社会治理的过程中，民间商会作为优先发展的一类社会组织更是受到了国家与社会互动关系的深刻影响。当前，国家

---

① ［英］迈克尔·曼：《社会权力的来源（第二卷）——阶级和民族国家的兴起（1760—1914）》，陈海宏等译，上海世纪出版集团 2015 年版，第 68—69 页。

② ［美］乔尔·S. 米格代尔：《社会中的国家：国家与社会如何相互改变与相互构成》，李扬、郭一聪译，江苏人民出版社 2013 年版。

③ 郁建兴、关爽：《从社会管控到社会治理：当代中国国家与社会关系的新进展》，《探索与争鸣》2014 年第 12 期。

④ 纪莺莺：《从"双向嵌入"到"双向赋权"：以 N 市社区社会组织为例——兼论当代中国国家与社会关系的重构》，《浙江学刊》2017 年第 1 期。

治理现代化的推进多次强调政府职能转移与政社分开，在这样的话语体系支配下，民间商会在社会中的功能与作用极有可能被国家的多种因素所重新建构，但也可能因为自身的调适性策略而使得初始的功能定位与最终的功能形态存在差异性，而这正是本书所要关注的重要变化。因此，国家与社会互动理论为本书的研究提供了观察和分析的理论基础。

（二）研究方法

本书属于就某一个民间商会从成立到发挥作用全过程进行的实证研究和案例分析，这一分析特点决定了本书在研究方法上，将主要运用文献分析法、个案研究法和田野调查法对研究对象进行深入剖析。2018 年 11月、2019 年 1 月、2019 年 7—8 月、2019 年 11 月、2020 年 1 月初笔者先后多次前往江西省 X 市进行调研。重点对 Y 区、水镇和水镇商会进行调查，走访了该地的各级民政局、党建办、工商联以及乡镇政府、村委会等基层政府部门和机构，运用三角验证的方式访谈了党政干部、民营企业家、商会工作人员、村庄干部、村民等 40 多人，期间随时与当地主要受访人员进行联系，确保了原始材料的客观性、充分性与时效性。笔者对案例地区和个案商会的调研时间前后累计超过 4 个月，搜集了完整的素材，形成了较为丰富的田野体验，为本书的撰写奠定了扎实的经验基础。

文献分析法。文献分析法是政治学研究中的重要方法，该方法旨在通过海量的文献阅读为本书的研究提供理论框架和分析视角，从而帮助研究者透过现象观察到事物的本质，透视研究对象的运作之道。就本书而言，目前无论是关于基层治理还是关于行业协会商会的研究又或是关于国家与社会组织关系的讨论，产出的学术成果都可谓汗牛充栋。但即便如此，通过相关文献的阅读我们仍可以寻找到对经验进行解释的且符合中国基层治理实际的理论和分析范式。除此以外，笔者还对调研获得的相关资料，诸如市、区、乡镇、商会、村庄等有关的文件和新闻报道进行搜集、整理和分析，以此升华、拓展和延伸当前的理论，从而将文献分析的方法贯穿研究的始终。

个案研究法。社会科学讲究从一般到个别再从个别到一般的研究方法，通常对一般现象的描述和剖析具有普遍性意义，能够为实践提供更为科学的指导。但个别案例的呈现和解释也符合具体问题具体分析的法则，对个案的分析同样能够帮助我们深化对一般现象的理解和认知。个案研究一直饱受缺少代表性的质疑，但个案研究目的主要还是希望通过解剖

"麻雀"，对具有典型意义的个案进行分析，从而形成对某一类共性（或现象）的较为深入、详细和全面的认识。① 也即是说，对个案进行分析虽难免存在片面性的弊端，但也容易将问题引向深入，最终实现"管中窥豹"的价值追求。基层政府对民间商会进行培育并引导其参与基层治理是江西省部分地区的独特现象，但透过这一个案的分析却能够帮助我们理解国家培育社会组织背后的深刻逻辑。还要指出的是，本书在主要对个案地区的案例进行分析的同时，也力图将其他地区的民间商会纳入多案例的比较中，力求通过扩展个案的方法跳出"个案研究的狭小天地"②，反思宏观与微观如何结合的问题，以求对个案进行多方位的透视。本书所选取的案例在时间链条上，在治理的形态规模上以及在空间地域的代表性上都有一定的研究价值，满足了个案研究的典型性要求。

田野调查法。田野调查法是一种典型的政治人类学的方法，也是当前实证研究尤其是基层治理研究中最为常见的方法。此方法通过寻求"经验的饱和"使研究者对研究对象形成更加立体和丰满的认知。尤其是对于个案研究而言，田野调查法能够最直观地帮助研究者获取一手材料，通过身临其境的方式，以一个"局外人"的身份，站在客观立场上，运用所学专业知识和理论对研究对象进行观察和思考。本书试图将田野调查法中的参与式观察法、深入访谈法进行融合，通过实地的观察和相关活动的参与捕捉现象，设计结构式的访谈提纲，通过与受访对象进行面对面谈话来掌握事物的全貌，形成立体而完整的田野体验。其中，访谈主要包括：通过与水镇商会外部管理相关的党政机关，如 X 市工商联、X 市民政局、Y 区委组织部、水镇政府等单位的负责人进行访谈，了解水镇商会的外部环境；通过与水镇商会不同层级的管理者和普通会员的访谈，了解水镇商会的内部运行情况；通过与水镇商会参与基层治理相关的社会公众进行访谈，了解水镇商会的功能、行为表现等。徐勇教授曾指出，推动中国政治学的发展，应当鼓励学者们从"殿堂"走向"田野"，③ 在田野里寻找灵感，在田野里提炼观点，在田野里升华理论。本书将秉持这一观念，通过

① 王宁：《代表性还是典型性？——个案的属性与个案研究方法的逻辑基础》，《社会学研究》2002 年第 5 期。

② 卢晖临、李雪：《如何走出个案——从个案研究到扩展个案研究》，《中国社会科学》2007 年第 1 期。

③ 徐勇、慕良泽：《田野与政治：实证方法的引入与研究范式的创新——徐勇教授访谈》，《学术月刊》2009 年第 5 期。

田野调查法对个案商会进行深描，将其完整故事展现出来，并在故事的描述中逐步揭示基层治理背后的运行逻辑，阐明国家与社会互动的多重规则。

四　预计可能取得的创新

视角创新。既有研究对民间商会的考察是后置视角，即没有完整展现民间商会从诞生到发挥作用的全过程，本书则将研究的视角向前推移，试图从一个完整的动态过程对民间商会进行分析。此外，本书还从基层治理的角度考察民间商会的功能与作用，超越既有的"在商言商"与"在商言政"议题，围绕"在商言治"这一核心议题进行讨论。

理论创新。既有研究更多是从政社关系的角度分析民间商会的功能与作用，鲜有将基层党组织作为关键变量，将政党与社会的关系纳入研究。本书则立足实际，尤其是关注到党的十八大以来行业协会商会脱钩改革与社会组织党建强化的现实背景，因而将政党变量纳入民间商会与基层治理的关系探讨中，试图对当前社会组织党建对基层治理产生的影响提供理论补充和经验增量。

五　章节安排与案例选择

（一）章节安排

本书以中部地区的一家民间商会为研究对象，从基层治理的角度考察民间商会的功能与作用，分析民间商会参与基层治理所带来的实际影响，从中探讨党的十八大以来国家与社会组织的互动关系。基于此，本书将分为导论、正文与结论三大部分，一方面将经验的部分完整呈现出来，另一方面在经验中进行理论对话，寻找理论的增长点。具体而言：

第一章是本书的导论部分，主要介绍了本书的问题意识以及选题的理论与现实意义，通过对国内外文献进行回顾指出了既有研究取得的成果以及当前研究存在的不足。此外，导论部分还介绍了本书需要运用的两种理论与三种研究方法，大致阐明了本书的定性研究特点。

第二章旨在介绍个案的出场时空，从宏观背景和现实环境两个层面出发，分析农民企业家在新时代被组织起来的多重逻辑。本章认为，民间商会的培育和发展既与深刻的政治经济发展因素密切相关，更与个案地区的政治社会发展状况紧密相连，而推动基层治理的转型则是内地民间商会在新时代实现自我发展的逻辑起点。

第三、四、五章是本书的主体部分，该部分主要介绍了水镇商会从生成到培育再到作用发挥的动态完整过程，通过国家与社会之间持续的互动，考察国家引导民间商会生成和发展的政治意图，以及民营企业家接受国家再组织化并主动选择被行政吸纳和被政党统合的行动策略。这一部分将重点分析基层政府与社会组织之间的互动关系，分析不同主体的具体行为，试图概括出个案的特殊性以及可能的普遍性意义。国家培育民间商会是一个历史发展的结果，也是当前重构基层治理体系的必然选择，但是面对国家推动基层治理转型的主动行为，民间商会受到市场等一些潜在的因素影响而采取有利于自身发展的应对策略，从而形塑了别具地方特色的治理模式。

第六章是本书的价值评判部分，结合当前我国基层治理的制度设计以及案例产生的实际效果，力图对民间商会参与基层治理的实践进行客观分析。通过以小见大的方式，归纳和总结当前国家与社会关系调适之下，民间商会与基层治理的多维关系。从基层治理的角度出发，根据民间商会发展中的问题提出具有针对性的建议，回应基层治理现代化的基本问题，旨在为中西部地区民间商会的发展提供参考。

最后是本书的结论部分，分为研究发现和理论探讨两个部分，聚焦新时代社会组织党建对国家与社会互动关系带来的深刻变化与影响，并回应党建引领对理论研究的启示与发展走向。

根据章节安排，制作了本书的逻辑结构图（如图0-1所示）：

（二）案例选择

水镇商会地处赣西地区的X市，成立于2012年9月，会员从252名发展到356名，是一家由乡镇政府牵头并在市级民政部门登记注册的综合型民间商会，也是当前我国鼓励发展的四类社会组织中的一类。在水镇商会成立之前，当地并无一家进行合法登记注册的乡镇商会，民间商会的数量不到10家，水镇商会成立后，当地民间商会的数量呈现几何倍数增长，如今已经突破70家。水镇商会自成立以来，实现了从无到有以及由弱到强的关键性转变，不仅将原本零散的民营企业家充分整合起来，而且在基层治理事业中发挥了重要的作用。

水镇商会起初并不被看好，但随着其在基层治理中的深度嵌入，这一模式逐渐为人熟知，随后获得了省市政府的高度关注。模式成功后，水镇

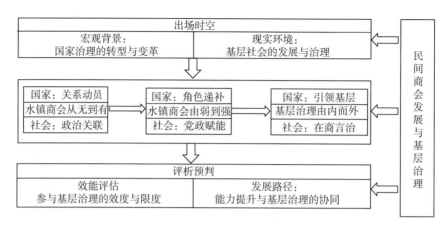

图 0-1　本书的逻辑结构

商会吸引了来自省内外多个政府部门和基层党组织的参观和访问，并在
2016 年获得了来自中央的认可。2016 年至今，前后有多名省委常委前来
视察，进一步提高了水镇商会在全省的知名度。不仅如此，周边地市受到
水镇商会的启发和影响，也纷纷成立乡镇商会。水镇商会先后获得市委、
市政府授予的"支持新农村建设先进单位"，连续三年获得省工商联系统
和省总商会授予的"全省优秀基层商会"荣誉称号，获得 2014 年度全国
百佳基层商会提名。2017 年水镇商会获得全省"四好"商会，成为当地
民间商会和社会组织的标杆和典型。2019 年，水镇商会在中华全国工商
业联合会评选的首届全国"四好"商会中脱颖而出，是江西省以乡镇命
名的两家商会中的一家。水镇商会内部结构相对完整，制度较为健全，与
地方各级政府联系紧密，近年来在社会公益、公共服务、城乡融合发展、
贫困治理、乡村振兴等基层事务中发挥了积极的作用。

　　2012 年水镇商会开始设立商会党委，在组织关系上隶属于水镇党委，
2016 年因获得上级的高度重视，水镇商会党委升格为区属一级党委，党
委书记由副区长担任。同年全市开始全面推广水镇商会的发展模式，并于
2018 年在全市 26 个建制镇实现了"党建+商会"模式的全覆盖。

　　选择本案例的原因是：第一，水镇商会是国家近年来鼓励和扶持的一
类组织，在社会组织中具有代表性意义；第二，水镇商会从成立到现在运
行状况良好，不仅规模适中，而且制度健全，在当地乃至全省都是示范型
的社会组织，因此可以为其他社会组织的发展提供参考；第三，水镇商会
成立至今，经历了我国社会组织管理体制变迁的重要时间节点——双重管

理体制，直接登记以及行业协会商会脱钩改革等，能够折射出国家制度环境的变化；第四，随着社会组织党建工作的全面深入开展，基层党组织建设已经成为一个影响国家与社会关系的重要变量。水镇商会所采取的"党建+商会"发展模式，是商会党建的典型代表，因此水镇商会对于我们考察当前国家与社会关系的新变化具有重要的现实意义。

六　概念说明与技术处理

（一）概念说明

基于所选案例在基层治理实践中呈现的特点以及学术文献的写作规范，一些核心概念已经在主体章节中做了说明，但还有两个概念需要做一个简单的说明：

基层治理。基层治理是中国地方治理的基础,[①] 简单而言是指多重力量对基层的治理。程又中等学者认为，基层治理是以乡镇、村或城市社区为基本范围，直接面对社会和居民，依靠治理机制，发挥各自的社会力量，共同解决社会公共问题的活动。[②] 国家治理的对象是国家整体，基层治理的对象既包括城市的居民社区，也包括农村的村民社区。本书中的基层治理主要涵盖的是乡镇与村庄，治理实践围绕乡域范围内的公共事务展开。但由于基层政权的引导和介入，使得本书中的基层治理横跨了城乡两个地域空间，展现了新时代城乡融合背景下的一种新趋势。

基层政府。本书中的基层政府是指广义上的基层政权，既包括基层政府也包括基层党组织，尤其是在乡镇政府层面，政府与党组织一般不做严格的界限区分。"中国共产党是中华人民共和国的缔造者，是中国特色社会主义事业的坚强领导核心，无论是政党组织，还是党员领导干部，都属于中华人民共和国国家政权机关的有机组成部分，按照《中华人民共和国公务员法》的规定，中国共产党机关工作人员均属于公务员。"[③] 基于这一观点，结合商会党委书记由副县级干部担任的特点，本书中的基层政府在具体情境中涵盖了基层党委，二者在引导民间商会参与基层治理的行

---

① 钱玉英：《城镇化背景下的基层治理：中国的问题与出路》，《苏州大学学报》（哲学社会科学版）2008 年第 5 期。

② 程又中、张勇：《城乡基层治理：使之走出困境的政府责任》，《社会主义研究》2009 年第 4 期。

③ 唐亚林：《使命—责任体制：中国共产党新型政治形态建构论纲》，《南京社会科学》2017 年第 7 期。

动上有着类似的价值导向与逻辑特点。

农民企业家。农民企业家一般是指在农村地区从事生产经营活动，尤其是开设工厂且具有一定规模的私营企业主，这类群体在沿海发达地区的农村较为常见。但是在中西部地区，农村精英流失问题突出，市场经济发展程度相对滞后，一般意义上的农民企业家数量不多。因此，本书中的农民企业家主要是指那些曾经从事过农业劳动，有过农村生活经历，且和农村保持着较为密切往来的私营企业主。他们的生产经营活动不在农村地区，但是满怀"乡愁"情感，因而本书认为使用农民企业家的概念更能体现案例地区的治理实践特点。

（二）技术处理

本书的材料通过深度访谈和参与式观察获得。其中，基础材料主要是在 3 次长时段的实习工作中获得，其他质性材料则是通过对不同部门以及社会群体的深度访谈获得，最后根据作者的实际观察进行反复验证与取舍。同时，在受访者的个人信息方面，作者先是应部分受访者的要求对其个人信息作了深度处理，其次又根据学术规范的相关要求，对所有人名和部分地名做了技术化处理，旨在避免因写作而给受访者带来不必要的困扰。

第一章

宏观背景与现实环境：水镇商会的出场时空

当代民间商会兴起于 20 世纪 90 年代。随着改革开放进程的加快以及社会主义市场经济体制的确立，民间商会逐渐从官办向民间自发创立转变，数量上也有了较大增长。民间商会的兴起为社会主义市场经济的繁荣与发展增添了蓬勃动力，为社会建设和治理注入了新鲜活力。然而，在社会主义市场经济体制确立和推行的早期，中国的产业结构布局尚不完善，工商业尚处于一个复苏和重启的阶段，此时的市场主体多为个体工商户。个体工商户是一些私人资本拥有较少者，他们以小规模的生产和服务业等经营活动为生，不仅自己参加劳动和经营，部分也带些徒弟，或者聘用少量员工，一般不超过 7 人。为了将个体工商户纳入国家权力的管理范围，中央与地方都设立了相应的业务主管单位，即工商联，或者称为总商会。

在"上下对口，左右对齐"的机构设置理念的指导下，即便是在市场经济发展相对滞后和个体工商户较为稀少的乡镇一级，同样也设立了一级商会，称为乡镇商会。此时的乡镇商会仅作为乡镇政府的内设机构，无须在民政部门登记注册，不具有独立的法人资格，也没有专门的管理条例对其进行法制约束。乡镇商会的会长一般由乡镇领导班子成员兼任，主要职责是将乡镇企业和个体工商户组织起来，构建稳定而有序的市场经营环境。1994 年，农业部发布《乡镇企业产权制度改革意见》，在全国吹响了推行乡镇企业"转制"的号角。[①] 随后，经济体制和行政体制改革等一系列改革举措纷纷出台，乡镇企业改制成为定论，个体工商户亦成为普遍现象，内陆地区 90 年代设立的乡镇商会随之退出历史舞台，其职能或者转移或者撤销。总之，在较长一段时间内，乡镇商会已经淡出了公众的视

---

① 潘维：《农民与市场：中国基层政权与乡镇企业》，商务印书馆 2003 年版，第 322 页。

野，与工商业对口的则是更为公众所熟知的工商所。

2012 年，X 市 Y 区水镇率先在江西省重新登记注册乡镇商会，成为全省开先河之举。不同于沿海发达地区的是，江西省的基层商会并不多。在 2012 年以前，江西省还没有一家在民政部门登记注册的乡镇级商会。即便是现在，诸如 X 市这样基本实现乡镇商会全覆盖的情况仍是一种较为奇特的现象。那么为什么经济发展水平在全省并不突出的 X 市会诞生全省第一家乡镇商会？按照以往经济基础决定上层建筑的观点，乡镇商会的诞生应当是以雄厚的经济实力为基础，诸如广东、浙江、江苏等沿海发达地区一样，但现实情况却并非如此。显然，新时代的乡镇商会与此前相比，已经发生了十分重大的转变，推动乡镇商会重新组建的因素也不再仅限于经济发展层面。

因此，本章所要讲述的是水镇商会组建的宏观背景和现实环境，意图论证的一个重要观点是，民间商会的发展与功能作用的发挥与其诞生时的内外部环境有着密切的关联，正是基于内外部环境的共同作用，尤其是随着国家与社会互动模式的变化而发生相应的变化，如此便展现了与以往不同的田野图景与行动逻辑。

第一节　转型与变革：水镇商会出场的宏观背景

与以往不同的是，水镇商会是在社会组织逐渐成为日益壮大的"第三部门"的宏大背景下组建的。它既受到当代中国社会组织成立的共性因素影响，也受到一般民间商会组建的独特因素的影响。从水镇商会组建的时代背景而言，国家与社会的关系正处于转型与变革时期，社会力量受到了多方关注。这体现在：其一，随着社会管理向社会治理转变，社会组织在基层治理中的重要地位凸显；其二，社会阶层从整体分化走向部分融合，民间结社的热情与诉求不断高涨；其三，城乡关系在经历了一个较为漫长的割裂阶段后转向了不断融合的阶段，城市反哺农村的现象变得普遍，由此为社会组织服务范围的拓展创造了时机；其四，从事公益事业不再是一件高门槛的事情，对于许多社会组织乃至普通大众而言，公益活动已经成为社会新风尚，并且社会组织已经成为社会公益事业的重要推动者。所有这些因素共同构成了水镇商会乃至当下诸多社会组织蓬勃生长的宏观背景。这些宏观背景为新时代民间商会的壮大与发展提供了机遇和空间，但更多是让国家对社会力量拥有了更高的期望，进而开始将权力的触角向民间商会内部延伸。

一 基层治理结构从单一走向多元

2013 年，党的十八届三中全会通过《中共中央关于全面深化改革若干重大问题的决定》，首次使用了"社会治理"概念。在此之前，针对社会问题通常使用的是"管理""管制""管控"等概念，其中"社会管理"的提法最为常见。"社会管理"概念最早出现于 1993 年，党的十四届三中全会通过的《关于建立社会主义市场经济体制若干问题的决定》，正式提出要切实加强政府的社会管理和公共服务职能。2004 年，党的十六届四中全会继续沿用了"社会管理"的概念，提出要"加强社会建设和管理，推进社会管理体制创新"。此后，社会建设与经济建设、政治建设、文化建设相提并论，形成了"四位一体"的建设格局。2007 年，党的十七大召开，胡锦涛总书记在报告中明确提出了要"建立健全党委领导、政府负责、社会协同、公众参与的社会管理格局"。自此，社会管理、社会建设上升到国家战略地位，各级党委和政府对公共服务以及社会救济等民生事业的关注和投入随之不断增加。2010 年，党的十七届五中全会颁发了"十二五"规划，该规划从六个方面全面深刻地阐明了社会建设的主要任务，突出强调了建立健全基本公共服务体系的重要性。社会管理的思维在社会建设领域延续时间较长，在此期间，国家与社会关系发生了重要变化，社会领域出现的问题通过社会管理模式来化解的成效出现下滑趋势。为了更好地推动社会建设成果稳步提高，社会管理模式面临转型的需要。

一是主体的转型。在社会管理模式下，政府在社会建设中占据着绝对的主导地位，是所有社会问题的直接受理者和承担者，肩负着十分繁重的社会管控任务。然而面对日益复杂的社会事务和分化的社会群体，"无所不能"的政府已经无法适应新形势下社会主体追求更高发展的需求，政府逐渐力不从心，需要在社会领域中培育和发展新生力量，与社会力量一道协同治理社会。因此，社会管理模式的转型首先是治理主体的转型，也即是说，政府不得不让渡一部分治理的空间和权力，允许社会力量共同参与社会事务的治理。

二是方式的转型。由于政府在社会事务中占据了绝对的主导地位，

"有限政府"的理想角色与现实之间存在较大的张力，政府实际上承担的是"无限责任"。面对应接不暇的社会矛盾和冲突问题，政府的精力有限、能力不足。例如在社会稳定问题中，为了尽快息事宁人，维护一方的治安和稳定，秉持"摆平就是水平"理念的政府在社会事务中所采取的方式和手段往往是消极和被动的，结果反而引发了更为剧烈的社会问题。号不准社会问题的脉，拿捏不准维护社会稳定的尺度，导致政府在社会管理中陷入了艰难处境。相对而言，社会力量所采取的方式是去行政化的方式，弱化了行政逻辑，能够将单向的管制转变为双向的互动，更有利于社会问题的解决。

三是内容的转型。基于社会管理的思维，政府与社会组织、公众是一种管控和被管控的关系，政府在社会出现问题之时才显得积极主动，因而社会管理的重点在于维护社会治安、处理群体性事件、化解矛盾和纠纷等方面。为此，政府不得不付出巨大的人力、财力和物力成本，然而政府在防范社会风险方面却受到许多因素的限制。由此可见，强调"事后"处理的回应性管理思维已经不适应时代的发展需求。

实际上，当治理的概念被译介到中国后，国家治理的内容就已经包含了社会治理。但是在官方的正式提法中，这一概念却是在党的十八大以后。随着社会治理概念的提出，治理的思维基本取代了管理的思维，弱化政府绝对主导地位的改革深入到了国家政治生活的方方面面。社会治理取代社会管理不是主体、方式和内容的全部更替，而是国家在社会建设中的升级表现，其中最为重要的一点即是治理结构从单一化走向多元化。这也意味着政府应当从日渐壮大的社会中培育和发展一批具有独特治理潜质的团体和队伍，鼓励和支持公众积极参与社区事务和村庄事务的治理，从而实现现代化基层治理体系的构建。

二　社会阶层从分化走向再组织化

社会组织是由来自不同社会阶层的成员所构成的非营利性机构。在总体性社会时期，由计划经济体制支配下的社会不存在所谓的社会分层一说。乡村与城市是两道分割明显的区位空间，农民与工人、知识分子等共同构成总体性社会时期的阶级基础，虽然稳固但缺少活力。1978 年，党的十一届三中全会召开，改革开放的大幕拉起，农业型国家向工业型国家转变，计划经济时代向市场经济时代过渡，农民、工人、知识分子等不再是中国民众仅有的几种身份。职业身份的多样化也是社会阶层的多样化，社会利益的多元化。可以说，改革开放的进程既是一个国家总体利益不断壮大的过程，也是一个社会个体利益不断分化的过程，利益的分化直接导致了社会阶层的分化，加剧了社会从整体走向个体化的趋势。

尤其是 1992 年后，市场机制在资源配置中发挥越来越重要的作用，以至于在党的十八届三中全会上被定位为起决定性作用的机制。市场机制的运作对社会公众的生产生活各方面产生了重大的影响。有的群体在市场资源配置中占得先机，通过下海经商等方式迅速成长为社会财富的拥有者；有的群体则在激烈的竞争中落在人后，在各种社会福利配置中处于边缘地带，此即为贫富差距。正如孙立平所言："市场不仅是一种经济整合机制，同时也是社会结构的生成机制之一。与市场经济体制的建立相伴随的，是社会结构的分化和利益主体的多元化。"① 社会分化的一个突出的表现即是社会财富不均衡地流向了各类人群，以至于不同职业、身份、地位的公民分化为不同的阶层，不同阶层也因收入的多与少而逐渐拉开差距，学界对社会阶层还进行了排序。李强等学者根据美国斯坦福大学格伦斯基（David B. Grusky）的七种资源分法，结合中国的本土实际，提出了十种资源分法，分别是：生产资料资源、财产或收入资源、市场资源、职业或就业资源、政治权力资源、文化资源、社会关系资源、主观声望资源、公民权利资源以及人力资源。资源拥有越多的社会群体其所处的社会阶层越高，长期以来，占据首位的是国家与社会的管理者，也即是国家的精英统治群体。②

社会阶层分化一方面带来了社会发展的繁荣，使得国家与社会的互动日趋多元化，并通过这种多元的互动共同推动现代化国家目标的实现。另一方面，社会分化所造成的一个代价是社会的个体化和原子化，原子化社会主要表现为个人之间联系的弱化、个人与公共世界的疏离以及由此而衍生出来的个人与国家距离变远、道德规范失灵等一些基本的社会联结被破坏的现象。③ 社会分化所产生的负面影响通常也是明显而深刻的。首先，社会分化之后社会各类群体难以凝聚成团结的力量，从而使得部分地

---

① 孙立平：《博弈——断裂社会的利益冲突与和谐》，社会科学文献出版社 2006 年版，第 7 页。

② 李强：《社会分层十讲》（第二版），社会科学文献出版社 2011 年版，第 12 页。

③ 田毅鹏：《转型期中国社会原子化动向及其对社会工作的挑战》，《社会科学》2009 年第 7 期。

方政府和部门有可能较为轻易地以行政权力对缺乏组织性的社会公共利益或者民众个体利益加以损害。其次，独立于各类群体之外的部分个人则有可能采取极端的乃至暴力的抗争方式迫使政府屈从，从而为自己超越公共利益甚至是损害集体利益的私利创造合法存在的空间。再次，社会分化使得公众的利益诉求变得丰富而繁杂，很难被整合到一起。面对越来越多的难以形成共识的利益表达，国家所要承受的压力呈几何倍数增长，自然也很难兼顾不同群体的不同利益，以至于引发基层治理当中的碎片化问题。最后，为了让私人利益获得最大程度的实现，部分民众也铤而走险，在偏离法治轨道的情况下与官员进行灰色交易，进而滋生了腐败，造成地方政治生态的恶化。

破解社会阶层分化所带来的难题，实现社会阶层的再组织化是符合现实情况的一种选择。所谓社会阶层的再组织化，即是将原本处于原子化状态的个体以地缘、趣缘、业缘等纽带联结起来，组建成为新的社会团体，以集中和整合各阶层的利益诉求，实现社会公共秩序的再生产，使得国家与社会的沟通和交流变得顺畅。社会阶层的再组织化，不仅是一种价值倡导，而且是现代化社会转型以及社会长期持续稳定发展的迫切需求，正在成为国家治理现代化的显性趋势，衡量社会再组织化的一个重要指标即是社会组织的数量。根据民政部门的统计显示，截至 2018 年，我国社会组织总数已经超过 80 万，并且还在迅速增长。社会的再组织化一则受到"全球结社革命"的影响。莱斯特·萨拉蒙教授指出，这场革命"其结果是，出现了一种全球性的第三部门即数量众多的自我管理的私人组织，它们不是致力于分配利润给股东或董事，而是在正式的国家机关之外追求公共目标"①。全球许多国家都掀起了一股结社的浪潮，随着全球化的程度不断加深，中国同样受此影响，公众纷纷自发成立各类社会组织。社会的再组织化也与国家的鼓励和支持有着莫大的关联。

当社会作为独立的力量从整体性国家中剥离出去后，社会处于零散的状态，极易引发治理危机。为此，在制度层面，我国以共同居住和生活的社区为单位推行了基层群众自治制度，在乡村实行村民自治，在城市实行居民自治。除此以外，国家还推动了社会组织管理体制改革，加快了社会分化力量整合的速度。社会阶层的再组织化，已经是不可阻挡的趋势，如

---

① ［美］莱斯特·萨拉蒙：《非营利部门的兴起》，载何增科主编《公民社会与第三部门》，社会科学文献出版社 2000 年版，第 256 页。

果这股力量运用妥当，其所能发挥的效用将是巨大的。正如精准扶贫战略，为了帮助广大农民实现脱贫致富，农村地区普遍建立农业经济合作社，将分散的小农户组织起来，进行共同生产、劳动和经营，通过分红的方式将合作社的盈利分配给贫困户，合作社的普遍组建取得了显著成效。2021 年 7 月 1 日，习近平总书记在庆祝中国共产党成立 100 周年大会上庄严宣告：经过全党全国各族人民持续奋斗，我们实现了第一个百年奋斗目标，在中华大地上全面建成了小康社会，历史性地解决了绝对贫困问题，正在意气风发向着全面建成社会主义现代化强国的第二个百年奋斗目标迈进。[①] 显赫成绩的后面是国家主导扶贫的政策力度，还有农民内部联结以及各类社会组织帮扶的共同作用。

三　城乡关系从二元分割走向融合

1978 年至今，改革开放释放了巨大的政策红利，国民经济持续向好发展，人民生活水平稳步迈向新台阶，然而区域发展不平衡、城乡收入差距拉大等制约社会发展的障碍也较为显著。党的十九大报告强调，中国特色社会主义进入新时代，我国社会的主要矛盾已经转化为人民日益增长的美好生活需要和不平衡不充分的发展之间的矛盾，突出表现为城乡发展的不平衡与乡村发展的不充分。城乡之间的不平衡发展实际上由来已久，其产生的后果也成为制约乡村社会建设的突出障碍。为了破解发展不平衡的问题，国家坚持大力推进城乡一体化发展，城乡分割的体制也逐步向城乡融合的方向发展。但由于城乡二元分割体制持续的时间过长，城乡之间形成了多重制约发展的结构性壁垒，从而致使打破二元分殊的不平衡状态仍需要较长一个时期。从总体的发展形势来看，我国城乡发展的不平衡具有三个明显的表征。

一是城乡发展地位不平衡。城乡发展地位的不平衡体现在城乡发展的优先地位错置。在工农业发展方面，工业发展长期摆在优先地位，而农业的发展则处于相对滞后的地位。改革开放的步伐首先发起于乡村地区，1978 年安徽省凤阳县小岗村的 18 位村民签下"生死状"，将村庄的土地进行分开承包，由此开创了家庭联产承包责任制的先河。农业领域的改革促进了粮食的大丰收以及农业商品化程度的提高，但很快城市的发展便后

---

① 习近平：《在庆祝中国共产党成立 100 周年大会上的讲话》，《人民日报》2021 年 7 月 2 日第 2 版。

来者居上。1984 年党的十二届三中全会通过了《中共中央关于经济体制改革的决定》，指出"现在面临的任务，是在继续深入搞好农村改革的同时，加快以城市为重点的整个经济体制改革的步伐"，"坚决地系统地进行以城市为重点的整个经济体制的改革，是当前中国形势发展的迫切需要"。城市的发展被摆在优先地位后，城市化的浪潮便开始席卷整个中国。从东部到西部，从沿海到内陆，大批农民从乡村转向城市，服务城市建设，农民向农民工的转变推动了城市的发展，却加速了乡村的衰落。

二是城乡居民收入不平衡。由于现行收入分配的机制弊端，我国基尼系数近年来居高不下。根据世界银行的调查数据显示，我国早在 2001 年左右就已经超过 0.4 的国际警戒线。居民收入的差距明显，突出体现在行业之间、区域之间以及城乡之间三个方面，其中城乡居民收入是显示城乡发展不平衡的一个主要特征。自 20 世纪 70 年代末中国经济改革以来，城乡收入差距经历了一个先缩小，随后再扩大并且日趋严重的过程。1978 年至 1984 年，农民的实际人均收入年均增长 17.7%，城镇居民人均收入平均年增长 7.9%；而到 1985—2002 年，农民人均纯收入年均增长率下降到 4.4%，而城镇居民人均收入的年均增长率为 6.6%。① 进入 21 世纪以后，城乡居民收入差距进一步扩大。国家统计局的数据显示，改革开放以来城镇家庭可支配收入增长的速度明显大于农村人均纯收入，2017 年经济运行数据显示，城镇居民人均可支配收入 36396 元，农村居民人均可支配收入 13432 元，城乡居民人均收入倍差 2.71，由此城乡居民收入差距越来越大。② 隐藏在城乡居民收入不平衡背后的还有医疗、教育等方面的城乡差距，城市所拥有的优越的基础设施、医疗和教育条件等都成为农民大批进城而远离乡村的动力因素。

三是城乡要素流动不平衡。城市与乡村的发展都离不开人力、资本、技术等各项要素。工业和第三产业的发展需要农业提供基本的原材料供给，城市的住房建设、基础设施建设以及工业生产则需要农民提供人力支持。当然，农业的现代化发展也需要城市提供机械化设备，农民的生活改善也需要城市输送现代化的生活产品。然而改革开放至今，城乡要素的流动却呈现出高度的不对称，人才、土地、资金等要素一直单向流向城市，

① 蔡昉：《城乡收入差距与制度变革的临界点》，《中国社会科学》2003 年第 5 期。

② 国家统计局：《中国统计年鉴（2017）》，http://www.stats.gov.cn/tjsj/ndsj/2017/in-dexch.htm。

农村的发展由此陷入"失血""贫血"的困境。例如人才要素，在城市的强拉力作用下，农村人口急剧减少，加之户籍制度的改革提上日程，到城市落户成为农村的一种"时髦"，"乡下一栋楼，城里一套房"被看作农民成功转型的时代新标准。农村人口减少带来的更为严峻的问题是，农村治理精英的缺失。在许多农村，不仅村庄干部后继无人，而且带领农民发家致富的能人更是少之又少。此外，多年来，城市在各项生产生活指标上都将农村远远甩在身后，农民对市民的生活充满向往，不断向城市迁移，而"乡愁"也随之淡化。为了缩小与城市发展之间的差距，留守的农民则在开始衰落的田园里对城市的模式进行强模仿，即在住房条件、生活习俗、穿着打扮以及语言风格上一步步向城市居民靠拢、学习甚至照搬照抄。由于失去了农村的乡土味道，农村对城市的模仿却几乎将农村的主体性遗失，让农村的生活逐渐失去了吸引力，农民的气质逐渐被时代抛弃。

　　长期的不平衡导致乡村的建设与发展远远落后于城市，因此城市反哺农村，工业反哺农业，城乡一体化发展成为改革的方向。尤其是党的十八大以来，推动城乡发展一体化成为党和国家的工作重心之一，由此全面开启了推进城乡融合发展体制机制构建的新征程。2012 年，党的十八大明确提出："解决好农业农村农民问题是全党工作重中之重，城乡发展一体化是解决'三农'问题的根本途径。"为此，国家在户籍制度改革、城乡基本公共服务、城乡要素双向流动等方面采取了大力措施，为城市反哺和支援农村提供了相应的制度保障以及体制机制保障。党的二十大报告强调坚持城乡融合发展，畅通城乡要素流动。城乡融合发展是破除传统城乡二元分治窠臼、构建新型工农城乡关系和实现共同富裕的主要支撑，同时也是持续释放城市发展活力的重要抓手，构成了当前国际形势和城市化纵深发展背景下城市核心竞争力提升的关键路径。2019 年，中共中央、国务院《关于建立健全城乡融合发展体制机制和政策体系的意见》明确界定了城乡融合发展的核心要义及总体要求，即"加快形成工农互促、城乡互补、全面融合、共同繁荣的新型工农城乡关系，加快推进农业农村现代化。"循此精神，我国城乡融合发展正从人口、产业、公共服务等多要素、多领域探索展开。

　　与此同时，城乡融合的概念深入人心，逃离乡村不再是主流声音，如何重返乡村，支援家乡建设成为许多早期从农村离开而今已经扎根城市的农民精英的普遍心声。正是在此环境下，部分地方政府有步骤地将从农村走出来的社会精英整合起来，积极通过培育和发展社会组织的方式，引导和鼓励城市社会组织将公共服务的范围向农村延伸，在基本公共服务方面给予乡村大力支持，弥补城乡基本公共服务供给不平衡的缺陷。

四　参与公益事业成为社会新风尚

现如今，随手公益的做法已经变得十分普遍，由腾讯公益联合数百家公益组织、知名企业、明星名人、顶级创意传播机构共同发起的"99公益日"等新兴的互联网公益项目也逐渐为公众所熟知。可以说，无论是传统公益还是互联网公益，都大幅度地降低了公众参与社会公益慈善事业的门槛，"人人皆可公益"的慈善理念蔚然成风。然而，公益事业成为社会新风尚却是最近十年才开始的事，公众对公益的理解与参与尚处于一个上升阶段。那么改革开放后公益事业经历了怎样的一个历程，公益事业的流行又对社会组织的发展产生了何种影响呢？首先需要明确的一个问题是什么是公益。

虽然公益事业的流行是新千年以后的事情，但公益的概念却拥有较长的历史。"公益"一词最晚在1887年就已经在中国出现并被使用，正式在官方文献中出现可追溯至清朝光绪年间于1909年颁布的《城镇乡地方自治章程》，其中第一条规定："地方自治以专办地方公益事宜，辅助官治为主。"在八项地方自治事宜中，学务、卫生、道路工程、农工商务、善举、公共营业六项内容都和公益慈善事业有关。[①] 发展至今，公益的概念没有太大变化，学界对公益的理解是"公共利益"，将公益看成相对独立于个人利益之外的一种具有整体性和普遍性的利益。一般而言，公益在外延上与慈善几乎可以画等号，因为二者都以社会公共利益为核心价值追求，活动内容没有差别。

改革开放后，有一部分人在市场经济体制中率先积累了财富，并保持着长期的优势，但"先富带后富"的理念并没有得到很好的落实，以至于在较长一个时期内，先富起来的部分群体缺乏从事公益慈善活动的思想观念。一方面，富人阶层不愿意"露富"，保持着"藏富"的心态，认为显露财富对个人财产是一种不安全的做法，因而使得他们很少主动参与公益慈善捐赠。另一方面，中国的富人向来重视传统家庭伦理，将家族财富

---

① 故宫博物院明清档案部汇编：《清末筹备立宪档案史料》（全二册），中华书局1979年版，第729页。

看作家族社会地位高低的重要因素。也正因此，中国文化一度高度重视对家族财富的守护，将浪费和挥霍家族财产的行为当成不孝顺的行为。此类思想观念导致中国社会财富的拥有者普遍重视代际财产继承，也因此缺乏从事公益慈善活动的公共精神。但改变也在不断发生，尤其是在2008年。

按照国际社会的理解，一个国家在人均 GDP 超过 3000 美元时其公益慈善事业的发展也进入了提速阶段。2008 年，中国的人均 GDP 首次超过这一标准，中国的公益事业也随即进入了加速发展阶段。当然，这一年也是特殊的一年，我国相应遭遇了"南方冰雪灾害""汶川大地震"等重大自然灾害，仅"汶川大地震"就造成了 69227 人死亡，374643 人受伤，17923 人失踪，直接经济损失高达 8452.15 亿元人民币①。这是一些令人心痛的数字，而另一些数字却让人们看到社会公益事业崛起的力量。据不完全统计，地震发生后，大概有 400 余家公益组织、300 多万的志愿者参与到抗震救灾的活动中，为灾后恢复和重建工作提供了诸如心理辅导、物资运输、基础设施修复等多种类型的公共服务，切实有效地发挥了社会公益的力量。此外，还有诸多社会人士通过社会捐赠的方式对灾后恢复工作给予了大力支持。也正是在这一年，中国的年度社会捐赠总额首次突破千亿大关，高达 1070 亿元，远远高于 2007 年的 309 亿元。虽然此后捐赠的数额略有回落，但总体仍保持在较高水平。2008 年也因此被称为"中国公益元年"。

从 2008 年开始，中国的公益事业走上了快车道。2010 年中国扶贫基金会和广东省政府联合向社会发布了全民公益的理念，强调社会公益既是公民的权利也是公民的责任，并提倡普通大众进入社会公益领域，投身于社会志愿活动中。此时，中国的公益事业不再局限于政府和一些官办社会组织，而是向全体公民辐射。随着科学技术的进步与发展，互联网逐渐成为承载社会公益的新空间，互联网以其便捷的交互性、快速的传播性和广泛的参与性等优势在短时间内打造了一个低门槛、高互动、公开化的网络公益平台，继续将全民公益的理念推广开来。然而与此同时，社会公益的"公信力"也因一些负面新闻和相关事件而面临较大的考验。2011 年，"郭美美事件"发生。一个微博认证为"中国红十字会商业总经理"的网

---

① 汶川特大地震四川抗震救灾编纂委员会编：《汶川特大地震四川抗震救灾志·总述大事记》，四川人民出版社 2018 年版，第 6—35 页。

民在新浪微博上发表了一条"住大别墅，开玛莎拉蒂"的炫富微博，引发网络上的轩然大波，网络舆情持续恶化，人们纷纷质疑中国红十字会的资金用途。虽然最后根据警方的调查证明该事件纯属郭美美个人行为，与中国红十字会没有任何关系，但是该事件却迅速成为引发民众对中国公益慈善事业质疑和指责的导火索，不论是官办的公益慈善机构还是民间公益慈善团体都受到该事件的影响，整个社会的捐款数和慈善组织的捐赠数额全部锐减。根据国家民政部门的统计数据显示，2011年全年捐款额比上一年减少了18%。

事件发生后，国家对社会公益慈善事业的规范化制度化发展给予了高度重视。2016年，国家正式出台了《中华人民共和国慈善法》，为社会公益事业的开展提供了法治保障。随着时间的推移，负面事件所带来的消极影响渐渐消退，普通民众的公益参与程度不断攀升，"互联网+公益"的模式不断向纵深层次扩散。新时代以来，党中央高度重视慈善工作和慈善事业发展。习近平总书记强调："支持志愿服务、慈善事业健康发展。"① 党的十九大提出："完善社会救助、社会福利、慈善事业、优抚安置等制度"。党的十九届四中全会提出："重视发挥第三次分配作用，发展慈善等社会公益事业""统筹完善社会救助、社会福利、慈善事业、优抚安置等制度"。党的十九届五中全会提出："发挥第三次分配作用，发展慈善事业，改善收入和财富分配格局。"党的二十大提出："构建初次分配、再分配、第三次分配协调配套的制度体系""引导、支持有意愿有能力的企业、社会组织和个人积极参与公益慈善事业"。在以习近平同志为核心的党中央坚强领导下，我国社会公益事业取得重要成就，已经涵盖扶弱、济困、扶老、救孤、恤病、助残、优抚等诸多领域。在社会力量参与公益活动的形式中，既有公益组织的集体行动，也不乏富人或者普通民众的个体行动。总而言之，社会公益作为社会的新风尚成为社会组织成立的重要时代背景。

第二节　发展与治理：水镇商会出场的现实环境

与20世纪90年代相比，水镇商会组建时的环境背景已经发生了巨大

---

① 宫蒲光：《推动新时代慈善事业高质量发展》，《人民日报》2023年9月27日第13版。

的变化。此时，民间商会的组建不再仅仅受到经济因素的影响，而与政治社会的转型和变革有着密切的联系。而接下来的问题是，为什么全省第一家民间性质的乡镇商会在水镇组建？除了与基层治理结构、城乡关系变迁、社会再组织化以及社会公益成为新时尚等宏观背景有关，水镇商会的组建还与当地的政治社会环境有关。本节试图展示的即是水镇商会组建前水镇的基本情况，想要说明的一个问题是，民间商会乃至社会组织的组建及其功能作用的发挥是现实环境中的必然性与偶然性共同作用的结果。2010 年是水镇至关重要的一年。这一年，MJ 村和 PJ 村因山林归属问题再次发生宗族械斗事件，造成了多名人员伤亡，因调处不力，时任镇党委书记随即被调离，原本在 RH 乡担任乡党委书记的唐某某在情况危急之中接任水镇党委书记一职。同年，水镇 WT 村的自然村简村遭受 50 年一遇的特大洪水灾害，整个村庄被淹没，民房受损十分严重。见此情况，在外地经商的村民简某某等 4 兄弟决定捐资重建村庄。本节即围绕以上事件展开。

一　偏远乡镇的痛点：水镇概貌与发展桎梏

水镇商会是由水镇政府发起并推动民间力量自发组建的一家地缘性商会，人员构成都是来自水镇各个村庄的农民企业家，其所服务的对象与范围最初也限定在水镇。水镇商会的组建与水镇密不可分，为此，描述水镇的田野图景，了解水镇发展中存在的弊端与问题是透视水镇商会与基层治理、民间商会与国家关系的一个窗口。

（一）水镇的人文地理

水镇在行政区划上隶属于江西省 X 市的 Y 区，地处赣西地区，是一个以农业为主的典型的中部乡镇。赣西地区以丘陵和平原为主，是江右民系最主要的聚居地之一。X 市地处浙赣铁路西段，距离省会城市南昌 100 多千米。在高新技术开发区、旅游景区、高铁新区三个功能新区设立以前，该市仅有一县一区，即 F 县与 Y 区，人口 100 余万。X 市历史悠久，远在 5000 多年前的新石器时期，先民们已经在该处定居，从事农业生产劳动，繁衍生息。三国吴宝鼎二年（267 年）设县，直至中华人民共和国成立。1960 年，国务院根据 X 市的发展情况，决定撤县设市，三年后（1963 年）江西省根据国务院的相关决定，又将 X 市改回县级行政单位。1983 年，再次经由国务院的批准，恢复 X 市，并管辖 FY 县，直至今日。

X 市地势由南、西、北向中部和东部倾斜，中部是狭长的河流冲积平原，东部呈扇形展开的鞍形地貌。

水镇位于该市的东北方向，总面积 131.23 平方千米，距离市区 32 千米，是五县（市）十乡（镇）接合部，隶属于 Y 区，是该区最偏远的一个乡镇。水镇水系发达，蒙河、颖江穿镇而过，其中蒙河是主要流经的河流，也是水镇多个村庄农业灌溉的重要水源。水镇属亚热带湿润性季风气候，四季分明，气候温和，阳光充足，雨量充沛，无霜期长，寒冬较短。常年平均气温在 16.8—18℃ 之间；7 月、8 月为最热期，月平均气温在 27.3—29.8℃ 之间；1 月最冷，平均气温在 4.9—5.6℃ 之间。平均有霜期 82 天，无霜期 283 天。全年平均日照为 1655.4 小时。多年平均降雨量为 1594.8 毫米，降雨季节主要集中在 4—6 月，降雨量为 903.6 毫米。由于自然降雨的时间和地区分布不同，常造成暴雨、洪涝和干旱现象出现。

（二）水镇的行政沿革与经济发展

水镇是 Y 区的下辖乡镇，据《X 县志》记载，1984—1986 年，省、市文物部门对拾年山遗址进行考古挖掘，从出土的文物来看，早在 4000 多年前就有先民在这里繁衍生息。水镇在历史上一直归属于 X 县管辖，1949 年 7 月 X 县成立水镇区人民政府，下辖 10 个乡。1953—1955 年，中共中央先后通过了《中共中央关于农业生产互助合作的决议》《中共中央关于发展农业生产合作社的决议》《中共中央关于农业合作化问题的决议》，国家进入人民公社时期，整个乡村地区全部纳入国家的行政体系中，完成了政经合一和以经代社的合作化改造。在此背景下，水镇于 1958 年成立人民公社，全面实行"一大二公""三级所有、队为基础"以及"政社合一"的政治体制。1961 年，水镇人民公社分成 4 个公社，又在 1969 年合并为一个公社。随着改革开放战略的推进，人民公社体制已经不适应政治经济社会的发展需要，更不利于农村经济的发展。因此在 1983 年，中共中央和国务院联合印发了《关于实行政社分开建立乡政府的通知》，提出对人民公社体制进行改革的措施，要求各省市地区重新恢复乡政府的建制，以此改变党政不分和政经不分的情况。根据中共中央和国务院的要求，1983 年 X 市撤销了水镇人民公社，在保持既有行政区域不变的基础上将其改称为水乡，由此进入"乡村政治"时期。

1984 年，国务院批准了由民政部呈报的《关于调整建镇标准的报告》，其中对建制镇的设立标准作出了重新调整，"总人口在二万以下的乡，乡政府驻地非农业人口超过二千的，可以建镇；总人口在二万以上的乡，乡政府驻地非农业人口占全乡人口 10% 以上的，也可以建镇。民族地区、人口稀少的边远地区、山区和小型工矿区、小港口、风景旅游、边境口岸等地，非农业人口虽不足二千，如确有必要，也可设置镇的建制"。受到这一政策的影响，截至 1984 年年底，全国建制镇的激增到了7186 个，是 1983 年的两倍多。同样受到该政策影响，1988 年，水乡撤乡建镇，一直延续至今。水镇目前下辖 QS、XQ、QX 等 21 个村（居）委，176 个村民小组，人口共计 5.19 万人，1.57 万户，是全区人口规模第二大的乡镇。受到城镇化建设的影响，水镇目前实际常住人口只有 1 万余人，空心化程度非常高，有的自然村人口只剩 3 户 11 人。

水镇是一个典型的农业型乡镇，地处丘陵地带，耕地少而人口多，人地矛盾较为尖锐。据 2012 年《Y 区年鉴》的介绍，水镇现有耕地面积66719 亩，其中水田 55073.56 亩，旱地 11645.6 亩。水镇农民以水稻种植为主，辅以棉花、花生、红薯、大豆等经济作物，种植结构相对单一，而且受限于人均耕地面积，农民增产增收困难，人均收入较低。另据《水镇志》记载，2012 年水镇全年财政收入 9705.3 万元，人均纯收入 0.78万元。全区 3 个省定贫困村有 1 个在水镇，扶贫难度较高。

（三）水镇的宗族文化与社会治安

水镇属江西省西部，具有浓厚的宗族传统，至今都保留着定期修建宗祠和编撰族谱的传统宗族活动，而这些活动曾在部分学者看来，是当代宗族重建的一种表现。[①] 2010 年—2015 年，全镇 176 个村小组和自然村不约而同地全部重修宗祠，起初是几个颇有一些集体资产的村庄，最后辐射到全镇及周边地区。短短几年间，一座座现代化的宗祠将传统的旧式宗祠取代，有的修建众厅（总祠），有的修建私厅（支祠），种类不一，数量却众多。这些新式的宗祠或是增加高度，或是配备现代设施，或是扩张面积，或是增设功能……日益满足着村民们的多重需求，也折射着赣西地区传统的宗族文化。

2018 年江西省启动殡葬改革后，宗祠的功能遭到削弱，但仍是宗族成员身份认同的一个重要场所。在年轻农民纷纷涌向城市以前，宗祠是年

---

① 肖唐镖：《宗族在重建抑或瓦解——当前中国乡村地区的宗族重建状况分析》，《华中师范大学学报》（人文社会科学版）2011 年第 2 期。

轻人举办婚礼的殿堂，即便是现在，一些从村庄出嫁到城里办酒的新娘也必然要穿着婚纱从宗祠经过，以显示自己在出嫁之前的族众身份。除了婚礼，宗祠也是举办葬礼的重要场所。村庄里逝去的老人，在下葬之前必须要将遗体在宗祠停放三天，而那些没有在宗祠停放的人通常不被看作本宗族之人，更无法享受和族人埋葬在一起的待遇。当然，随着个体化意识的崛起以及现代婚葬观念的变迁，传统宗族文化在现代文明的冲击下逐渐退场，村民的宗族意识观念也越来越淡薄。但是在老一辈村民的心中，宗祠和族谱作为宗族文化象征的地位仍然不可动摇，他们愿意服从这套价值体系，并以名字镌刻在宗祠的功德碑上为荣。

在 2010 年以来的宗祠重修之风中，水镇籍的民营企业家在推动宗祠重修的过程中扮演了重要角色。他们虽然不在村庄，却积极为宗祠重修奔走，出钱出力，甚至有的企业家试图以一人之力承担整个宗祠的重修费用。但是在村民看来，宗祠作为一种宗族文化象征，应当体现宗族性，由全体族众共同出资更为合理。虽然现代化已经基本将宗族传统文化冲散殆尽，但是在商人群体中仍然可以找到传统宗族的蛛丝马迹。例如，商人在经商中更加倾向于联合本族兄弟开拓市场，他们在慈善捐赠中也往往只针对本村本族，而基本不涉及行政村层面。学界普遍认为，目前社会正处于加速转型过程中，传统社会与现代社会交织在一起，从新乡贤的主张与实践来看，中国的现代化治理正在向传统汲取宝贵的经验。然而，由于宗族文化并不是一种适应现代化发展的传统文化，加之核心家庭的扩张与大家族意识的衰弱，宗族文化也不可能成为未来推进社会转型的"秘匙"。

我们之所以还要再提宗族文化，本意并不在于提倡和主张宗族文化的重建乃至复兴，而是要借助宗族文化这一理解政治社会现象的视角，探讨现代国家对传统社会的改造，以及传统社会如何在现代化浪潮中重构。简而言之，宗族文化对本书研究的重要价值体现在，宗族文化是一种尚能对研究对象产生影响的弱变量，以宗族为纽带建立的关系庇护网络是理解研究对象集体行动的逻辑的一种方式。此外，以大宗族概念将行动者组织起来也是基层政府主导民间商会组建的一种方式和策略。

宗族文化与观念虽不可同日而言，但作为一种非正式权力，宗族势力仍在一定程度上影响水镇的治安与秩序的稳定。水镇边界线长达 30 多千米，与多个县市相邻，一些边界线由于常年没有得到精准管理，最后被荒草掩盖并导致边界划分不清的问题出现。随着土地资源开发工程的迅速推进，边界划分不清的历史遗留问题爆发，继而引发了水镇与周边县市乡镇突出的土地山林纠纷问题。

> 案例 1-1：
>
> 1991 年 1 月，水镇与邻县的南田乡因土地开发产生了林权的纠纷。水镇的 PJ 村与南田乡的 CF 村为了林权的归属问题争论不休，矛盾一度激化，险些酿成村庄集体械斗事件，随后南田乡的党委书记参与并主导了纠纷的调解，但由于处理结果不符合水镇 PJ 村民的预期，PJ 村的村民当晚将南田乡的党委书记捆绑至 PJ 村的宗祠里，要求重新处置林权。水镇综治办闻讯后立刻找到负责山林开发的企业，与负责人一起前往 PJ 村调解这场超乎预期的严重的"矛盾纠纷"，后来经过多方协调，并由当地公安部门介入后，这位党委书记才得以脱身，而水镇也给周边的村民留下了十分深刻的"彪悍"印象。

水镇地处多个县市乡镇的交界地带，对自然资源以及山林田地产权的争夺成为许多矛盾激发的重要起因，而多个村庄之间界限划分的不合理亦成为持续引发村庄宗族械斗的历史原因。由于人多地少，自然环境恶劣，以宗族为单位的生存特点，行政区划中边缘竞争特点并存等原因，村庄之间容易因为水利设施的争夺，使山林田地的边界纠纷等由口角上升为暴力斗争。即便是在乡镇内部，两个村庄之间的矛盾纠纷也是居高不下，有的村庄甚至还保留着至死不通婚的旧习俗。正是因为矛盾纠纷发生频率较高，水镇的治安工作历来是水镇政府的重中之重，历任镇委书记都将大部分精力放在调解矛盾纠纷的维稳工作上，但即便如此，水镇的综治工作仍然年年在区里垫底。

二　乡镇干部的难点：镇委书记的治理困局

经济发展与社会稳定是压力型体制下基层政府面临的两个重点任务，任何一项未能顺利完成都会导致基层干部面临"一票否决"考核机制所带来的规训与惩罚，一般性的后果是基层干部全年所有的评优评先资格全部被取消。水镇在经济发展方面已经落在全区后面，全力推动全镇的经济建设是每一任书记镇长的工作重心，但是社会不稳定却成为水镇经济发展道路上的"拦路虎"。2010 年年末，水镇的宗族械斗事件再次发生，产生了极其恶劣的社会影响。Y 区委书记随即找到尚在 RH 乡担任党委书记的唐某某，告诉他，水镇是 Y 区的"北大门"，一定要想办法守住"北大门"，解决好社会秩序问题，尽力维护好乡镇政府的治理权威，不能让水镇的社会稳定问题拖了全区的后腿，影响到水镇农民正常的生产生活。唐某某明白，地方经济搞不上去的最差结果就是无法获得晋升，但要是社会稳定工作做不好，面临的可能就是被问责的风险。因此，化解乡村社会的治理危机因此成为唐某某接任水镇党委书记后的头号政治使命和政治任务。

（一）低效的常规化治理

保持良好的公共秩序，维护社会公共安全是国家的基本政治职能。在社会转型时期，随着国家与社会关系发生重大转变，各种各样的矛盾和冲突汇集到基层社会生活当中，小型群体性事件也会呈现出多种冲突线索并存的复杂场景，原有的治理结构难以匹配日益增长的基层治理问题。① 在此背景下，国家与农民的关系随之也走到了一个矛盾多发的阶段。田先红从基层信访治理的角度分析了 20 世纪 90 年代以来造成乡村地区社会治理危机的原因。他将乡村社会治理分为两个时期：90 年代末至税改前和税改后至今。在他看来，"由于县乡村利益共同体的形成，国家基础权力无法有效渗透进入乡村社会的最底层，致使乡村基层代理人的监控难题一直无法得到有效解决"。此时农民上访大多是"维权型上访"，而在税费改革后，因受到基层政权治理能力弱化、干群关系重塑和利益格局重新调整等因素的影响，农民上访转变为"谋利型上访"。②

案例 1-2：

CJ 村的 CJG 于 2009 年 2 月 25 日到市第七医院做混合痔切除术时发生医疗事故，导致 CJG 术后有肛门失禁、肛瘘等后果，后经市医学会鉴定为三级甲等医疗事故。2010 年 5 月，CJG 向区人民法院提起诉讼，要求赔偿医疗费、误工费、精神损失费等共计 223561.22

---

① 张小劲、李春峰：《地方治理中新型社会组织的生成与意义——以 H 市平安协会为例》，《华中师范大学学报》（人文社会科学版）2012 年第 4 期。

② 田先红：《息访之道——国家转型期的桥镇信访治理研究（1995—2009）》，博士学位论文，华中科技大学，2010 年，第 61—92 页。

元。区法院一审判决市第七医院赔偿 CJG 误工费、精神损失费等共计 95626.9 元，后续治疗费用由于尚未没有发生，故一审法院未予判决支持。CJG 对一审判决不服，提出上诉，但由于其没有足够的费用支持提出上诉，所以选择放弃上诉，转而通过越级上访的方式来谋求解决。2010 年，区委政法委书记出面协调解决 CJG 的医疗纠纷问题，经过多方协商，决定向 CJG 追加 10 万的赔偿款，并要求市第七医院负责 CJG 的后续治疗费用。但是 CJG 拿到赔偿款以后还是不服调解，决定继续到北京上访，因为他觉得自己此前在北京上访时遭到了将其劝回的工作人员的不公待遇，他要求政府惩治那些将其劝回的人员。然而这一要求多次被回绝，此后 CJG 的手术后遗症始终没有得到很好的解决，因此，CJG 仍在反复上访，并继续要求追加医疗赔偿款。

这一案例既不能简单地归为维权型上访，也不能简单地归为谋利型上访，上访户的诉求显然是多方面的，他的诉求里掺杂了现代社会的多重矛盾病症，是一个利益诉求的综合体。而且在长时间的上访过程中，上访户的利益诉求又是不断追加的，越是无法得到满足，越是容易激起其上访的渴望。此后的事实发展也证明，乡镇政府基本已经无力解决上访户的所有利益诉求，一些类似的上访户到后来还演变为职业上访户，不仅自己多次上访，而且还为其他上访户提供必要的信息和渠道，给乡镇政府的维稳工作带来巨大的压力。

农民上访数量的增多以及上访目的的转变，都是触发社会不稳定的重要因素。中西部地区的许多乡镇在社会转型时期所面临的问题皆是如此——基层政府治理能力弱化，而农民对利益分配的要求却无法得到相应满足。这一矛盾体现为农民对基层政府的不信任，对基层政府行为的认同度降低。农民的利益纠纷往往容易偏离法治轨道，演化为暴力冲突。此外，由于正常的申诉渠道不通畅，农民通过将事情"闹大"来博取关注和同情，从而加剧了乡村社会的不稳定。社会转型时期，社会诉求与政府回应之间出现了失衡。

社会稳定问题历来事关乡村社会的健康有序发展。导致乡村社会不稳定的因素众多，这里突出表现为：非正常上访率攀升、邻里纠纷增多、产权界定争端加剧。乡村社会不稳定既表现为村庄自治秩序失序，也表现为基层政权和社会整体之间存在利益分离。① 2006 年，我国全面取消农业税，农村基层政权不再以农民的税费收缴为基本运行保障，国家通过转移支付和项目制等向基层输送资源。通过税费改革以及治理资源输送方式的转变，国家加大了对各级政权的"控制权"，② 基层政权向上负责的倾向更加明显。此外，税费的取消也导致基层政权从"汲取型"转变为"悬浮型"，③ 农民与国家的关系发生重大变迁。面对农民与国家关系的新变化，作为国家政权体系的末梢，乡镇政府实际上只能依靠有限的资源和权力，依靠常规化的基层治理，并在不断被利益分离消解的制度权威之下维持乡村的社会秩序。乡村社会的不稳定与基层政府的治理能力弱化、国家与农民的关系被利益离间有关，而村庄两委的治理权威弱化同样带来了村庄矛盾纠纷难以在内部消解的问题。

案例 1-3：

2009 年 7 月，BQ 村的小组长 LGQ 率领该村 17 位农民前往 X 市信访局越级上访，要求市里的领导公开出面解决村庄的用水纠纷。原来，为了缓解农田干旱的灾情，村民要求组长 LGQ 主持水库开闸放水，但承包该村水库的养鱼户 LNG 因担心水库放水会导致鱼苗流失而拒绝这一要求。养鱼户 LNG 认为，自己承包了水库，就拥有了对水库的管理权，放不放水由自己说了算，而且当时签订的契约里并没有注明在干旱时承包方有义务开闸放水。如果要放水也可以，但他要求村集体赔偿自己的损失。村民们认为 LNG 的要求不合理，请求 LGQ 出面协调，但终因双方互不妥协导致协调无果，几个村民在与 LGN 的争吵中差点打了起来。发现事态不对劲，LGQ 随即将事情上报到村委会，村委干部出来调解后 LNG 还是拒绝放水。不得已，LGQ 决定采取集体上访的办法，请求市政府出面干预。市信访局接访后，要求由水镇政府协同村委会组成联合协调小组，最后将纠纷化解。

---

① 张静：《基层政权：乡村制度诸问题》（增订本），上海人民出版社 2007 年，第 38 页。

② 周雪光：《项目制：一个"控制权"理论视角》，《开放时代》2015 年第 2 期。

③ 周飞舟：《从汲取型政权到"悬浮型"政权——税费改革对国家与农民关系之影响》，《社会学研究》2006 年第 3 期。

　　该案例所反映的实际上就是村庄内部治理权威弱化的问题。为了自身利益而不顾集体利益的做法造成村庄内部关系的紧张，而此时本应该充当规则捍卫者和秩序维护者的村组干部却对此无计可施，表明村民自治制度在乡村社会的运行困境，正式权威对秩序维护的效用有限。然而，此事只是水镇诸多矛盾纠纷中的冰山一角。

　　在 Y 区的所有乡镇中，水镇的综合治安工作难度是最高的，以至于历任党政领导干部之间都流传着这样一句话，叫"一年干，二年看，三年找去向"。大体意思是说，在水镇上任的第一年书记镇长们都想干出点政绩，到了第二年的时候发现工作很难开展就产生了维持现状的消极念头，到了第三年基本已经放弃希望的书记镇长们干脆就选择"另谋高就"，急切地想要离开水镇前往其他乡镇。其实，这句话的背后所折射的是社会转型时期乡村社会普遍面临的基层治理困境，而水镇的情况具有一定的代表性。

（二）镇委书记的反思与实践

　　水镇商会的组建是国家力量与社会力量相互合作的结果，唐某某代表的是政府一方，后来成为水镇商会第一任会长的简某某代表则是社会一方，正是在两人的积极配合下，才有了组建水镇商会的想法和实践。在常规化的基层治理实践中，基层政府是当仁不让的主导者，肩负着实现社会善治的职责和使命。因此，从基层治理的角度来看，推动水镇商会组建的主体归根结底还是水镇政府，而唐某某在这一过程中所起到的作用既是显著的也是不可或缺的。

　　唐某某出生于 20 世纪 60 年代末，SX 乡人，90 年代初毕业于江西省林业学校，中专学历。赶在计划经济体制结束的末端，唐某某在大学和中专毕业生就业按国家下拨的计划指标进行统一分配的制度安排下，被分配至 Y 区的 JL 乡政府工作。值得一提的是，当前许多在乡镇担任领导职务的党员干部都与唐某某有着相似的经历和学历，八九十年代的中专生成为基层政府中的中流砥柱。90 年代末，29 岁的唐某某升任 JL 乡的常务副乡长，成为当时 Y 区最年轻的科级干部。然而仅在半年后，唐某某就因处理"牛吃红花草纠纷事件"不力而遭到处分，被撤销了党委委员的职务。此后，唐某某又开始从一名普通科员做起，2000—2010 年的 10 年时间里他先后在 Y 区的 HX 镇等 6 个不同的乡镇担任领导干部职务，却始终未能如愿进入城市担任正局级干部。但是在不同乡镇任职的经历却为唐某某积累了丰富的乡镇治理经验，使他深谙乡村社会的运行规则和人情世故，为他推动水镇商会的组建奠定了基础。2011 年，41 岁的唐某某临危受命，来到了他在乡镇锻炼的最后一站——水镇。上级领导交代的守住"北大门"的使命，对他而言既是政治任务，也是一次难得的机遇，而推动水镇商会的组建揭开了一名基层干部职业生涯最辉煌的一页，并改变了水镇的基层治理格局。

在担任水镇党委书记之前，唐某某在 RH 乡担任党委书记，他以敏锐的政治嗅觉发现乡村旅游正在成为一种趋势。拥有丰富矿产资源的 RH 乡，一直是依靠矿企税收来获取财政收入，但是经过多年粗放型的挖掘和开采，资源丰富型乡镇正在走向资源枯竭型乡镇。为此，唐某某决定开辟一条特色的乡村旅游道路——种植向日葵花海。但是在他刚要启动计划之时，即被 Y 区调往水镇，乡村旅游的发展计划就此搁置。

2011 年年初，唐某某开始了他在水镇为期 4 年的任职经历，这也成为他在乡镇担任领导干部时间最长的一次经历，而水镇同样也成为他最后一个乡镇任职单位。水镇是一个民情较为复杂的地域，地处偏远，与多个县市交界，矛盾频发，治理这样一个秩序紊乱型的乡镇并不是一件容易的事。唐某某必须采取和以往不同的方式和手段，从常规治理的政策工具以外去寻找社会长治久安的长效机制。

到任水镇后，唐某某启动了寻找乡村社会有效治理方案的计划。唐某某每天六点起床，六点半从镇政府出发，上午下乡调研，下午和晚上则用来处理公务。2 个月的时间里，唐某某走遍了水镇 21 个行政村的 176 个村小组和自然村，基本掌握了水镇的风土人情和精神风貌。唐某某下乡调研主要做两件事：一是观察村庄的水井和宗祠；二是走访退休的和现任的村组干部以及部分村民。唐某某认为，一个村庄的宗祠修建得如何能够看出这个村庄是否团结，但最重要的是要有众厅（总祠），而不是私厅（支祠），因为私厅林立恰恰反映出村庄内部的涣散和凝聚力不强。走访各个村庄的水井则是因为每个村庄一般只有 1—2 口水井，水井在自来水入户前曾是各村村民的饮用水源。水井和宗祠都是村民容易聚集的地方，对许多村民来说，这些地方是除家庭以外最重要的社交和活动场所，实际上反映的是村庄的公共性。公共空间的活动情况如何折射的是村庄内部关联度的高低，也意味着村庄内部治理效能的优劣。大量的宗族公共活动，宗族成员培养了彼此之间基于血缘的社会认同，从而凝聚了较多的社会资本。

由传统宗族构建起来的社会关系网络往往能够对农村基层政权产生重要影响，宗族势力的强弱直接影响到乡村治理的整体格局。通过调研走访，唐某某发现，众厅是所有村庄共同的公共空间，有些村庄甚至还在近两年举全村之力修建了新式宗祠，水井也都保存了下来。然而并不乐观的是，不论是宗祠还是水井，随着村庄"空心化"趋势加剧以及农村社会资本的锐减，这些公共物品逐渐被弃用。村民在饮水上大多是自行修建压水井或接通自来水，水井逐渐荒废，长满青苔。宗祠虽然已经重修，也聘请了专人进行打理，但是不少新建的宗祠却大门紧锁，敞开大门的宗祠也已被动物的粪便占领而显得凋敝、破败。公共空间的陨落，是乡村衰落的一个缩影，唐某某认为，如果想要解决乡村治理的问题，从乡村社会内部寻找方案的可能性不高。

调研完村庄的公共空间，唐某某又花费了大量时间对部分村庄的新老干部和村民进行访谈。通过访谈，他搜集到了各个村庄在治理中出现的问题，征询到了他们关于重建村庄秩序的意见和建议。虽然唐某某没有进行过规范的人类学方法训练，但是对田野调查方法的运用足以显示出一个基层领导干部对政治社会的准确把握。实际上，宗祠作为南方地区宗族文化的一种象征，在近代以来已经发生了功能上的裂变，发生了从原本提供教化和规训的宗族功能向提供公共活动和开展文化娱乐的政治社会功能的转变。以村庄宗族的名义对宗祠进行改造和修建，看似在重建宗族文化，实则在重建村庄的公共物品。遗憾的是，宗祠只是宗族最后残存的一种表现，建立后的宗祠已经变成了一个现代社会的产物，主要是服务于现代公民的公共需求。不过，唐某某对村庄干部和村民的访谈却起到了重要作用，在访谈中唐某某逐渐认识到，化解村庄治理难题的钥匙不在农村而在城市，尤其是在城市里扎根下来的农民企业家。

实际上，这些在城里发家致富的农民企业家与村庄斗争密切相关。唐某某在调研时发现：

> 这些老板有了钱以后，面对老乡们的请求抹不开面子。如果他们不出钱出力来支持他们和其他村庄斗争，尊长公也不会让他们进祠堂，将他们的名字写进族谱。在情面和压力等多个因素的作用下，他们决定支持村庄的斗争。（访谈编号：TJZ20181119）

有了农民企业家的大力支持，村庄之间的斗争愈发激烈，因为在其他村庄同样有在城里较为成功的商人，他们也参与到了村庄斗争的队伍中，为他们购买械斗工具，组织和动员村民参与其中。以至于在后期的争斗中村庄之间只要稍稍一出现矛盾，大规模的斗争便迅速展开。不仅如此，农民企业家对本村上访户还给予支持的态度。由于这些农民企业家基本已经扎根城市，很少再与乡镇政府打交道，无须协助乡镇政府处理上访维稳问题，因此他们对本村上访户是一种支持的态度。例如，出钱资助他们赴省上访、进京上访，为他们提供省市领导的出行信息以便上访户拦路上访。与基层政府利益的无涉，使农民企业家能够绕开基层国家政权，在社会层面与村庄及其村民产生联系，而由此产生的问题是，农民企业家可能站在基层政府的对立面，对基层政府的治理行为产生消解作用。如何破解基层治理的困局？农民企业家简某某的出现，为唐某某提供了解决的思路。

三　治理转向的起点：村庄水患与乡贤捐赠

经过对历任村庄干部和各个村庄的第一轮调研走访，唐某某获得了两条重要的信息：第一，每一个村庄都有在外地的能人，各个村庄的能人之间彼此互不认识；第二，水镇社会不稳定的背后与这些能人有着密切的关系。为了印证第二条信息的可靠性，在走访这些能人之前，唐某某又找到水镇历任的书记和镇长，和他们进行了交谈。

> 他们告诉我，水镇之所以不安定，经常容易出事，其实是因为一些有钱有势的人（商人）在支持部分村民闹访、缠访，相互争斗。如果没有这些商人的支持，他们就没有资金来源，也没有人向他们提供交通工具，提供吃住的宾馆，他们也打听不到一些内部的信息。还有一个非常重要的信息是，这些水镇籍的商人，往往是以村庄为单位抱团发展，但是各个村庄的商人之间却互不认识。过年的时候，大家开着豪车回家，道路拥堵但是彼此互不相让，结果造成了不少的矛盾纠纷。另外以村庄为单位的农民企业家在行业发展中也存在一定的竞争，他们之间有着一些不为人知的过节。（访谈编号：TJZ20181119）

正是通过这些调查走访使唐某某逐渐意识到，解决乡村社会稳定的"法门"不在乡村内部，也不能仅仅依靠承担无限责任的基层政府和权威弱化的村庄"两委",他认为化解基层治理的困境必须另辟蹊径,最终要通过基层自身来解决。如何解决?那就是将村民口中的这些能人们整合起来,由乡镇政府发起并建立一个平台,通过向这些平台让渡一部分治理权限,引导他们参与乡村治理,转化基层治理的危机。

但正如历任的书记和镇长告诉唐某某的,要想将这些农民企业家整合起来,组建一支由水镇籍企业家组成的基层商会并不容易。事实上也是如此,唐某某的第一次走访就遇到了很多困难,部分农民企业家虽然表示他们可以不再支持村庄械斗、农民闹访等事件,但是并不想和其他水镇籍企业家联合起来。不是因为地域认同的问题,而是因为他们不相信有人能够将他们组织起来。即使是在 X 市的异地商会看来,水镇籍商人也是难以被组织起来的。

> 在水镇商会成立之前,我不认为水镇的这些老板可以被组织起来。他们都是"泥腿子"出身,文化水平低,企业规模又小,但风格却彪悍,在投标竞标中多次胡搅蛮缠,名声搞得不怎么好。大家都是一个地方的,这么不团结怎么可能让他们联合起来?(访谈编号:JXY20181120)

然而,水镇籍民营企业家简某某的出现使得事情的发展有了转机。

(一)村庄水患

唐某某和简某某,一个是在乡镇锻炼多年的领导干部,一个是常年在九江从事房地产生意的农民企业家,两人互不认识,没有任何私人关系和工作上的往来。如果按照这样两条路径进行下去,水镇商会也许会在日后通过地方政府自上而下培育出来,但不会通过基层政府自下而上的探索而诞生。使得原本处在平行线上的两个人产生交集的是 2010 年简村发生的特大洪水灾害。

简村是一个自然村。自然村与村民小组通常被看成当前我国社会管理体系中的最后一级,也是当前乡村治理中的最小单元。根据族谱记载,简村始祖简伯仕于清朝顺治年间,由樟树市蛟湖迁居至此地,因族人姓简,故而取名简村。1968 年,简村并入水镇公社,归属水镇管辖。简村位于水镇东南方向 7 千米处,隶属行政村 WT 村的管辖范围。全村目前共有人口72 户,总计 286 人。与许多中西部地区的村庄一样,简村的"空心化"程度很高，其中85%以上的青壮年劳动力都流向了城市，村庄里只剩下一些孤寡老人和留守儿童。简村拥有60岁以上的老人26人，老龄化达到9%。

简村地处丘陵地带，地势低洼三面环山，一面带水，山多平地少，因而人地矛盾较为突出。全村共有耕地面积106亩，其中水田96亩，旱地10亩，人均耕地面积仅为0.37亩。村民主要的农作物为水稻、棉花、花生、豆类等，此外还兼种一些蔬菜。村民收入结构单一，经济来源少，主要依靠外出务工人员支持留守村民的日常生活。简村是蒙河的流经之地，农业用水主要依靠蒙河和地下水。蒙河是赣西地区的一条重要河流，全长61.9千米，流域面积494平方千米，流经赣西地区多个县市。南方地区水系发达，河流对农业生产具有十分重要的意义。一方面，河流极大地方便了流经区域的农业生产和农民的日常生活；另一方面，因为水流量大，一旦出现暴雨天气，极容易引发部分地区的洪水灾害。简村处于蒙河的流经区域，得其恩惠，也受其灾害。

2010年5月，持续的暴雨袭击了大半个江西，地处赣西地区的X市，同期降水量远超1998年大洪水时期。2010年5月，X市的降雨量是1998年大洪水时期的1.9倍，抗洪压力显著。赣西地区本就多雨，雨季出现洪水灾害的频率很高。据村民回忆，蒙河平均每5年就会泛滥一次，造成沿岸村庄严重的生产损失。2010年暴雨过后，蒙河水面暴涨，洪水顺流而下，将地势低洼的简村变成一片泽国，村庄全部浸泡在洪水之中，仅有几栋房屋的屋脊还露在水面。简村的房屋本就破旧，洪水过后，据统计共有20多间房屋墙体开裂，木棚朽烂，不再适宜长期居住，亟须修缮和重建。

自然灾害不仅造成生产损失而且造成人员伤亡，影响和威胁着农民正常的生产生活。我国是世界上自然灾害最为严重的几个国家之一，具有种类多、发生频次高和灾情严重等特点。民政部救灾司的统计显示，2010年全国各类自然灾害共造成4.3亿人次受灾，因灾死亡失踪7844人，紧急转移安置1858.4万人次；农作物受灾面积3742.6万公顷，其中绝收面积486.3万公顷；倒塌房屋273.3万间，损坏房屋670.1万间；因灾直接经济损失5339.9亿元。[①] 面对突如其来的自然灾害，个人或者小团体的力量都显得微不足道。此时，掌控着大量公共物资储备和具有较强调度与统一指挥能力的各级政府就应当发挥主导作用，及时减少损失，帮助灾民

---

① 民政部救灾司、国家减灾中心：《2010年全国自然灾害灾情概述》，《中国减灾》2011年第1期。

渡过难关。但是在自然灾害的应对中，政府却并非总是无所不能。政府的功能有其边界和限度：其一，基于公共财政资源的有限性，政府不可能将全部公共资源用于救灾中；其二，政府的救灾物资一般只针对灾民的基本生活需求，即便是在公共服务的供给方面，也只能提供统一标准的公共产品与服务，而对于民众其他多元化的需求则无法予以满足。因此，在政府无法延伸的领域，社会力量的参与就变得重要起来。

2010 年的洪水灾害中，受灾的不只是简村一家，水镇其他靠近蒙河的村庄也都相应遭受了这场洪水的袭击，但政府所供给的物资和提供的公共服务只能满足村民们的基本生活需求，对于一些潜在的生存风险只能留给村民自己处理。

（二）乡贤捐赠

洪水过后，离村多年并远在九江从事房地产生意的乡贤，农民企业家简某某回到简村，他想看看自己家的老房子是否还保存了下来。留守村庄的孤寡老人，毁坏的基础设施，坍塌的房屋……破败的灾后场面给了简某某很大的震撼：

> 自己是做房地产生意的，这些年在外经商积累了一些财富，当我看到曾经和自己共同劳动生活过多年的老乡们却还是住在这样的房子里，实在是于心不忍。（访谈编号：JYL20181120）

回到九江后，简某某立即找到其他几个经商的兄弟，共同商议并决定捐资，在村庄附近向政府申请一块土地进行整村重建，以改善全村农民的生活和居住环境。简某某实际上是随着改革开放最早成长起来的一批具有代表性的从农村走出去的农民企业家。水镇商会早期创立的内刊中讲述了他的故事：

> 简某某出生于 1955 年，从小家境贫寒。15 岁那年，由于家庭条件困难，简某某辍学跟着父亲学习木工，并很快精通了这门手艺。20世纪 80 年代，已近而立之年的简某某来到省会城市南昌的一家木工厂工作。从小就拥有一个经济头脑的简某某从工厂的废木料中看到了商机，他将这些废木料以 5 分钱一根的价格买过来，经过加工做成铁锹把，再以每根 6 毛 5 分钱的价格卖到附近的煤矿，凭着一股干劲和

农村人特有的勤劳，他一天可以加工一百多根。就这样，在那个普通工人每个月工资只有10—20元的年代，简某某每个月却能赚到两三千元，早早成为了"万元户"。进入90年代，我国的社会主义建设事业开始掀起一波又一波的高潮，简某某以一个商人敏锐的洞察力发现基建行业正在成为一项支柱型产业，于是他决定进军基建行业，专门从事钢筋水泥等基建材料的生产和运输。随着工业化水平的不断推进，我国的城市化迅速扩张，基建行业的投资为简某某带来了丰厚的回报和收入。仅仅3年时间，简某某就挣到了200多万元，成为业内小有名气的经销商，从此奠定了雄厚的财富基础。然而，正如许多商人的成长经历一样，在基建行业的成功并不能满足他们对资本增长的欲求。进入21世纪后，简某某又转而从事房地产行业，他联合自己的三个弟弟，组团进入房地产市场，在九江地区注册成立了一家房地产公司，十年内累积资产达数亿元。

对地方政府而言，这是一件破天荒的事情，因为在此之前还没有任何一个X市籍的商人如此慷慨解囊，而整村重建的这次善举也开启了X市公益事业的新篇章。经过一年多的详细规划和精密测算，简某某联合自己的三个兄弟，决定共同出资3600万元重建简村，不论关系亲疏，以户为单位认领一套别墅，并力图将重建后的简村打造成为全市居住环境最舒适的村庄。

整村重建看起来好像是一件只需要出钱就能办成的简单的事，实际上并非如此。村庄从选址到规划，从建设再到搬迁，从入住再到管理……无不需要政府相关部门的审批和受理，需要和乡镇干部进行沟通与协调。按照规定，农村建房子一般的程序是：村民向村委会提交申请—村委会审核通过—向乡镇规划所提交申请—规划所勘察审核—向乡镇国土资源所申请土地使用证—国土资源所报区县国土资源局审批。以上只是一栋房屋的审批程序，简某某意图重建的是整个村庄，因此这个过程就更繁杂了。对于一个在商海打拼多年的尤其是有多年房地产经营经验的商人来说，把房子建起来并不是什么难事，但不论是审批还是日后的房屋修建与村民搬迁等事情简某某都必须要和当地政府打交道，以确保重建工程的顺利进行。正是在这个过程中，一心想为家乡做点贡献的农民企业家简某某和一心想要整合在外能人的水镇党委书记唐某某有了交集。

实际上，通过第一轮的走访，唐某某就已经从每个村庄的干部那里获取了各村从政从商人员的基本信息，他一一记录在案，将这些信息编订成册，并从中挑选出一些在 X 市已经颇具影响力的企业家，简某某即在这本小册子中。当简某某宣布重建简村的时候，唐某某明显感受到简某某的这一行为已经引起了全镇乃至全市的高度关注，简某某也因此在 X 市商界树立起了极高的威望。2011 年年底，唐某某前往九江拜访简某某，一是询问简某某关于家乡建设的建议，二是请求简某某出资重修水镇二小的校舍。这一次的走访取得了重大突破，两个原本没有任何交集的商人和官员从此建立起了重要的联系。唐某某希望简某某以自己的财力多多支援家乡的新农村建设，简某某则希望唐某某积极协助自己完成整村重建的壮举，二人一拍即合。

小　结

与 20 世纪 90 年代以及沿海发达地区相比，内陆地区民间商会的兴起与发展有着共性因素，也有着其独特的个性因素，是两种因素相互交织、共同作用的结果。撇开经济发展的显性因素，我们可以看到，在新时代背景下，随着国家对社会建设的日益重视，政治体制与社会变迁格局对民间商会组建所起到的作用变得突出。其中，基层治理结构的多元化趋势为民间商会参与基层治理释放了政治空间，社会阶层的再组织化推动了更多民间商会的组建，城乡从分割走向融合的关系变迁为民间商会参与乡村治理与乡村振兴创造了便捷条件，而公益事业蔚然成风的新现象则使得民间商会的功能作用向更多领域和层面延伸。所有这些宏观背景的影响其实背后所反映的都是近些年国家力量有秩序地从社会中退出后，社会力量逐步壮大和成长起来的政治事实。不仅如此，基于水镇商会的个性化背景的描述，我们也可以发现，政府在基层治理中存着边界和限度，在常规化的治理方式难以奏效的情况下，政府需要与社会力量达成合作，而这种"合作主义"的实现，一方面既需要地方和基层政府勇于创新、积极转变治理方式的努力，另一方面也需要社会自觉和主动地参与。当然，民间商会之所以能够呈现出与以往不同的功能与作用，也与部分偶然因素有关，但是归根结底是因为国家向社会让渡了治理的空间，有着引导社会力量参与基层治理的时代需求。

第二章

关系动员与政治关联：水镇商会的生成路径

前面笔者主要论述了新时代背景下民间商会孕育的多重因素，简要描述了狭义上的政商关系的缔结过程及其产生的深刻影响。本章将沿着上一章的故事轨迹，从国家与社会共同缔造民间商会的视角，阐述民间商会的生成机制。这里笔者所要解释的问题是：在经济发育程度较低和发展水平较落后的中部地区，政府是如何将社会分散的力量整合起来的？而民营企业家这些分散的社会力量又是基于怎样的考量而选择加入民间商会的？此外，组建后的民间商会又有着怎样的特点？

通过文献调研，我们不难发现，以往的研究对民间商会等社会组织产生的逻辑已经进行了非常充分的论证和解释，其中最具有代表性的是"市场失灵"和"政府失灵"两种理论。市场失灵理论认为，市场在资源配置起决定性的作用，但由于市场机制存在着一些无法消除的弊端，诸如信息不对称、外部性等问题，所以会导致市场在配置资源和提供公共物品时往往缺乏效率，引发社会不公平。对于在政治社会地位以及制度安排等方面不占优势的民营企业来说，市场失灵所带来的危害更为严重，因此，通过组建民间商会来弥补市场的失灵行为是民营企业的一种方式和策略。政府失灵理论则认为，社会公众对公共物品的需求具有显著的差异性，但是政府往往倾向于满足"中位化"的需求，由此便无法兼顾不同类型的社会需求，当无法从政府那里得到满意的公共物品时，社会公众就会选择通过自发组织的力量来满足自身需求。而民营企业所面临的现实问题是，政府在企业发展中不仅无法提供令其满意的公共物品，还有可能对其进行利益剥夺，这一行为体现为地方政府的公司化。① 为了克服政府失灵带来

---

① Jean C. Oi, *Rural China Takes Off*: *Institutional Foundations of Economic Reform*, Berkeley: University of California Press, 1999, p. 1.

的不利影响，民营企业希望抱团发展，凝结成一股较大的力量，向外界表达自己的利益诉求。简而言之，市场与政府失灵所带来的不安全感，成为民间商会大量组建的直接原因。

本章所要阐述的内容是在两种理论的基础上，揭示民间商会组建的微观机制，通过深度结合中部地区的特点，追溯水镇商会组建时政府和农民企业家两类主体的原初想法与价值诉求。由于个案具有一定的特殊性，因此民间商会的生成机制也必然会带有一定的地方特色，并突出体现为公共关系与私人关系的交织运作。

第一节　再造商会：纵向政府间的治理合作

水镇商会有一个同名的但不为人知的前身。20 世纪 90 年代，水镇商会设立在水镇政府内部，作为基层政权的一部分存在。当时的水镇商会既不具备独立的法人资格，也没有在相关部门登记，属于市工商联垂直管理的分支机构，其职责是将所有具有经营性质的法人团体和个体工商户吸纳为成员，对其进行管理，提供相应的公共服务，会长由乡镇领导班子成员兼任。[①] 随着乡镇企业改制的浪潮袭来，水镇商会在发展中因功能弱化和机构调整等历史原因被撤销，直到 2012 年才重新设立，但性质已经发生根本变化。按照《社会团体登记管理条例》的相关规定，乡镇作为县（区）管辖的二级行政单位，乡镇社会组织应当在拥有登记权限的县（区）一级完成登记。水镇商会的例外在于，水镇商会没有在 Y 区民政局登记注册，而是在 X 市的民政局登记注册。这种做法突破了既有规则的限定，同时也提升了乡镇商会的规格和管理层次，之所以会采取这种做法，实际上是 X 市各级政府治理合作的结果。本节即围绕地区内各级政府的设想与实践展开，呈现地方国家政权主导民间商会组建的行动逻辑。

---

① 20 世纪 90 年代的水镇商会由于存在时间短，影响力小，鲜为人知，现有的文字材料只在 2012 年编订的《水镇镇志》（未刊印版）中进行过简单的描述。正是基于水镇商会拥有"前身"的历史事实，所以新时代水镇商会的重新组建被笔者称为"再造"，将其看成当地的一种革新。

一　组织起来：各级政府部门的设想

（一）组建民间商会的国家意图

中国的国家关系从中华人民共和国成立以来，经历了几个重要的发展阶段。一般认为，从中华人民共和国成立到改革开放之前的 30 年是第一阶段。虽然在这一阶段部分社会团体仍可以进行登记注册，但很多都是由政府机关直接控制和管理，此时的社会团体是国家机器的一种延伸，履行的是国家的基本职能，只强调政治功能而忽视社会功能。第一阶段国家对社会的钳制，使得当时的中国有国家而"无社会"的特点较为突出。国家与社会关系出现新变化始于 1978 年开始的改革开放。

改革开放被认为是"坚持和发展中国特色社会主义的必由之路，是决定当代中国命运的关键一招，也是决定实现'两个一百年'奋斗目标、实现中华民族伟大复兴的关键一招"[1]。改革开放意味着全能主义的结束，国家与社会的关系出现了许多新的变化：国家权力从社会中抽离出来，社会的发展获得了更多的独立空间；计划经济时代的集体化逐渐让位于个体化。对于乡村社会而言，国家权力从乡村退场后，国家在解决社会如何实现自我管理的问题上采取的是村民自治的办法，在城市采取的则是居民自治。基层群众自治制度的推行，使得社会在脱离国家严密管制的情况下获得了一定的发展和进步。社会力量的迅速成长也让很多的研究得出了中国正在逐步走向市民社会的结论。然而，国家权力从社会中抽离出来并没有实现社会主义国家意识形态的要求，日渐分化的社会出现了不同程度的"断裂"，[2] 社会由国家强力形塑的整体形态呈现出分散、分化和分层的断裂形态。社会力量的分散化使得国家对社会的整合难度加大，国家对社会的治理难度加深。

2013 年，党的十八届三中全会首次使用了"社会治理"这一概念。党和政府的注意力实现了从专注于经济发展到"政治建设、经济建设、文化建设、社会建设、生态文明建设"五位一体格局的飞跃。当国家重新回归社会后，面临的不再是一个高度整合的社会，而是一个分化加深，

---

[1]　习近平：《在庆祝改革开放 40 周年大会上的讲话》，《人民日报》2018 年 12 月 19 日第 1 版。

[2]　孙立平：《断裂——20 世纪 90 年代以来的中国社会》，社会科学文献出版社 2003 年版，第 1 页。

断裂加剧以及利益诉求多元化且分散化的社会。意图发挥社会力量参与国家治理的功能，国家的首要目标就是将分散化的社会重新组织和整合起来。

从国家层面而言，将民营企业组织起来，在市场经济体制时期至少能够带来几个方面的正面影响。首先，推动民间商会的组建适应了国家对经济管理的需要。改革开放后随着政经分离的步伐加快，国内民营企业的大量兴起，对国家的管理能力提出了较大的考验。通过对西方国家管理经验的学习和借鉴，国家逐渐意识到，当大量游离于行政体系之外的市场主体出现时，国家亟须一个中介组织架起与它们沟通的桥梁，以此降低政府管理市场的行政成本，提升公共政策的运行效率。民间商会实际上充当了政府与市场之间的桥梁和纽带，形成了现代化国家的完整架构，同时也弥补了政府管理的缺憾。其次，民间商会的组建有利于增加社会组织对公共物品供给的数量和种类。政府是社会公共物品的主要供给者，但由于政府本身存在着行政资源有限的缺陷，因此无法全部满足各类社会主体对公共物品的需求，而且政府提供公共物品需要经过诸多程序，耗费的时间较为漫长，而民间商会则不存在这方面的问题。也即是说，在公共物品的种类、数量和及时性方面，民间商会相比政府更有优势。最后，民间商会的组建对于化解国家贸易争端也有积极作用。我国加入 WTO 后，国内市场主体不仅面临国际竞争的巨大压力，而且在与其他国家进行贸易往来时容易出现摩擦和争端，在解决这些矛盾纠纷时，商会组织与政府共同出面往往能够带来更好的效果，这既是发达国家的一个经验，也是我国在发展国际贸易中的重要教训。民间商会发展所带来的积极影响促使国家从立法到政策的实施层面都非常注重将民间商会作为几类最为重要的社会团体来推动和发展。

（二）地方各级政府的政治意图

民间商会的兴起在总体层面降低了国家对市场进行宏观调控的行政成本，促进了公共物品供给的多样化，推动了国际贸易争端的化解。除此之外，在地方政府层面，民间商会通过将民营企业组织起来，有利于政府借助商会的平台扩大地方招商引资的力度和范围，还可以通过商会牵线搭桥，加强各地区政府之间区域经济的合作。按理，各地区对招商引资的需求都是比较旺盛的，对发挥民间商会牵线搭桥作用的渴望也是强烈的，然而在实际发展中，东部沿海地区民间商会的发展远比中西部地区繁荣，不仅在数量上保持着明显的增长趋势，而且各项功能的发挥也相对更强一些。造成这种局面的主要原因是区域发展的不均衡。由于经济发展水平相对落后，中西部地区的地方政府只能依靠自己来招商引资，通过优惠的政策吸引外地资本，此外还要尽力扶持本土企业的发展，以免地方经济出现下滑和倒退。即便能够效仿沿海发达地区的做法，大力培育民间商会，但实际所产生的效果也是不尽如人意的。在此情况下，地方政府更愿意依靠政府自身的力量，借助在外地经商的企业家扩大招商引资的范围和层级。

横向上的比较表明中西部地区的地方政府对民间商会的需求是存在差异的。此外，纵向上的比较也能够说明，地区内不同层级政府对民间商会的需求也具有差异性。这是因为中国的行政体制是一种压力型体制，[①] 从中央到地方，经济发展的任务通过"层层加码"的方式来传达。具体而言，地方政府所承担的发展任务强于中央政府，而基层政府的任务又强于地方政府，到了基层政府一级，经济发展的压力无法再继续传递下去，由此造成了基层政府沉重的发展压力。假设民间商会对区域经济发展的贡献是一致的，那么基层政府对组建民间商会的需求无疑是最为强烈的。在区县一级设立的民间商会称为基层商会，包括街道商会、工业园区商会以及乡镇商会等。按照1998年修订的《社会团体登记管理条例》的制度安排，当前对社会组织的管理是一种双重管理体制，即一家社会组织登记注册在民政部门后，又要有相应的业务主管部门对其日常活动进行指导和监督。由登记管理机关和业务主管单位分别行使对民间组织的监督管理职能称为双重管理体制。[②] 依照这样的制度规定，基层商会应当由区县一级的民政局和工商联进行管理。但在实际中，基层商会也不一定完全按照规定由区县一级政府管理，区域经济发展的体量和其他一些特殊需求是造成这种现象的主要原因。

（三）基层治理：水镇政府的具体意图

在既有的研究和实践中，提升基层治理效度的需要一般不构成基层政府组建民间商会的政治意图。对于许多沿海发达地区的乡镇政府而言，即便组建民间商会，其政治意图也是为了更好地管理市场、发展经

---

① 荣敬本、崔之元、王拴正、高新军、何增科、杨雪冬等：《从压力型体制向民主合作制的转变——县乡两级政治体制改革》，中央编译出版社1998年版，第28页。

② 王名：《改革民间组织双重管理体制的分析和建议》，《中国行政管理》2007年第4期。

济、提升商会组织内部的公共物品的供给质量。在中西部地区，诸如水镇这样的农业型乡镇，组建民间商会的初衷却是与基层治理有着千丝万缕的关联。为了提升基层治理的绩效，其途径之一即是将分化的乡土社会整合起来，但以水镇为代表的基层政府在整合乡土社会之时面临诸多困境。

一是农村社会群体的原子化。分田到户后，集体的土地和资产大多都承包给了个体农民，农民之间不再是集体劳作上的分工合作关系，以家庭和土地为核心的家庭联产承包责任制将原有的集体关系打散，农民从集体的概念中独立出来。非集体化后，农民更加专注于农业的生产与经营，而减少了与其他农民的关联。农民原子化倾向随着税费改革的全面铺开进一步深化。在税费改革前，农民的农业生产需要向政府缴纳税费，通过税费的征缴，国家与农民仍然要发生频繁的联系。税费改革后，农民不再向政府缴纳农业税，各类税费也基本取消，不但如此，国家每年还给予农民一定的地力补贴。国家与农民关系的这种新变化带来的结果之一是，农民能够更加独立自主地进行生产和经营，在保证基本农业生产的同时也发展其他一些副业。同样地，与国家一样，农民对个体农业经营的农业经济发展更加重视，随之减少了对村庄公共活动和公共事务的关心与参与。农民原子化状态的出现，不仅带来了农村社会的分散化，而且加剧了基层政府对农民进行组织和整合的难度。

二是村民自治制度并没有完全将农民动员起来。自1980年2月，我国第一个村民委员会组织在广西壮族自治区宜州市三岔乡果作村诞生，村民委员会在我国已有40多年历史。村民委员会的诞生意味着村民自治制度逐步运行，农民通过"自我管理、自我服务、自我教育"的方式进行自治。但是在三十多年的发展过程中，村民自治制度在不同地区都遇到了运行无效的难题，例如村民选举中的贿选、拉票等行为，村庄派系和宗族对村委会权力的竞争等问题，以及村民监督弱化的问题等。因此，有学者指出，村民自治制度的"内卷化"问题变得更加突出。[①] 当运行无效的问题产生时，农民就会产生"用脚投票"的行为，农民的事情不再由农民内部解决，而是绕过基层政权上升到更高的政府层面，向省市乃至中央政府进行申诉和抗议，将村庄内部矛盾演化为国家与农民的关系紧张。在压

---

① 贺东航：《中国村民自治制度"内卷化"现象的思考》，《经济社会体制比较》2007年第6期。

力型体制之下，基层政府的维稳压力随之增加，进而产生了与农民之间更大的隔阂。

简某某等农民企业家在处理乡村矛盾纠纷以及推动社会公益事业发展中发挥的作用，让唐某某等基层领导干部看到了社会能人参与乡村治理的优势。但一两个能人的力量难以形成大气候，因此，唐某某极力推动水镇商会组建的主要原因就是打破这些农民企业家的孤立状态，将一个熟人社会的圈子扩展到乡镇范围，通过商会这个平台将各个村庄在外的能人组织起来。此时，能人内涵只指代农民企业家，而不包括其他行业的佼佼者。这种想法在当时具有一定的合理性，因为民营企业家是所有社会阶层中财力最雄厚的一部分人，无论是在知名度还是在影响力上都受到社会大众的普遍认可，如果能够引导这部分精英参与乡村治理，支援家乡建设，那么对于乡村的发展建设无疑是非常有利的。

对水镇政府的这种想法，考虑到其重要的现实意义，X市政府给予了支持。在水镇商会成立之前，X市尚无一家基层商会，只有少量行业协会和几家异地商会。根据工商联的数据统计，截至2012年，X市的商会总数仅为27家，其中异地商会3家。而在2012年的温州，行业协会商会、乡镇（街道）商会以及异地商会等商会类组织却有279家，仅乡镇（街道）商会就有125家。①差距不可谓不明显。因此，组建乡镇商会的第一个意义是增加了工商联基层商会的数量，充实了民间商会的组织队伍。第二个意义是为基层治理的创新提供了可行性方案。多年的实践已经证明，突破基层治理的困局，依靠政府全面主导基层治理的常规办法行不通，引导社会力量参与基层治理的做法却能够产生不一样的效果。第三个意义是有利于实现地区各层级协同发展。无论是地方政府还是基层政府，都是同一地区内的各级政府，虽然权责有别，但是实现地区良好发展的目标是一致的，故而X市认为地方政府有责任支持水镇政府的创新举措。

二　关系动员：治理资源的激活路线

为了解决水镇的基层治理危机，唐某某先后对不同的群体进行了多轮的走访和调研。在对本镇村民、前任镇委书记和镇长以及部分农民企业家

---

① 《温州年鉴（2013）》，http：//www.wenzhou.gov.cn/art/2014/3/11/art_1216394_1377624.html，2014年3月11日。

走访后，唐某某已经基本明确了组建水镇商会并引导商会会员参与基层治理的想法。唐某某认为，那些颇有成就的农民企业家就是沉寂在城市多年的基层治理资源，一旦激活，就能产生比较理想的效果。但是将水镇籍的农民企业家组织起来并非易事。

首先，从理性经济人的角度来看，商会的组建必定是出于扩大企业的规模和利润而设立，否则赔本生意不会招来处于发展阶段的企业家，尤其是一些刚起步，渴望获得资源和平台的青年企业家。但是乡镇商会的组建在当时并不是趋势，没有成功的样本可供参照，这就使得农民企业家对商会组织的看法存在诸多担忧。其次，从组织者来看，商会的组织者是乡镇政府，而被组织者却是扎根在城市发展生产经营的中小企业主，不论是基于属地管理的考虑还是基于平台对等的考虑，中小企业主与组织者建立密切的关联的意愿并不强烈。因为他们不需要通过乡镇政府拓展市场，而且乡镇政府手中并不掌握行政审批权，也没有涉税机关，因此对他们的生产经营几乎不会产生影响。最后，被政府组织起来对农民企业家来说更多是意味着接受政府的管制和监督，而不是发展的自由。因此，无论从哪个角度考虑，农民企业家似乎都不具备被乡镇政府组织起来的条件。

现实表明，势单力薄的乡镇政府与号召力有限的乡镇干部，无法完成对农民企业家的动员工作。此时唐某某一是需要借助上级政府的力量推动工作的开展，二是要全面发动各级社会关系网络，通过政商关系、地缘关系、亲属血缘关系等公共关系和私人关系的形式将农民企业家们动员起来。

其一，取得地方政府主管部门的同意和支持。关于政府间关系的研究，周雪光、周黎安、荣敬本等学者提炼出基层政府共谋、行政发包制以及压力型体制等非常具有解释力的概念。周雪光认为，在迎接上级政府的检查和执行上级部门的政策过程中，基层政府通常采取"共谋"的行为来共同应对。[①] 基层政府共谋现象体现的是一种非常规的政府间合作，是"上有政策、下有对策"的执行逻辑导致的结果。政府间常规化的互动更多是周黎安所说的"行政发包制"，即从中央到地方，采取的是基于属地化管理的行政逐级发包的制度，通过这项制度达成上下级政府之间的相互

① 周雪光：《基层政府间的"共谋现象"——一个政府行为的制度逻辑》，《社会学研究》2008年第6期。

制衡关系。① 而实际上，由于上级政府掌握了下级政府的"人事任命权"，基于"政治锦标赛"的激励机制，下级政府对于上级政府而言仍是执行和服从的角色。虽然中央政府是赋予地方权力的主体，但是地方政府与基层政府仍拥有一定的自由裁量权，因此政府间的关系是高度集权和高度分权的集合体。基层政府在对社会力量进行整合时，在财政运转困难时，在面临一些重大的安全问题时，地方政府同样会依据属地管理的原则，主动对基层政府施以援手，共同完成政府的治理任务和计划。因此，当唐某某表明组建水镇商会的意图时，获得了来自市区两级政府的一致同意，两级政府都表示愿意为水镇商会的组建提供多方面的支持。

其二，发动社会关系网络，综合运用各类社会关系。中国是一个关系型社会，普遍存在着血缘关系、地缘关系、业缘关系等多种社会关系的类型，不同类型的社会关系就像一张张无形的网络将社会大众串接起来。费孝通先生将其称为"差序格局"，曾形象地将其描述为"好像把一块石头丢在水面上所发生的一圈圈推出去的波纹。每个人都是他社会影响所推出去的圈子的中心"②。而关系又意味着权力，"私人领域的人际关系与公共领域的社会关系相互重合和延伸，是中国社会的重要特点，以至于在现代社会生活仍然大量存在借助特殊关系获得特殊权力的现象"③，并且权力就是一种影响力，通过社会关系生产出权力，进而对相关人物产生影响，这便是一种较为直接的关系型动员。在水镇商会的组建中，关系型动员具体可划分为三种：政商关系、地缘关系与血缘关系。政商关系动员是通过与农民企业家交往密切的政府官员对动员目标进行劝说的一种方式，地缘关系动员是通过村委干部引导农民企业家加入商会的方式，血缘关系动员则是通过有意愿入会的农民企业家发动其他经商的亲属的一种方式。

具体操作中，这些动员方式是综合运用的。2011 年下半年，唐某某开始了自己的新一轮走访——副县级以上的水镇籍官员。在走访之前，唐某某动员所有村委干部广泛搜罗本村在 X 市担任重要职务的政府官员，并将这些官员的信息整理为一本联系手册，基本包含了所有水镇籍在 X

---

① 周黎安：《转型中的地方政府：官员激励与治理》（第二版），格致出版社、上海三联书店、上海人民出版社 2017 年版，第 29 页。

② 费孝通：《乡土中国　生育制度》，北京大学出版社 1998 年版，第 26 页。

③ 徐勇：《"关系权"：关系与权力的双重视角——源于实证调查的政治社会学分析》，《探索与争鸣》2017 年第 7 期。

市担任副县级领导职务的官员。在地级市范围内，副县级干部往往是一些掌握实权并能够对地方工作产生重要影响的政治人物。从手册可以看出，来自不同村庄的副县级官员分布在党委和政府的各个机构，与其说这是一张职务表，不如说是一张以地缘为纽带联结起来的关系表。凭借这张由地缘罗织起来的关系网络，唐某某能够顺利打通与地方各级政府的关联，为商会的组建制造程序上的诸多便利。虽然中央历来重视政府内部的"结社"行为，一再强调要抵制"山头主义""小团体主义"等不良政治风气，避免一些官员结成利益联盟，对地方的政治生态造成恶劣影响，但是社会关系网络在中国的文化中普遍盛行，"地缘""乡情"等在政治体制内部仍是一种隐秘的关系网络。随着依法治国和全面从严治党等大政方针的推行，隐秘的关系网络逐渐失去了效力，无法成为某些官员违规违纪的"保护伞"。之所以要将这些官员的名单统计出来，并不是为了部分官员的晋升铺平道路，而是为了利用这些官员个人的政治影响力，将农民企业家整合起来，体现的是关系所产生的社会权力。

唐某某将水镇籍副县级干部名单统计出来，一是能够获取上级政府的支持，二是在关系网络的梳理中提升水镇籍人员的自我认同，三是为了发挥领导干部个人的政治作用，通过制度化和非制度化的两条途径将政府内部的力量施展出来。通过审慎分析和多次走访，唐某某很快找到了一个对组建商会起到核心作用的关键人物——时任 X 市民政局局长的陈某某。

陈某某是水镇陈家村人，1956 年出生，1974 年参加工作，此后一直在 Y 区和 X 市两级政府工作，退休前担任的两个职务是 X 市民政局局长和 X 市人大内务司法委员会主任。2011 年商会筹备时，唐某某找到了时任 X 市民政局局长的陈某某。陈某某得知唐某某的想法后，一方面表示了赞许，认为将农民企业家组织起来，发挥他们在乡村治理中的作用的想法是可行的；另一方面，陈某某也表示了自己的几点担忧：

　　　　第一，此前 X 市没有组建基层商会的先例，全省也没有以乡镇为单位组建商会的先例，没有参照的样本，那么涉及具体的会员的权利与义务，会费的收取等具体内容时就存在较大的争议。第二，会员整合的难度较大，究竟哪些人适合被推选出来担任商会的管理者，哪些商人能够服众，对政府而言并不是明确。第三，会长和副会长等人

选如何产生？是商人自己选举还是政府指定？这些都需要反复推敲和商议。（访谈编号：CSW20181115）

陈某某的担忧不无道理。从商会分布的特点来看，我国大多数商会都建立在沿海发达地区，内陆地区由于经济发展相对落后，非公有制经济无论是规模还是数量上都无法与经济发达地区相比，因此组建商会的情况并不普遍。尤其是对乡镇政府而言，组建商会更是难上加难。如果按照属地管理的原则将农民企业家组织起来，那么只有 X 市政府才有资格和权限。而问题是，X 市工商联作为全市属地范围内企业家的总商会，本身就能够吸纳足够多的农民企业家成为其会员，为什么还要以乡镇为单位再将农民企业家组织一遍呢？当然，以乡镇为单位组建乡镇商会也并非毫无益处。

首先，以乡镇为单位将农民企业家组织起来，尤其是对一些没有被吸纳为工商联会员的中小企业家进行整合，能够实现对农民企业家整合的全覆盖，顺应国家组织社会的政策要求。其次，乡镇政府治理资源匮乏一直是没有解决的大问题，地方政府在扶持基层政府发展方面又存在短板，通过成立社会组织的方式引导农民企业家支援乡村建设也能缓解地方政府的行政压力。最后，商会具有利益表达的功能，也是会员有序政治参与的一个平台，组建乡镇商会也能够便于农民企业家获得参与政治，表达利益诉求的渠道。

与这些益处相比，组建商会的困难就显得不足为道。陈某某作为民政局局长，本身也肩负着培育和发展民间商会的使命，而且将商会组织体系向基层延伸在沿海地区早有先例，内陆地区也可以做出尝试。征得陈某某的同意和支持后，水镇籍副厅级干部黎某某也表示赞同，愿意出面和水镇籍的知名企业家进行商谈，劝说他们参与到商会的组建工作中来。2012年 3 月，水镇分别成立由黎某某担任主任、陈某某担任秘书长的筹建顾问委员会以及由唐某某担任组长的筹建领导小组。顾问委员会的成员有来自市政府的副厅级干部，也有来自区政府的副处级官员，而领导小组的成员则是镇政府的基层干部。成员的身份结构，体现了政府间的合作关系，这同以往学者们对于纵向政府间的"共谋"与行政发包与承包关系稍有不同，因为这里面不仅仅包括了制度化的政府关系，也涵盖了以隐性的地缘关系为支撑的非制度化政府关系。陈某某认为：

政府官员的出面，既是出于公的考虑，也是出于"私"的考虑。公是为了支持乡镇政府的发展诉求，私是为了回应家乡建设的需求。（访谈编号：CSW20181115）

有了各级政府和水镇籍官员的大力支持，水镇籍的农民企业家被迅速动员起来，不仅有本土企业家加入，还有在外地经商的企业家加入。经过摸底和统计，共有 252 名农民企业家愿意加入水镇商会。

第二节　告别悬浮：农民企业家的联合动力

地方各级政府采取关系型动员的方式将农民企业家组织起来的做法，至少能够说明这么几个问题：其一，水镇商会的组建是政府主导和推动的结果；其二，政府对社会的权力影响仍处于一个较高的水平；其三，政府与社会的关系不再是管控与被管控的关系，政府以行政手段对社会进行强行干预的色彩已经大幅度弱化。这些都是后单位制时期，政社关系发生转变后的重要表现，而其中最为紧要的一个转变是，社会拥有了一定的自主性，面对政府的积极动员，社会不再被动接受，而是从多个方面进行考量，最后做出理性的选择并采取符合利益最大化的行动。

水镇政府联合地方各级政府综合运用社会关系网络对民营企业进行多方位动员，又有名噪一时的爱心企业家简某某做表率，不少农民企业家予以呼应，纷纷表示要积极推动水镇商会的组建。与 20 世纪 90 年代乡镇商会还有一个不同的地方是，此时水镇政府希望网罗的农民企业家不只是水镇本土的企业家，还包括所有在外地经商的农民企业家，"水镇籍商人"是入会的唯一门槛。如此，水镇商会的会员包括了在全国各地经商的水镇籍商人，但绝大多数会员都是在 X 市经商的本土企业家，这也是为什么水镇商会的办公场所不是在水镇而是在 X 市城区的原因。水镇籍 252 名企业家加入水镇商会的举动，除了是政府动员的结果，还受到他们的乡愁情感、利益追求与政治诉求等因素的共同影响。可以说，联合起来是他们从情感与理性上告别悬浮状态的一种选择。

一　乡愁寻根：农民企业家联合的情感动力

2012 年 9 月水镇商会成立大会在 X 市会展中心举行，此次大会共选举出了 13 名会长，其中会长 1 名，常务副会长 2 名，副会长 10 名（如表 2-1 所示）：

表 2-1　　　　　　　　　　水镇商会第一届会长人员名单

职务	姓名	出生年月	年龄	行业	企业所在地
会长	简某某	1955 年 12 月	56 岁	建筑	九江
常务副会长	ZQS	1973 年 1 月	39 岁	贸易	X 市
	QXY	1973 年 9 月	39 岁	建筑	X 市
副会长	XRG	1963 年 4 月	49 岁	化工	X 市
	ZDW	1964 年 2 月	48 岁	建筑	X 市
	余某某	1967 年 8 月	45 岁	贸易	X 市
	QW	1951 年 11 月	60 岁	贸易	上海
	LM	1957 年 2 月	55 岁	建筑	X 市
	FMS	1966 年 9 月	46 岁	建筑	X 市
	LJL	1965 年 3 月	47 岁	科技	X 市
	罗某某	1963 年 10 月	48 岁	矿产	X 市
	YCP	1971 年 2 月	40 岁	建筑	X 市
	ZYX	1981 年 5 月	31 岁	贸易	X 市

资料来源：根据会员档案整理。

这是一份水镇商会管理层的基本信息表，表里涵盖了几条重要的信息：（1）出生于 20 世纪六七十年代的管理者居多，其中 60 年代的又占据多数，共有 6 人；（2）40—50 岁之间的管理者是中流砥柱，他们正值事业的稳定期，颇有社会威望，基本完成了前期的财富积累；（3）绝大多数管理者的企业都建立在 X 市，拥有时间和精力参与商会治理。在这三条信息中最为重要的一条的是，占据绝对多数的管理者同时也是与改革开放同步成长起来的一代。这些企业家经历了重大的时代变革，他们抓住了机会，完成了从农村到城市的户口迁移，实现了农民到企业家的身份转变，创造了从贫穷到富有的财富故事。梳理他们的成长轨迹也就更能够理解这些企业家愿意推动民间商会组建的原因，以及为何在日后的发展中愿意全力支持社会公益事业的开展。

改革开放的初期是企业家们成长的第一个时期。有的刚上小学，有的已经辍学在家，此时他们都拥有一个先赋性的身份——农民。在城乡还没有完全拉开差距，城市还没有向农村敞开大门时，"面朝黄土背朝天"是他们未来共同的职业特点。按照常规化的路径，他们先会完成小学的学业，长到 15 岁左右开始帮家里挑水砍柴、放牛牧羊，向父辈学习耕田犁地、灌溉收割等农业技能，然后在 20 岁左右的年纪娶妻生子，沿着中国农民几千年来不变的轨迹，继续在水田旱地里默默耕耘，在各个生产大队从事集体耕作。但是在 1982 年，这种常规路径被打破，由此也进入了他们成长的第二个时期。

从政社分开到市场经济体制确立之前是企业家们成长的第二个时期。随着"三级所有，队为基础"的集体生产制度被家庭联产承包责任制取代，农民拥有了生产的自主权，生产的积极性有了大幅度提升，物资紧缺的情况基本消失，油票、粮票、布票等五花八门的票证随之退出了历史舞台。农村经济体制改革激活了农村市场，农村集市因为物资种类和数量的增多也繁荣起来。即使是在不赶集的时候，也有一些手工艺人进村入户为农民或是量体裁衣，或是修补家具，或是修缮房屋，或是打造农具。此时，农民们经常能够看到，年长的师傅背后总会跟着一两个小伙子，而这便是活跃在八九十年代中国乡村地区的学徒制。这些年轻的农民迫于生计，在农忙之余拜在年长的手艺人门下学习技能，吃苦练本事，直到掌握本领后自己出师，独立从事这些经营性的活动，以此养家糊口，改善生活。在这一时期，他们不仅学习了专业技能，也为将来扎根城市奠定了基础。

市场经济体制确立至今是农民企业家成长的第三个时期。随着工业化水平的不断提升，城市急需大量务工人员。1992 年年初邓小平发表了一系列重要谈话，同年党的十四大召开，确立了中国特色社会主义市场经济体制，这一经济体制的确立重新定义了中国的社会主义经济。市场经济以强大的发展势头在全国迅速推开，大批国有企业职工、政府官员、知识分子纷纷"下海"经商，成为名噪一时的"92 派"。市场经济的到来不仅释放了城市的活力，也影响到了乡村，随着城乡二元体制的松弛，城乡劳动力的自由流动得以实现，一批批年轻的农民舍弃延续了数千年之久的农业走向城市，在城市的各个行业打拼和奋斗。那些在农村已经成为裁缝、泥瓦匠、木匠、铁匠、篾匠、剃头匠的青年农民受到沿海发达地区许多致富故事的激励，不甘于现状，决心去外面的世界闯一闯。于是，许多掌握了手工艺技能的农民开始走出乡村，前往其他地区追求财富，不仅是为了维持家里的日常开支，更是为了改善贫穷落后的面貌。城市的大门向农民打开后，这些有手艺的农民纷纷到城市"开疆拓土"，凭着吃苦耐劳的精神，他们互帮互助，在城市里创业，不少农民成为各个行业的领军人物。在诸多的务工者中，有一批掌握了技术的泥瓦匠和木匠逐渐突显出来，他们借助改革开放的春风，以大胆的风格进入商海，在房地产、建筑、混凝土、家居装饰等行业占得先机，由此积累了较为雄厚的财富。

费孝通先生说过，"从基层上看去，中国社会是乡土性的"[①]，而乡村社会的乡土本色意味着农民群体之间具有较强的身份认同感。从事农业生产活动的早年经历，学徒制下手工艺技能的学习经历，以及在城市创业的打拼经历……所有这些经历构成了农民企业家们的共同回忆，这就使他们与乡村产生了较强的情感联结，具有浓厚的乡土情结，也容易以地缘为纽带整合起来。更为重要的是，不少事业上取得了一定成就的农民企业家在情感上与乡村社会存在"失根"的关系，他们急于寻找到一种情感的寄托和归宿，纾解随着年龄日益增长的乡愁。因此，乡愁随之成为他们希望联合起来的情感动力。正如商会的一名理事所说：

> 我加入商会没有别的目的，就是想通过这个平台给家乡老百姓做点好事。做人不能忘本吧。这些年在城里老是飘着，总觉得情感上少了点什么。后来有人告诉我说，这个东西叫乡愁。我觉得是对的，我们以前就是普通的农民，不可能对农村没有情感。（访谈编号：FXD20190716）

二　利益结盟：农民企业家联合的经济动力

泛舟商海，不可能不经历市场的洗礼，接受残酷的市场竞争，在未知的风险中突出重围，最终才将财富收入囊中。在市场残酷的竞争法则面前，不是所有企业都能顺利度过危机，挺过艰险，谋求与其他企业家的合作，争取商会组织的保护往往是不少企业尤其是中小企业的理性选择。因此，农民企业家的生存现状也是促使他们愿意联结起来的一个重要原因。

2012年水镇商会组建时，共有252名来自全国各地的水镇籍农民企业家入会，其中出生于20世纪50年代的有20名，60年代的有69名，70年代的有133名，80年代有28名，90年代的有2名（如图2-1所示）：

---

① 费孝通：《乡土中国　生育制度》，北京大学出版社1998年版，第6页。

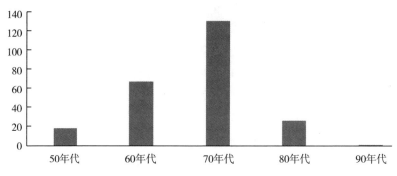

图 2-1　水镇商会会员年龄分布

　　年龄结构的分布图反映出，与商会管理层以出生于 60 年代的企业家为绝对多数的情况不同，在普通会员中，占据多数的是出生于 70 年代的企业家，占比为 52%。出生于 70 年代的企业家普遍拥有初中以上文化水平，但多数早年辍学，文化水平总体偏低。辍学后，他们先是在农村种了几年田，然后跟着一些老乡去沿海发达地区闯荡几年，掌握了一定的生产技能后回到老家，再跟着老一辈的企业家学习从商的经验，最后在 30 岁左右开始创业，独立承揽工程项目。水镇商会成立时，这部分企业家正处于事业的发展期和上升期，拥有较高的经商热情和充足的干劲，不仅更愿意接受新鲜事物，也希望借此扩展更广阔的社会关系。有拼劲、有想法、有活力是这代青年企业家身上体现出来的突出优势，然而在波云诡谲的市场运行法则面前，这些优势并不一定能够帮助他们顺利度过各类危机和风险。

　　关于中小企业，民间有一种笼统的说法，那就是"98765"。这串数字的意思是，中小企业占据了 90% 的企业总数，吸纳了 80% 的城镇就业数，贡献了 70% 的技术创新成果，创造了 60% 的 GDP，并缴纳了 50% 以上的税收。中小企业在国民经济中的重要地位不言而喻，但占据绝对多数的中小企业同时也是民营企业，作为私有制经济的市场主体，民营企业尤其是中小型的民营企业却面临一些亟须突破的生存困境。

　　中小企业面临的第一大困境是融资难和融资贵。正所谓"巧妇难为无米之炊"，不论是扩大生产，还是更新机器设备，抑或是引进新技术人才，企业都离不开资金。对于一些没有强大资本支持的创业者来说，完成前期的资本积累本是一件非常困难的事，即便解决了前期的资本注册问题，在后期也必须依靠多渠道的融资才能维持企业的生存和发展。一般而言，企业的融资方式有三种：一是向商业银行贷款，二是面向市场发行股票或是债券，三是向民间借贷。尽管融资的渠道日渐多元化，但每一种融资方式都会遇到一定的阻碍。在商业银行贷款方面，中小企业往往因为信誉度不高，征信体系和信用担保体系不健全等问题遭到商业银行的歧视，所以很难从商业银行贷到款。即使是通过担保公司进行融资，中小企业也会因为需要上缴担保金而增加成本。在发行股票或是债券的直接融资方面，中小企业则会因为难以满足政府规定的严苛条件以及无法适应尚不成熟的市场机制而无法获得资金。由于通过官方渠道获取资金的难度比较大，因此不少中小企业宁愿选择以成本高、风险大著称的民间借贷的方式融资，然而一旦民间借贷的资金链出现问题，就会引发"多米诺骨牌效应"，致使中小企业主"跑路"的现象发生。

中小企业面临的第二大困境是生产经营成本的攀升。企业作为市场的主体，其本质特征是营利，实现利润的最大化是所有企业家共同追寻的目标。最大限度地获得收益就意味着要最大限度地节省开支，降低生产经营成本，其中包括税费支出、人力成本、原材料成本以及机器厂房等基础设施的损耗。虽然我国给予中小企业的税收优惠力度逐年增大，但中小企业所承担的税收压力依然不小。据中国企业家调查系统 2010 年"企业外部环境"的调查显示：在 4256 家参与调查的企业中，66.9% 的中小企业认为目前税收负担"较重"或"很重"，虽然表面上看起来都有"政策优惠"，但对绝大多数中小企业却"视而不见"；此外，除去税收项目，各种非税收名目繁多，致使中小企业不堪重负。而随着国家对劳工权益保障和薪酬待遇提升的日益重视，企业所需要负担的人力成本也呈倍数增长，尤其是对于一些劳动密集型的中小企业而言，人力成本的负担就更重了。除了看得见的运行成本外，个别地方政府和官员"吃、拿、卡、要"的腐败行为以及一些不合理的收费行为也都不同程度地导致了中小企业生产经营成本的攀升。

中小企业面临的第三大困境是市场环境的不确定性。2001 年，经过多年的协商和谈判，中国终于如愿以偿加入了世界贸易组织，国内市场开始与国际市场接轨，但是这一积极融入经济全球化的举措也给国内企业带来了更为激烈的市场竞争和更大的生存风险。至今令人记忆最深刻便是 2008 年。这一年美国次贷危机爆发，国际金融危机显现，国内市场受到波及，沿海众多中小企业遭遇"钱荒"，掀起了一股关门潮。也正是从这一年开始，中国中小企业的生存环境也由此陷入了一个漫长的波动期。除了国际市场带来的冲击，国内市场的恶性竞争以及不规范发展等环境因素都考验着中小企业主们的生存技能和经营策略。还有一些企业在完成了原始的资本积累后，就迷失了方向，失去了继续扩大再生产的能力，制定了一些错误的发展战略，从而陷入亏损乃至破产倒闭的境地。也因此，能够最终在充满不确定性的环境长期站稳脚跟的中小企业并不多，更新换代的速度因而也是最快的。

水镇商会156家会员企业中，中小企业的数量占到了95%，也即表明，水镇商会的会员绝大多数都是中小企业主，乃至小微型企业主，他们同样面临融资、成本增加和激烈的市场竞争等困境。尤其是在中西部经济欠发达地区，民营企业抵御市场风险的能力不足，许多企业家都在艰难的境地中谋生存，正如一名青年企业家所说：

> 我们这些人说是企业家，外表看上去光鲜，穿戴都是名牌，出行都是豪车，但真的每天都为资金怎么周转苦恼。我是做中药饮片生意的，2010年的时候建了这家厂房，投资了2000多万。虽然跟几个人合伙做生意，但钱还是没有凑够，然后我就跑去问银行借钱，也还是不够，后来我只好又问亲戚朋友借钱，最后把该借的差不多都借了才勉强把厂房建了起来。厂子开起来后，我发现生意没那么好做，这行竞争太激烈了。每年盈利也有200多万，但除去各项开销剩下的就不多了。厂子开到现在，我的合伙人坚持不下去，走了好几个，改行做了别的生意，但我觉得还是要搞一搞，不然别的行业我也不熟啊，重新上路就更艰难了。后来我和我老婆两个人干脆就把公司的股份一起接了下来。到现在差不多陆陆续续把亲戚朋友的钱还上了，欠银行的钱还不知道什么时候能还清……（访谈编号：ZHQ20181123）

显然，突破发展中必然会遇到的诸多困境，企业家们仅仅依靠个体的力量是不够的，只有紧紧抱成团才能为企业的平稳快速发展赢得更多的机会。抱团发展对于民营企业而言，最直接的办法就是组建民间商会，加入民间商会，扩大利益联盟，实现企业之间的互通有无，打破市场的信息壁垒。然而，2012年水镇商会组建之前，X市除了市区两级的工商联这类官办商会以外，仅有13家与行政机构挂钩的行业协会和3家异地商会。

由于种类不齐、数量较少等客观原因，大部分中小企业家都没有加入其中。因此在 X 市，农民企业家的结社需求与政府公共服务的供给之间存在较大张力，这也是激发水镇籍商人踊跃入会的重要原因。

三 政治关联：农民企业家联合的政治动力

促使水镇商会迅速被组建起来的另一个重要原因是农民企业家对政治关联的突出需求。"随着私营经济实力的增强和私营企业主群体的扩大，他们不能接受自己在政治不能发言的现实状况，对无人能够代表本阶层在政治和社会生活中说话颇为苦恼。他们开始寻求保护其经济和社会权益的政治后盾，寻找能够反映其愿望和要求的政治渠道，并广泛地参与到社会生活中去。"① 一位"80 后"企业家说：

> 以前看别人挣钱好像很轻松，直到自己开企业办公司后才发现现在的钱是真的不好挣，旱涝不保收啊。不过再怎么困难，有时候咬咬牙也就挺过去了，但当我们遇到政府出难题的时候，还是头疼得很。企业刚上路那会儿，政府部门三天两头来检查，不是这个不合格就是那个不达标，搞得我头都大了。每次跑去税务部门办事人家都不怎么给好脸色，我有时也很不满，但没办法啊，人家是按程序来的，我不能不讲规则吧。还有一次，公司的一个手续需要建设局盖章，办事员坚持认为我们缺了一个材料，为此我跑了好几趟，最后人家还是不给盖。那次实在把我搞得没办法了，我只好请了一个在市委当领导的同村人出面，这个领导去了之后找了建设局的领导，事情很快就解决了。（访谈编号：DGH20181123）

反映这种情况的受访者不在少数，许多会员在创业过程中几乎都遇到过类似问题。有时按照正常程序办事，不仅不能取得预期的效果，还会延缓企业发展的进程，耗费大量的成本，对于中小企业来说，缺乏变通的刚性规则无疑是一种沉重的负担。为了减少企业发展中的阻碍，农民企业家总是会想方设法与政府官员搭上"关系"，通过一种非制度化的方式追求自己的经济利益。克劳斯（Klaus）认为，在经济转型的过程中，完善的

① 敖带芽：《私营企业主阶层的政治参与》，中山大学出版社 2005 年版，第 53 页。

法律制度和良好的价格体系的匮乏会导致交易成本的提高，这就促使在经济转型中的企业更倾向于人际关系网络（尤其与政府的联系）而不是市场来获取发展资源。[①] 水镇商会筹备组意识到政商关系网络对于农民企业家的重要意义，因此在筹备过程中有意以村庄为单位搜集了水镇所有在外知名人士的信息，然后将这些信息编订成册，分发给知名人士手册上的所有企业家。知名人士手册上的人员加起来总共有 600 多人，其中不乏官员、商人、公办教师、公立医院的医生和国企高管，基本囊括了各行各业的佼佼者，这本册子甚至还详细记录了这些人的工作单位、职务与联系方式，便于大家相互联系。这本册子印刷并分发出去后取得了理想的效果，许多人通过这本册子找到了多年不曾联系的同学、旁系亲属还有同村人。知名人士手册上一个个令人羡慕的职业和职务不仅让阅读者体会到了水镇人的自豪，更让一些企业家看到了与同乡官员实现政治关联的可能性，而政治关联同时也意味着政治资本的提升。因此，中小企业家都在设法进入政治领域或与政治领域挂上一定的关系，并以此作为他们建构关系网络的核心内容。[②] 但是，私人交往这种非正式的政治关联具有不稳定性，往往也只能解决企业发展中的部分利益问题，并不能全方位地帮助企业顺利走出资本的陷阱，降低市场的负外部性。因此，企业家们还需要通过正式的渠道，以集体抱团的方式搭建政商交往的平台，从而实现更为深入的政治关联，这便有了民间商会的组建。通过加入民间商会，农民企业家还能更加自如地表达行业的利益诉求，维护自身的合法权益，并且借助商会的平台为自己争取政治身份，使得自己在经济社会地位提升的同时在政治上也有所进步。

随着中国民主政治的发展，农民企业家实现政治关联，获得政治参与和进行利益表达的渠道日益多元化。目前农民企业家参与政治的制度化渠道主要有以下五种：（1）申请加入中国共产党，享受中共党员的基本政治权利；（2）通过选举当选人大代表或者政协委员，获得参政议政的资格；（3）以非官员的身份进入政府，参与政府决策的制定；（4）申请加入民主党派或者工商联、行业协会商会等组织，进入国家的统战系统，以

---

① Klaus, E. M., "Institutions, Transaction Costs and Entry Mode Choice in Eastern Europe", *Journal of International Business Studies*, Vol. 32, 2001, pp. 357–367.

② 秦海霞：《关系网络的建构：私营企业主的行动逻辑——以辽宁省 D 市为个案》，上海大学出版社 2009 年版，第 99 页。

此反映自己的意见和要求；（5）直接通过民意表达机制和社会监督体制向有关国家机关或者当地政府部门表达诉求。在五种方式中，由于门槛低、吸纳范围广、容纳数量多等原因，加入工商联和行业协会商会组织是农民企业家们参与政治最具可操作性和实用性的方式。他们可以通过工商联这一具有明显统战特点的政治体制间接地向国家权力部门反映问题、表达意见，还可以通过工商联获得推选为党代表、人大代表或者政协委员（或称为"两代表一委员"）的资格。

然而 X 市的现实情况是：工商联的能力有限，行业协会的吸引力不足。1991 年，被认为是工商联发展史上的里程碑的中央 15 号文件《中央统战部〈关于工商联若干问题的请示〉的通知》指出，工商联是党领导下的以统战为主，兼具经济性、民间性的人民团体，其主要的服务对象是私营企业、个体工商户、"三胞"投资企业和部分乡镇企业，同时还将发挥民间商会的功能，以促进非公有制经济的健康发展为基本目标。学界通常认为工商联是具有"官民二重性"的社团组织，但是在近 30 年的发展中，工商联却始终高度依赖和遵循各级党政部门的政策部署和职能安排，作为党政部门"代理人"角色基本没有发生过改变，其工作始终以执行和落实党政部门的公共政策，协助政府联系和管理非公有制经济。[①] 在属性上对"官方性质"的偏重，导致工商联民间代表性不足，服务会员的能力有限，甚至直到 2019 年 7 月，X 市才根据江西省《省委办公厅　省政府办公厅印发〈关于设立省非公有制经济企业维权服务中心进一步优化营商环境〉的通知》设立了市级非公有制经济企业维权服务中心。此外，市区一级的行业协会则存在吸引力不足的问题。2013 年，党的十八届三中全会就明确提出"加快实施政社分开，推进社会组织明确权责、依法自治、发挥作用"的改革目标，试图通过改革来释放社会组织活力。在该目标的引领下，中央政府自 2015 年开始全面实施新一轮行业协会商会与行政机关脱钩改革，要求行业协会商会与行政机关实现"机构、职能、资产财务、人员管理、党建与外事"的全面分离与规范发展。但在此之前，大多数行业协会都与相关业务主管单位紧密结合在一起，行业协会商会的会长或者秘书长都是由政府官员兼任，带有明显的行政色彩。加之 X 市行业协会的数量少，无法全面吸纳各行各业的企业家，因此行业

---

① 黄建：《中国民间商会功能变迁之规律探析》，《商业研究》2011 年第 8 期。

协会的吸引力大打折扣。

在此情况下，水镇商会筹备组以"五自"原则，即自愿入会、自选领导、自聘人员、自筹经费、自理会务五个原则，鼓励水镇籍的商人自发组建水镇商会。这种名义上弱化官方色彩，但实际上又掺杂许多官方元素的组建方式相比工商联和行业协会更具有吸引力。阿尔蒙德指出，"当某个集团或个人提出一项政治要求时，政治过程就开始了。这种提出要求的过程称为利益表达"①。水镇商会的组建无疑开拓了农民企业家进行利益表达的渠道，尤其是对于一些缺乏政治参与途径而且从来没有加入过任何商会组织的小微型企业而言，水镇商会的吸引力就更强了。

第三节　落地生根：城与乡之间的水镇商会

现代社团的突出特征是组织内部的民主治理，从管理层的诞生到组织的运行再到决策的制定都需要贯穿现代民主的价值理念，通过一套符合社会大众认知和被会员普遍接受的民主治理机制来维持组织的生存与发展。为了赋予水镇商会更为显著的民间性质，促进民间商会的独立自主发展，筹备组在推动水镇商会组建的过程中尽量避免行政化的手段干预，通过引导和辅助的方式帮助水镇商会从诞生之日起便减少对政府权力的依赖。为此，水镇商会的管理层就必然需要通过多轮的直接的民主选举产生。

2012 年 7 月 29 日，经过筹备组的多方动员以及部分农民企业家的率先示范，从全国各地赶来的水镇籍农民企业家在 X 市会展中心多功能厅召开了第一次全体会员大会，252 名会员投票选举产生了 52 名会员为商会理事。8 月 18 日，水镇商会筹备组又在 X 市会展中心政协厅组织召开了第一次理事大会，决定由 52 名理事投票选举产生会长、常务副会长以及副会长共计 13 人作为商会的管理层。管理层不同职位的人选按照票数的高低进行排序，其中票数最高者当选为会长。

会长是商会的核心领导人物，对于商会的发展至关重要。然而，在会长人选方面，一些大企业家更乐意担任副会长而不是会长。对商会性质的认识不足，对会长职责的不了解使得很多企业家都不愿意出面担任会长一职。不愿意当会长的另外一个原因是他们担心担任会长后没有时间打理自

---

① ［美］加布里埃尔·A. 阿尔蒙德、小 G. 宾厄姆·鲍威尔：《比较政治学——体系、过程和政策》，曹沛霖、郑世平、公婷、陈峰译，东方出版社 2007 年版，第 179 页。

己的生意，给自己带来损失，而且面对管理和带领会员一起做大做强商会这样的艰巨任务，一些大企业家也缺乏信心。为了保证商会会长人选的顺利产生，水镇商会筹备组实际上已经有了理想的人选，即此前带领四兄弟为简村捐赠 72 套联排别墅的地产商人简某某。简某某的公益活动在 X 市广为流传后，他本人在 X 市工商界也是深孚众望。因此，简某某成为当时水镇商会会长的不二人选。事实也是如此，选举结果出来后，简某某高票当选，但插曲就此发生。得知自己当选后，简某某坚决要"退位让贤"。

> 他害怕担风险，怕事情没搞好会被家乡老百姓责骂。还有就是他觉得自己年龄也大了，很多事情力不从心，担心自己说的话没有人愿意听。但这又不是儿戏，我们的会长是通过投票海选出来的，一旦他获得了最高票那么会长的人选必然就是他。为了劝服和打消他的顾忌，我们当时请来了水镇籍的多名副处级干部坐镇主席台，督导整个选举，并告诉所有候选人，谁当选了会长都不能推辞，否则对不起家乡父老和政府的一片苦心，会成为水镇历史的罪人。（访谈编号：CSW2018111503）

有了政府官员和政府相关部门坐镇，一场民间组织的选举仪式变成了半官方的政治选举，因推辞不过，简某某只好暂时接下会长一职，而这些都为水镇商会后续的发展埋下了伏笔。是日，全省首家在市一级登记注册的乡镇商会——水镇商会就此正式宣布诞生，水镇籍的农民企业家自此拥有了一个让情感与理性落地生根的公共空间。

一　地缘纽带：水镇商会的类型定位

号称"全省首家"乡镇商会的水镇商会实际上并非全省首家，这种"名不副实"的现象之所以存在，不仅与当前我国的商会类型有关，还与政府对水镇商会的特殊定位有关。经过社会主义改造后，中国民间商会经历了一段漫长的消亡期，此后随着改革开放的深入推进以及市场经济体制的确立。中国民间商会又经历了一段从无到有，从少到多，从种类单一再到种类繁多的发展期。随着社会分工的日益精细化，行业的种类也随之丰富起来。现如今中国民间商会的种类几乎涵盖了所有行业，不同地区和城市也将商会所能吸纳的会员数量扩展到极致，以便充分地将民营企业和农民企业家整合起来。当前我国商会具体可划分为以下几种类型（如表2-2所示）：

表2-2 中国当代商会类型划分

划分类型	类型 I	类型 II
按性质划分	官办商会	民间商会
按地缘划分	本地商会	异地商会
按层级划分	总商会	基层商会
按业缘划分	行业协会	综合型商会

从官民性质上进行划分，当代商会可以分为官办商会与民间商会。官办商会一般由政府发起，由政府提供活动经费和办公场所，并选派管理者，其主要任务是承担政府的相关职能，最为典型的是工商联。工商联也称总商会，其另一个称号是民间商会，但实际上工商联是统战部门的下设单位，属于行政体系的一部分，且工作人员多为具有行政编制的公务员，因而民间色彩并不明显。虽然工商联的副主席不少由民营企业家兼任，但在战略上体现为巩固统一战线的需要，这也不能改变其官办性质。民间商会则一般由民间自发组建，经费自筹、场地自理、管理者由商会内部产生，领导层为清一色的民营企业家。民间商会在民政部门登记注册后，由工商联统一管理，由此也反映出官办商会与民间商会的管理与被管理的关系。民间商会最具代表性的是温州商会。温州商会经过20多年的发展如今已经遍布全国各地，因其成熟的管理运行机制成为许多内地民间商会纷纷效仿的标杆和典型。

从地缘类别上进行划分，当代商会可以分为本地商会与异地商会。本地商会或者由本土企业家组成并对企业家的籍贯进行限制，又或者由本土企业组成而不对企业家的籍贯进行限制。异地商会突出的是商会的地缘性特征，即会员都是来自现居住地或者现工作地以外的同一籍贯的企业家，他们一般以省、市、县为户籍单位组建异地商会，例如上海市浙江商会、武汉市温州商会、深圳市四川宜宾县商会等。异地商会组建的目的既与本地商会的有许多相同之处，也有一些不同之处。相同之处在于二者都是为了推动会员企业的发展，搭建政府与企业沟通的桥梁，维护会员合法的权益，不同之处在于异地商会还兼具促进企业家的原籍地与现居地之间的商贸往来，帮助同户籍地的务工人员解决实际困难，维护他们的正当利益等

"地缘性功能"。

从管理层级上进行划分，当代商会可以分为总商会与基层商会。总商会与工商联一般是"两块牌子一套人马"，例如湖北省工商业联合会与湖北省总商会即是如此，二者合署办公，且工商联主席同时兼任总商会会长，因此总商会同时也具有官办性质，在所有类型的商会中是以管理者的身份出现。不过，随着行政机构与行业协会商会脱钩改革的深入推进，有部分地区已经将总商会从工商联的体系中分离出来，例如深圳市福田区就在 2019 年的机构改革中采取了这种做法，分离出来的总商会一方面弱化了行政属性，另一方面增强了社会属性。总商会负责管理辖区内的所有基层商会。基层商会是指设置在乡镇、街道、工业园一级的民间商会或者以楼宇为单位设立的小微型商会，它们都是总商会的分支机构，例如以生产和销售电子、通信、电器等设备著称的华强北街道在 2004 年成立的深圳市福田区华强北商会，就是基层商会中较为典型的代表。

从行业类别上进行划分，当代商会可以分为行业协会和综合型商会。行业协会是一种由从事同一行业生产或者经营的企业组成的民间商会，体现的是行业的专门化与专业性，而综合型商会则不需要考虑会员企业的行业类别，有时甚至是"来者不拒"，这类商会体现的是行业的全面性和系统性。中国的行业协会最先是从国务院各部门中分化出来的带有强烈行政色彩的"国字号"商会，例如中国纺织工业协会、中国钢铁工业协会、中国有色金属工业协会等，这些行业协会的负责人一般都是由国务院各部委的官员担任，承接国家机关转移的相应职能。各省市地方政府与中央政府保持一致，在本级设立的行业协会其主要负责人都有官员的身影。行业协会的行政色彩，一方面加强了政府对市场的宏观控制，另一方面也为官员的锻炼提供了新的平台。此后，随着市场经济的深入，一些行业协会逐渐显现出较强的独立自主性，行政机构与行业协会的脱钩改革因而势在必行。综合型商会的统战功能明显而专业性略显不足，因此政府对综合型商会在市场经济中发挥作用的期待指数不高。

梳理完我国当代商会的类型就可以发现，如果从名称上看，水镇商会应当属于基层商会中的乡镇商会序列，但水镇商会却没有在区民政局完成注册，而是在市民政局完成注册，实际上成为市工商联的直属商会，因此与"乡镇商会"的说法有出入。既然水镇商会并非一家名副其实的基层商会，"全省首家"的说法也就需要画上一个问号。反过来想，水镇商会也可以称作为"全省首家在市一级注册登记的乡镇商会"。这种名不副实的做法其实是水镇政府为了有效推动基层治理变革的一种尝试，至少在短期内能够产生两方面的影响：其一，水镇商会在市民政局注册后，其业务主管单位为市工商联，这种高于一般乡镇商会的注册和管理模式将为企业家搭建更高的交流平台，便于他们向更高层级的政府表达利益诉求，并帮助商会对接到更为优质的资源；其二，与高平台的对接使得商会能够吸引更多的会员加入，最大限度地将水镇籍企业家整合起来，这不仅将壮大商会的规模，增强商会的影响力，也为商会的基层治理行动构建了更强的政治与行政合法性，而拥有合法性的组织及其战略行为通常会被认为更有意义、更具有预见性并更值得信赖。[①] 因此，总的来说，水镇商会是一家由市工商联直属的带有民间性质的综合型的乡镇商会，地缘性是其最为突出的特征，这也就决定了其服务的对象是水镇籍会员以及水镇籍在 X 市的务工人员，其服务的范围是水镇及各个村庄。作为市工商联直属的乡镇商会，水镇商会向上可以对接市一级的政府部门，向下又可以与 Y 区和水镇的各个机构进行密切往来，这种横跨多级、连通党政多个部门的类型定位，为今后的发展奠定了基础。

二　层级管理：水镇商会的组织架构

双重管理体制之下的民间商会，一方面要接受工商联和民政局的领导和管理，另一方面也要在内部建构一套完整的权力机构对会员进行管理，而所谓权力机构即是指非营利性社会团体的组织架构。2012 年正式挂牌成立后，水镇商会随即搭建了一个沿用至今的也是最为常见的一套具有明显层级管理性质的组织架构，可以将其简单归结为"会员大会—理事大会—会长办公会（常务理事会）—秘书处"组织结构模式（如图 2-2 所示）：

会员大会是水镇商会的最高权力机构，其职权包括：（1）制定和修改章程；（2）选举和罢免理事；（3）审议理事会的工作报告和财务报告；（4）决定终止事宜；（5）决定其他重大事宜。会员大会必须要有 2/3 以上的会员出席才能召开，其决议必须经到会会员的一半以上表决通过以后才能正式生效。会员大会以往每届 3 年，2019 年会员大会上经全体会员表决同意，会员大会修改为每届 5 年，每年举办一次。会员大会的流程

---

① Suchman M. C., "Managing Legitimacy: Strategic and Institutional Approaches", *Academy of Management Review*, 1995, pp. 571-610.

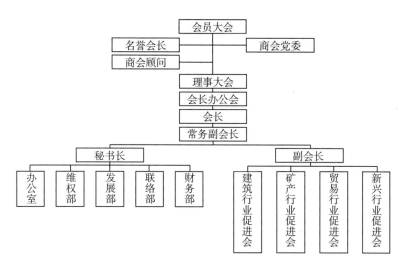

图 2-2　水镇商会组织架构

为：会长作年度工作报告—常务副会长作年度财务报告—党委书记宣读先进联络处和优秀个人奖获得者并颁发奖章—举行其他重大事宜。水镇商会成立之初会员人数为 252 人，2019 年会员人数扩增至 356 人，为历年之最。

　　理事大会是会员大会的执行机构，在会员大会闭会期间领导水镇商会开展日常工作，对会员大会负责。理事大会的职权包括：（1）执行会员大会的决议；（2）选举和罢免会长、常务副会长、副会长、秘书长；（3）筹备召开会员大会；（4）向会员大会报告工作和财务状况；（5）决定会员的吸收或除名；（6）决定设立办事机构、分支机构、代表机构和实体机构；（7）决定副秘书长、各机构主要负责人的聘任；（8）领导本会各机构开展工作；（9）制定内部管理制度；（10）决定其他重大事项。理事大会必须要有 2/3 以上的理事出席才能召开，其决议必须经到会理事的一半以上表决通过才能正式生效，理事大会每年至少要召开 2 次会议。水镇商会成立之初选举产生理事 50 名，后来扩增至 65 名。

　　会长办公会又称为常务理事会，由会长、常务副会长、副会长、秘书长等共计 13—15 人（每届会有细微变动）组成，是执行和落实理事大会决议的组织形式，对理事大会负责。会长办公会的职权包括：（1）执行理事大会的决议；（2）提议召开理事大会；（3）决定经费开支，检查财务情况，并定期向理事会报告；（4）决定会员吸收，并向理事会提议会员的除名；（5）制定和监督本会工作计划和内部管理制度；（6）决定商会一般活动的举办。由于成员多、业务繁忙、企业所在地分散以及时间难以统一等原因，水镇商会理事大会召开的次数难以保证，因此会长办公会成为水镇商会的决策机构，所有日常重大事项都是由会长办公会表决通过并下达执行。水镇商会第一任会长是简某某，任期为2012年9月至2015年6月。2015年简某某因常年在九江无暇顾及商会事务，故而主动请辞会长一职。在同年举行的换届选举中，时任副会长的余某某高票当选为新一任会长。2019年会员大会上，余某某成功连任，开始了为期5年的会长任期。会长是商会的法定代表人，其职权包括：（1）召集和主持常务理事会和理事会；（2）检查会员大会、理事会和常务理事会决议的落实情况；（3）代表本会签署有关重要文件。

秘书处是负责商会具体日常工作的专职机构，对理事大会负责，秘书处设置1人担任秘书长，其职权包括：（1）主持办事机构开展日常工作，组织实施年度工作计划；（2）协调各分支机构、代表机构、实体机构开展工作；（3）提名副秘书长以及各办事机构、分支机构、代表机构和实体机构主要负责人，交理事会或常务理事会决定；（4）决定办事机构、代表机构、实体机构专职工作人员的聘用；（5）处理其他日常事务。水镇商会成立后，秘书长暂时由副厅级干部黎某某担任，同时他还兼任商会的顾问。2015年黎某某同时卸任秘书长和顾问，后由陈某某接任。秘书处下设办公室、财务部、维权部、发展部和联络部4个部门。办公室负责商会日常事务的落实和执行，协调各部门的衔接工作，联络会员，为全体会员提供后勤服务；财务部负责会费的收取和管理、财务审计和报告、预算控制等工作；维权部负责会员权益的维护，调解会员企业之间的矛盾纠纷；发展部负责协助会员招商融资、拓展市场、搭建合作平台等工作；联络部负责内部成员的交流，拓展与党政机构、金融机构以及其他商会之间的联系。办公室是维持水镇商会正常运转的中枢机构，共设有主任1名、出纳1名、会计1名、宣传1名，这些工作人员全部为社会聘用人员，定期签订劳动合同，按时领取工作报酬。

水镇商会是一家综合型的乡镇商会，会员企业种类多样，为了体现商会发展的专业性，因此在内部又设置了建筑行业、贸易行业、矿产行业和新兴行业四大行业促进会，分别由会长副会长等担任负责人。同时，为了加强常务理事、理事、会员之间的联系、交流，形成各行业互相促进，发展壮大的有效平台，2013年3月，会长办公会决定以四大行业促进会为基础设立 15 个联络处，每个联络处设处长 1 名、副处长 2 名、联络员 1 名。联络处的职责包括：（1）组织会员研究落实商会布置的工作任务；（2）组织会员不定期开展健康有益的联谊活动；（3）组织会员交流探讨促进行业发展的经验与对策；（4）互惠互利、优势互补，组团开发项目；（5）组织会员外出学习考察；（6）收集会员对商会工作意见、建议。

此外，为了实现"以商养会"的可持续发展目标，水镇商会还专门从水镇政府接收了一家乡镇企业——水镇建筑公司，负责项目的承包和发包，为商会创造经费收入。

三　内外联动：水镇商会的制度建设

从成立之初，水镇商会就致力于将自己打造为"水镇人的众厅"。众厅是赣西地区对宗族祠堂的叫法，所谓"水镇人的众厅"实际上就是将宗祠的概念扩大化，从具体的村组扩展到笼统的乡镇地域，从狭隘的族众扩展到广义的乡民，以此形成全体会员乃至全体水镇籍民众的高度认同。"水镇人的众厅"的提法深植于赣西地区的传统文化却不沉湎于庸俗的狭隘化的宗族观念，"众厅"由内到外都是现代社会团体的影子：在众厅内，商会对会员进行激励、约束与管理；在众厅外，商会承接相应的社会责任，为本镇民众提供帮助和服务。民间商会通常是松散型的社会组织，内部约束小而承接的社会责任大，实现长远的发展必然需要将松散的联结方式转变为具有凝聚力的联结方式，即涂尔干所说的"机械团结"与"有机团结"。① 为此，水镇商会建立了内外两套运行制度，构建起了属于自己的"四梁八柱"。

（一）内部运行制度

水镇商会是 X 市的首家乡镇商会，所吸纳的会员大多数是小微型的企业家，许多会员从来没有参加过任何形式的商会组织，他们不清楚商会的性质与功能，不明白会员的权利与义务，即便是一些中高层的管理者也缺少商会的运行经验。因此，水镇商会通过正式制度与非正式规则的双重建立对会员进行规范化管理，推动商会的日常工作走向正轨。水镇商会先后建立了会长办公会（常务理事）会议制度、理事会议制度和财务管理

---

① ［法］埃米尔·涂尔干：《社会分工论》，渠东译，生活·读书·新知三联书店 2000 年版，第 45、68 页。

制度等制度。

会长办公会是会员大会休会期间的最高权力机构，决定商会发展的重大事宜，原则上要求每个月举行一次，并且特殊情况下可以决定临时召开。第一届任期内，会长办公会成员对商会的归属感不高，纪律约束意识不强，致使会长办公会的推进情况非常不理想：有的成员经常请假不参加，有的成员自己不参加请代表参加，有的成员迟到早退，有的成员甚至连招呼都不打就缺席会议。为了减少此类现象的发生，会长办公会会议制度的最后一条作出了相应的惩罚规定：（1）迟到、早退每人次交纳 1 万元作为商会活动经费；（2）迟到、早退三十分钟以上者视为缺席，每人次交纳 2 万元作为商会活动经费；（3）请假不来者，每人次交纳 2 万元作为商会活动经费；（4）未请假缺席者，每人次交纳 3 万元作为商会活动经费。2013 年的一次办公会，一名副会长因高铁晚点迟到 10 分钟，尽管事出有因，但也为此交纳了 1 万元冲抵商会的活动经费。虽然罚款的数额对于会长级别的成员而言并不算多，但是这种约束机制及其背后传递的纪律意识还是起到了一定效果，同时也说明当选常务理事必须具备一定的履职时间和奉献精神。

理事会议制度的实施其主要目的是强化理事对商会的管理意识，但由于召开的次数少和在实际中所能发挥的作用较小等原因，该制度的约束性并不高。理事会议制度的最后一条规定：理事连续两次无故不参加理事会会议，视为自动放弃理事职务，经理事会确认后，予以解除。与会长办公会议制度相比，理事会议制度的惩罚措施虽不多，但却是"致命"的，因为其中涉及商会的退出机制。由于水镇商会是一个地缘性非常强的民间商会，彼此之间较为熟知，加入商会不久后很快就能清楚地知道每个会员所在的村组和结交的社会关系。在这样一个类似熟人社会的"众厅"共同体内，一个会员一旦被解除身份，就如同被族长开除族籍，将会受到其他会员的异样目光并失去其在商会的发展空间。也即是说，水镇商会在所有制度之外其实都蕴含着一套熟人社会的规矩和法则，这些看不见的法则对会员具有一定的约束作用。

财务管理制度也是商会日常运作的基本制度，对商会的资产管理和经费使用做了明确规定。会员按照级别各自的级别向商会交纳会费。所有会员入会第一年交纳的会费标准为 5000 元，在此基础上，每年按照以下标准进行会费收缴：会员 500 元、理事 5000 元、副会长 4 万元、常务副会长6万元、会长10万元。显然，会员的级别越高，交纳会费的标准也越高，但实际上仅凭会费的收缴不足以维持商会的日常开支，因此会长级别的会员每年不得不另外拿出一笔资金支持商会的发展。这种差序的会费收缴方式与公司经营不同，它不是按照股份的多少来确定股东享有权利的大小，它更多是意味着会长、理事等高层管理者要履行比普通会员更多的社会责任。此外，财务管理制度还规定，会长办公会对商会的资产进行日常化管理，具体而言：一次性开支在1万元以上的事情，需经会长办公会议研究决定；一次性开支在1万元以下的由会长批准；以上两项开支均由分管常务副会长、秘书长共同签字报销；日常性开支由秘书长审核、分管常务副会长签字报销。水镇商会在历年的发展中通过多种方式筹集了几百万元经费，每年的流水都是一笔笔巨大的数额，严格的财务管理制度为财务的收支管理提供了有力的制度支撑。

此外，水镇商会名下的水镇建筑公司也设立了与商会发展密切相关的一系列制度，包括：财务管理制度、安全生产制度、生产技术岗位责任制度、质量管理制度、施工岗位责任制度等，确保了"以商养会"的发展机制通畅运行。

（二）外部联络制度

每一个加入水镇商会的会员在走完入会程序后都需要参加一个入会仪式，在该仪式上宣读一段入会誓词：

> 我自愿加入水镇商会，拥护中国共产党领导，遵守商会章程，履行会员义务，维护商会形象，担当社会责任，积极参加商会活动，诚信守法，团结互助，为打造百年商会、建设美丽家乡贡献力量。

这段誓词的突出特点是表明了一家民间商会的社会责任。水镇商会作为一家乡镇商会，虽然由市工商联和民政局进行双重管理，但承接的社会责任和履行的社会义务主要还是面向乡镇一级。托尼·赛奇认为：即使是对于自治性更强的社会组织来说，不与党政部门保持紧密的联系，那也是不明智的选择。[①] 因此水镇商会的外部运行制度主要表现为与水镇政府的

---

① Tony Saich，"Negotiating the State：The Development of Social Organizations in China"，*The China Quarterly*，Vol. 161，2000，pp. 124-141.

联动制度，这包括计生协会工作制度与矛盾纠纷排查调处制度。

　　计生协会工作制度是为了响应水镇的计划生育政策而设立的制度，其执行机构是水镇商会人口与计划生育协会。2012 年水镇商会成立之时，计划生育仍然是考核各级政府的一项重要指标，属于"一票否决"考核机制的序列。水镇政府之所以特意推动计生协会的建立，是希望借助商会会员在村庄的影响力，对水镇农民违反计划生育政策的行为进行干预。该制度建立了一套会员联系群众的机制，根据会员的能力和特长，要求每名会员联系 1—3 户（名）群众，向他们宣传国家计划生育的方针、政策、法律和法规，同时也反映群众的生育意愿与要求，维护他们的合法权益。但是制度运行的时间并不长，随着 2013 年单独二孩政策的放开以及 2015 年全面二孩政策的实施，该项制度也基本宣告终结。

　　除了计划生育，考核各级政府的另一项重要指标是社会治安综合治理，也是水镇政府联合各级政府极力推动水镇商会组建的初衷和目的。时任水镇商会秘书长和顾问的黎某某与商会党委书记唐某某合力推动了矛盾纠纷排查调处制度的建立，试图通过该项制度的运行来协助水镇政府维护乡村社会的稳定，并优化水镇的基层治理工作。矛盾纠纷排查调处制度共设立了两个小组：水镇商会社会管理综合治理工作领导小组和水镇商会矛盾纠纷排查领导小组，组长由水镇商会会长简某某和副会长余某某担任，副组长则由水镇分管综治工作的镇委副书记担任。该制度规定，领导小组结合会员企业的实际，每周定期排查一次矛盾纠纷，每月定期向水镇综治办报送《矛盾纠纷分级排查调处月报表》和《突出矛盾纠纷排查调处台账》，确保会员企业之间的矛盾纠纷得到及时调解。此外，领导小组还要协助水镇综治办处理乡村矛盾纠纷调解等问题，完成商会企业领导及上级综治部门交办的其他工作事项。

　　如果说水镇商会的内部运行制度体现的是民间商会的社会自主性，那么外部联动制度则体现的是外部环境对民间商会的权力约束和管制。

小　结

　　本章考察的是民间商会的生成路径。透过水镇商会的组建历程，阐述了从中央到基层各级政府推动农民企业家以地缘为纽带组织起来的政治动因以及政治路线图，描述了作为社会主体的农民企业家响应政府号召，踊跃加入民间商会的多重意图。本章指出，从国家层面来看，民间商会的组建既是国家推动宏观经济发展以及地方政府搭建招商引资平台的结果，也是基层政府优化乡村治理结构，引导社会力量参与乡村建设的结果。而从社会层面来看，农民企业家之所以愿意在政府的动员下自发组建民间商会主要是基于三方面的考虑：第一，在乡村成长并在城市扎根的生命历程使得他们对地缘性的社会组织形成了较强的情感认同；第二，中小企业普遍面临的融资难融资贵、生产成本攀升以及市场环境的不确定性等多重困境使得他们渴望整合起来，以集体抱团的方式突破企业发展的困境；第三，民间商会具有的利益表达功能以及实现参与政治参与的功能，企业家希望借助商会这一平台实现与政府、官员的政治关联，为企业和自身的长远发展提供新的渠道。从中可以看出，地方各级政府尤其是基层政府的意图与农民企业家的意图实际上存在着不一致的情况，但这并不妨碍民间商会的组建，这是因为民间商会作为当前我国社会组织中最具有生命力的一类非营利性社会团体，其所能承载的功能和价值是多样的，其输出的政治、经济、社会效益是结构化的。而且，在国家力量推动社会力量整合的过程中，行政强制手段的摒弃再次彰显了国家推动政府转型，培育社会成长的决心，同时社会主体也能自由地表达一定的自主性意图。但是对于中西部地区而言，乡镇商会作为一个承载了政府创新基层治理意图的社会组织，国家权力不可能采取"放任不管"的姿态。水镇商会的类型定位、组织架构与制度建设都表明，政府尝试通过一系列有价值指向性的制度设计介入民间商会的日常活动，在其内部植入国家的基层治理意图。

第三章

角色递补与党政赋能：水镇商会的培育逻辑

前面笔者从水镇商会组建的背景与组建的历程揭露了民间商会在新时期所面临的一些新变化及其产生的重要影响，试图说明在经济欠发达地区，民间商会作为基层治理结构重要组成部分的功能定位与价值取向开始显现。本章仍然以时间为线索，从占据主导地位的国家层面出发，探讨这样一个问题：新时代国家与社会关系的变化将给民间商会的培育逻辑带来怎样的影响？

在既有的研究中，国家基本等同于政府，对国家与社会关系的探讨集中体现为政府与社会关系，而国家与民间商会的探讨也一般表述为政会关系，似乎民间商会的外部活动只与政府及其相关部门产生关联，而与党的组织机构关涉不多。当然，这些集中关注政社关系的做法有其现实合理性，因为从社会组织开始呈现蓬勃发展的态势以来，各类管理体制的主体都是围绕政府的相关部门所展开。不论是一开始的多重管理体制还是后来的双重管理体制，多数社会组织都是在政府部门的管控之下，所有活动的开展都需要受到来自政府部门的监管。民间商会也是如此，不仅要接受来自政府部门的管制，也要接受来自统战部门的督导。然而近些年来这种局面开始有了新的变化：一方面，行业协会商会脱钩改革的深入推进以及直接登记制度的试行，政府的权力触角有从社会组织中逐步退出的迹象；另一方面，受到执政党建设等宏观环境的影响，社会组织党建逐渐呈现出范围扩大、进程加快、程度加深等特点。笔者将这种新的变化总结为国家角色的递补，即政府对社会组织管控角色的松弛与执政党在社会组织中嵌入的角色强化。虽然政府与政党角色出现了换位与补位的情况，但民间商会的指向性目标却没有发生改变，即嵌入基层治理结构，推动基层治理创新，充分发挥民间商会在基层治理现代化的重要作用。

但问题是，并非所有的民间商会从诞生之初就具备了参与基层治理的能力与合法性。在以往的以政府为绝对主导力量的传统型基层治理中，民间商会的可参与性空间极为有限，而且受制于民间商会的治理能力，国家也缺乏引入社会力量参与基层治理的直接动力。所以此时就牵涉一个关乎民间商会长远发展的现实问题——国家如何为民间商会赋能？本章结合社会组织管理体制改革以及社会组织党建强化的政治背景，探讨国家角色出现换位与补位的情况后，地方国家权力为水镇商会赋能，壮大基层治理新生力量的政治逻辑。

第一节　从控制社会到监管社会：政府角色换位

民间商会有别于官办商会的地方在于，其组织人事是"类科层化"的社会团体管理架构而非官僚化的行政权力体系，其经费场地全部由自己承担而非由地方公共财政保障。这些特点都充分保证了民间商会的自主性和独立性，但是在很长一段时期内，民间商会并非完全独立自主，其中一个突出的表现是，地方的党政领导干部通常会在民间商会中担任一定的领导职务。例如他们通常会在本职工作以外同时兼任民间商会的会长、常务副会长以及秘书长等具有决策和执行权力的核心职位，以此保持国家权力在民间商会中的角色在场并对民间商会进行社会控制，水镇商会也不例外。时任 X 市副巡视员的黎某某在水镇商会完成了其在市民政局的登记注册后，在地方政府的授意下同时兼任了商会秘书长和顾问的职位，成为商会内部唯一一个在职官员。然而，三年不到的时间，黎某某的任职便宣告终结，秘书长一职改由商会会员担任，顾问一职也由退休官员接任。这个过程在学界通常被称为去行政化改革，反映了国家与民间商会关系的时代变迁。那么去行政化改革是在怎样一种背景下发生的？它又对水镇商会的发展产生了哪些影响？

一　双重管理体制下的政会关系

1978 年总体性社会的瓦解宣告了新国家与社会关系的诞生，国家对社会的管控虽然有了部分松弛的迹象，但并不意味着国家权力就此放任社会组织"野蛮生长"，任其脱离国家的控制。王名和孙伟林指出，1978 年以来中国社会组织管理体制先后经历了三个发展阶段：从改革开放之初到

1989 年为分散管理阶段，此时政府对社会组织并无统一、明确的制度框架和管理机构。从 1989 年到 2000 年左右为归口管理阶段，此时政府对社会组织的管理结束了多头管理的无序局面，通过归口管理、建立法制、清理整顿等举措加强了对社会组织的规范化管理，由此政府对社会组织进行"双重管理"的体制逐步形成。从 2000 年至今，政府对社会组织的管理进入了分类管理阶段，政府根据社会组织的性质、功能、结构等特点进行类别划分，分门别类地将其纳入不同的系列进行登记管理，确立了社会团体、民办非企业单位和基金会三种划分类别。① 最终在 2004 年左右，基本确立了沿用至今的"双重管理体制"。从多头管理到归口管理再到双重管理，政府对社会组织的权力控制始终保持在较高水平，这些强制性制度变迁不仅确保了社会组织的有序健康发展，也维护了社会的公共秩序与稳定。

民间商会同样经历了这样一个发展阶段，最终步入"双重管理体制"阶段。就民间商会而言，所谓"双重管理体制"，是指由登记管理机关民政局和业务主管单位工商联分别对其行使监督管理的职能，其中民政局负责管理"两头"——登记和注销，而工商联负责管理"中间"——业务监督和指导。双重管理体制之下，民间商会的几乎全部活动都在政府的控制之下，包括审批备案、登记注册、重大活动开展、会费收取、管理层变动、财务审计等多个事项。每年年中民政局和工商联还要联合对民间商会进行年度检查，检查的内容主要包括：（1）遵守法律法规和国家政策的情况；（2）登记事项变动及履行登记手续的情况；（3）按照章程开展活动的情况；（4）财务管理状况、资金来源和使用的情况；（5）机构变动和人员聘用的情况；（6）其他需要检查的情况。年检中，民间商会须提交年检报告书、财务报告书、《登记证书》副本等各项材料，由工商联对这些材料进行初审，并最后由民政局作出年检结论。政府对民间商会的控制还体现在"一业一地一会"的规定。按照此规定，同一行政区域内只能设立一个业务范围相同或者相似的行业协会商会，具体到行业协会中就表现为同一行业只能设立一个行业协会。这一规定反映的是政府限制民间商会竞争的控制思维。

双重管理模式和"一业一地一会"的规定都是政府对民间商会进行

---

① 王名、孙伟林：《社会组织管理体制：内在逻辑与发展趋势》，《中国行政管理》2011 年第 7 期。

间接控制，而直接控制则体现为民间商会与行政机关挂钩，或者将党政领导干部派驻到民间商会内部参与管理。对民间商会而言，与行政机关挂钩有利于解决民间商会的资源瓶颈问题，通过行政力量满足民间商会的生存和发展需求。事实表明，与行政机关挂钩的民间商会往往能够从政府部门获取更多的发展资源，争取更多经费支持，从而也能更好地承接政府的职能，在市场经济中发挥作用。对政府而言，党政领导干部在民间商会兼任职务有利于提高政府对社会进行控制的效率，弥补政府间接控制社会的缺陷。具体而言，党政领导干部在民间商会兼任职务，不仅可以保证民间商会更好地执行政府部门的意志，还可以及时对民间商会的违法违规行为进行纠正，确保民间商会的组织活动在法律法规允许的范围内开展，从而有效降低社会管理成本。

"双重管理""一业一会""一地一会"等管理体制实现了控制行业协会商会准入、保持行业协会商会政治正确性的目的，有利于增强监管的针对性，降低监管的政治风险，但反映出我国政府对行业协会商会的监管入口过紧、过程松懈、政府干预的随意性较大等问题。具体而言：首先，双重管理体制之下民间商会的准入门槛过高，导致大量的民间商会因无法通过业务主管单位的审批，找不到挂靠单位而无法获得民政部门的许可，因此被过滤去，有的甚至成为游离在政府控制范围以外的非法组织，反而给政府部门带来了更为严峻的考验。其次，双重管理和限制竞争导致民间商会对政府部门产生了较强的行政依附性，党政领导干部兼任民间商会领导职务的做法则难以保持民间商会的独立性和自主性。最后，双重管理体制之下政府部门更加注重对民间商会的"事前监管"，而忽视了"事中监管"和"事后监管"，一旦出现监管漏洞引发社会危机和动荡的情况，就容易造成政府部门相互推诿扯皮的现象。

二　政府从贴身控制到短程监管

双重管理体制的确立是对分散管理和归口管理体制的超越，但是这种几乎是贴身控制的管理思维和行动表现显然已经无法与民间商会实现独立自主发展的现实需求相匹配。随着双重管理体制的弊端逐步显现，推动体制改革的诱致性因素日渐增多，关乎全局的社会组织管理体制改革势在必行。从中央到地方大致进行过两类改革尝试：登记制度改革和行业协会商会脱钩改革。

　　高丙中认为我国的社会团体需要获得四种合法性，即社会合法性、行政合法性、政治合法性和法律合法性。① 在政府部门进行登记是民间商会成立的第一步，也是获得行政合法性的必要条件。但是在双重管理体制之下，只有进行"双重登记"才能获得行政合法性的做法大大提高了民间商会的准入门槛。为此，变革登记制度成为广东省等地方政府率先进行社会组织管理体制创新的突破点。2005 年，广东省通过了《广东省行业协会条例》，该条例规定："县级以上人民政府民政部门是行业协会的登记管理机关；其他有关部门在各自之职责范围内对行业协会进行相关业务指导。"该规定意味着广东省率先取消了业务主管单位，统一将民政部门作为民间商会的登记和管理机关。在此基础上，深圳市于 2008 年 9 月出台了《关于进一步发展和规范我市社会组织的意见》，规定工商经济类、社会福利类、公益慈善类社会组织直接由民政部门登记，成为最先实行直接登记制度的地区。2012 年，深圳市又进一步扩大了社会组织直接登记的范围，在 2008 年的基础上新增添了社会服务类、文娱类、科技类、体育类和生态环境类 5 类社会组织。地方政府的改革与创新为全国社会组织管理体制的改革提供了宝贵经验，有力推动了全国性民间商会管理体制的变革。2013 年 3 月，中央进一步明确实施了《国务院机构改革和职能转变方案》的任务分工，要求"出台规范非许可审批项目设定和实施的具体办法，抓紧制定对行业协会商会类、科技类、公益慈善类、城乡社区服务类社会组织实行民政部门直接登记制度的方案"。众多省市在中央这一改革精神的指引下对既有的登记制度进行调整，极大地降低了民间商会的准入门槛，由此催生了大量具有合法性但缺少业务主管的商会组织。

　　登记制度改革后，中央继续采取新的举措推进民间商会的改革。2015年，中央办公厅和国务院办公厅联合颁布了《行业协会商会与行政机关脱钩总体方案》，要求"积极稳妥推进行业协会商会与行政机关脱钩，厘清行政机关与行业协会商会的职能边界，加强综合监管和党建工作，促进行业协会商会成为依法设立、自主办会、服务为本、治理规范、行为自律的社会组织"。此后，行业协会商会与行政机关的脱钩改革迅速推进：在中央层面，全国性行业协会商会脱钩工作全面展开；在地方层面，至今已有十多个省份出台了脱钩改革的实施方案。实际上，这是国家启动的第三

① 高丙中：《社会团体的合法性问题》，《中国社会科学》2000 年第 2 期。

轮脱钩改革，此前分别在 20 世纪 90 年代以及 2005—2014 年启动过相应的改革，但与前两轮的改革相比较，本轮改革的力度更大、范围更广、层级更高。本轮改革的内容可以简单概述为"五分离、五规范"：机构分离，规范综合监管关系；职能分离，规范行政委托和职责分工关系；资产财务分离，规范财产关系；人员管理分离，规范用人关系；党建、外事等事项分离，规范管理关系。脱钩改革解决的是民间商会行政依附性的问题，对于提升民间商会的独立自主性，构建新型政会关系具有非常显著的成效。郁建兴指出，与 20 世纪 90 年代、2007 年前后的行业协会商会与行政机关脱钩改革相比较，新一轮改革具有层级高、面向广、力度大等特征，是一场自上而下推动的行政主导型改革。作为一种自上而下的"强制性制度变迁"，行业协会商会与行政机关脱钩改革不仅要解决其长期依附权威行政资源的"路径依赖"问题，还将面临行业协会商会因"会员逻辑"导致的市场行为异化与治理失范等风险。①

两项改革在取得一定成效时却也暴露了不少问题。例如，直接登记改革制度的施行使国家与民间商会之间出现了中介的缺失，加大了民政部门的工作量以及政府的监管成本。② 而脱钩改革也致使一部分民间商会在解除了对政府部门的严重的资源依赖问题后重新面临发展资源不足的问题，组织内部管理人员的过渡衔接不流畅则导致部分商会管理松散，陷入停滞发展的境地。然而，这些问题并不完全是消极负面的影响，而应当看成民间商会自主发展中不得不经历的阵痛，更为重要的是，这些改革举措也逐步推动了政会关系出现新变局，此时的政会关系正由贴身控制转变短程监管（如表 3-1 所示）：

表 3-1　　　　双重管理体制改革前后的政会关系比较

	贴身控制阶段	短程监管阶段
目标	社会稳定，防控结合	利益整合，回应诉求
方式	政府绝对主导，单一化控制，消极被动	政府主导，多元化监管，积极主动
介入	注册，取缔	注册，管理，服务
关系	紧密贴合，分类控制模式	保持距离，社会自主性成长

① 郁建兴：《改革开放 40 年中国行业协会商会发展》，《行政论坛》2018 年第 6 期。

② 童潇：《直接注册时期社会组织管理模式创新——社会组织管理体制改革面临的新问题及应对》，《探索》2013 年第 5 期。

三　脱钩改革：水镇商会与政府的关系调适

水镇商会成立后，水镇政府与上级政府商议决定由 X 市副巡视员黎某某同时兼任商会秘书长和顾问两个职务。在经过市人大的同意许可后，黎某某于 2012 年 9 月正式担任水镇商会秘书长并兼任顾问。之所以选择黎某某是基于这几个方面的考虑：

第一，将党政领导干部派驻到民间商会，兼任商会的核心职位，以此对商会的活动进行引导和监管是政府对民间商会进行直接控制的传统和惯例。在 2015 年中央政府全面启动新一轮的脱钩改革前，行政化依然是中西部地区各级政府管理民间商会的一般方式。黎某某在水镇商会兼任即是地方政府按照民间商会管理惯例进行的一种操作。

第二，对于一家刚刚成立的乡镇商会而言，领导层缺少管理商会的经验，商会内部的管理机制不健全，商会与政府的连接方式尚没有走上正规化，存在许多新生代商会都会面临的共性问题。而党政领导干部在商会的任职兼职则能够弥补商会初步发展中存在的这些缺憾，他们能够将自身丰富的行政管理经验运用到商会中，帮助商会走上正常的运行轨道。而且在后期发展中，也能够帮助商会搭建与政府沟通的桥梁，为商会争取项目资金。

第三，按照传统惯例，党政干部在民间商会的任职兼任应当保持级别一致，虽然水镇商会在名义上是一家乡镇商会，但实际上是市工商联直属的市级商会，由市政府派出领导干部在商会兼任职务较为合适。此外，黎某某既有着较高的行政级别也有着对家乡商会的深厚情感，而且在水镇商会的筹备过程中，黎某某通过积极的动员也树立了其较高的威望，深受商会会员的欢迎，这些都为其在商会开展的相关工作奠定了基础。

实际上，黎某某在一家市属乡镇商会担任核心职位仍属于"高配"现象。但如果必须选派一名党政领导干部来商会担任核心职位，黎某某也仍然是最为合适的人选。因为水镇商会的会员企业绝大多数都是在市一级或者区一级注册，乡镇政府对于这些非管辖区域内的会员企业没有管理的权限，而且以其十分有限的行政资源，乡镇政府也很难回应会员的利益诉求。黎某某所代表的市级层面则能够带领水镇商会对接更高的政权机关，为其创造更多的便利。因此，黎某某兼任水镇商会秘书长一职也是各级政府为了回应当时众多会员利益诉求的一种表现。

2012—2015 年，水镇商会构建了以简某某、黎某某、唐某某三人为中心的管理层，这种政商组合一方面奠定了水镇商会未来发展的制度基础，另一方面促使水镇商会的内部管理逐渐趋向于"类科层化"的设置。例如，水镇商会内部的 15 名"处级干部"的设置。当时为了促进会员之间的情感交流与信息互通，水镇商会在四个行业促进会的基础之上设立了 15 个联络处，每个联络处各设立处长 1 名，副处长 2 名，负责组织本联络处会员开展有利于促进会员企业发展和商业信息沟通的活动，并对会员企业的商业行为进行监督。这种做法并无不妥之处，在商会下设分支机构也是常规做法。但问题是，商会下设机构的一般叫法是"联络组"而非"联络处"，负责人的称呼是"组长"而非"处长"。在水镇商会这里，会员通常会将联络处的负责人叫作"某处长"而不是"某总"，负责人对此欣然接受。这种踩着政商两个边界的做法，一是迎合了农民企业家对行政官职的体验欲望，二是促进了会员对商会集体进行类行政化服从，三是提升了农民企业家在与政府官员进行互动时的信心与底气。此外，水镇商会为了迎合政府实现基层治理而设立的内部机构也是采取复制官僚制的做法，水镇商会社会管理综合治理工作领导小组和水镇商会矛盾纠纷排查领导小组即是如此。在每个工作领导小组下面会专门再设置一个办公室，办公室成员由水镇政府选派的乡镇干部和商会各个行业促进会选派的会员共同组成。这种机构设置实际上形同"小组政治"，是对行政科层体制的一种社会化的模拟。

黎某某在兼任秘书长期间完善了水镇商会的内部治理结构，搭建了水镇商会与各级政府进行沟通对话的平台，为会员解决了部分利益诉求。但同时，黎某某也面临党政领导干部的共性问题。首先，党政领导干部在社会组织中兼任职务会因为繁忙的本职工作而无暇兼顾社会组织中的工作，致使社会组织的兼职工作无法顺利开展。黎某某在担任水镇商会秘书长期间，很少参加商会会议，主要依靠商会办公室实现商会的日常运转，履职时间难以满足商会发展的实际需求。其次，党政领导干部在社会组织中兼任职务可能带来身份识别与法律责任划分不清晰的问题。在社会组织中兼任职务的党政领导干部具有社会组织主要负责人和党政部门官员的双重身份，当社会组织与其他组织或者公民个人产生社会矛盾纠纷时，这些兼职人员会出现难以厘清自己的责任，尤其是需要自己出面处理相关问题时，也会存在难以界定身份，秉公办事的问题。最后，党政领导干部在社会组织兼任职务可能会诱发一定的廉政风险，导致部分社会组织沦为腐败的中介。尤其是民间商会这类社会组织，商人众多，渴望与当地高级官员结交私人关系的商人不在少数，商会作为商人集结的俱乐部，党政领导干部的兼职任职，正好为这部分商人提供了"绝佳的机会"。一旦政商关系越界，民间商会的内部秩序将受到致命性影响。

2015 年年初，黎某某卸任水镇商会秘书长和顾问两个职务，而第一任会长简某某也因个人经商原因无暇顾及商会。因此在长达半年多的时间里，水镇商会在没有秘书长的情况维持着艰难运行。2015 年 7 月，市工商联和民政局在决定是否要继续从党政部门选派官员到水镇商会兼职任职时认为，鉴于中央重新启动了新一轮的行业协会商会与行政机关的脱钩改革，官员在民间商会内部兼任职务的做法已经不合时宜。水镇商会成为当时 X 市第一家响应中央号召进行去行政化改革的民间商会，而从此水镇商会也结束了党政领导干部兼任核心职位的历史。随着黎某某的退出，地方政府的权力触角开始收缩。政府对民间商会的贴身控制也转向了短程监管。但与此同时，基层党组织却在政府有序退出后加强了其在民间商会的建设。

第二节　从嵌入社会到统合社会：政党角色补位

在中国的政治话语体系中，国家指代的不仅仅是中央和地方各级政府，还有领导各级政府的执政党及各级基层党组织。当论及社会组织的外部环境时，政社关系通常是一条"明线"，是主要被关注和探讨的对象，而党社关系则是一条"暗线"，在许多的研究中都只是被一笔带过。事实上，党的十八大以来，党社关系逐渐成为一条与政社关系并驾齐驱的"明线"，在社会组织的发展中起到日益突出的重要作用，也是研究国家与社会关系变迁不可忽视的重要变量。一直以来，"两新组织"党建都是基层党组织建设的重要组成部分，因此社会组织党建是基层政党建设的重要内容。对于执政党而言，加强社会组织党建是党增强阶级基础、扩大群众基础和夯实执政基础的重要战略。尤其是党的十八大以来，社会组织党建步入了一个新的发展阶段，呈现出强劲的发展势头，助推执政党从嵌入社会、融入社会再到统合社会的历史性转变，而这种转变又在潜移默化地影响着民间商会的功能与作用。水镇商会党委于 2012 年 12 月成立至今，地位获得稳步提升，在水镇商会从籍籍无名到声名鹊起的发展过程中发挥了关键性作用，引领着水镇商会在基层治理中建功立业，为社会多元共治格局的建构做出了重要贡献。这一现象反映出执政党已经成为新时代国家公共权力实现社会控制的主体，执政党角色在民间商会中的及时补位填补了政府权力收缩后国家对社会组织进行全程监管的角色空缺。本节将梳理社会组织党建的肇始以及发展路径，并以水镇商会为样本，揭示党社关系在新时代的新变化及其产生的重要影响。

一　党社关系从嵌入到融入

社会组织的蓬勃发展以市场经济体制的确立和国家宪法对公民结社权利的保护为基础，而这两者都是 40 多年来党领导改革开放的发展成果。为了加强对发展成果的巩固和维护，党在 20 世纪 90 年代开始对社会组织党建工作做出指示。经过 20 多年的发展与演变，社会组织党建工作实现了从无到有、从初期的探索到逐步走向规范化和制度化。在党的十八大以前，党社关系大致呈现出从嵌入社会到融入社会的关系形态转变。

党社关系的第一阶段是党组织有步骤地嵌入社会，完成党组织的有形覆盖。

"嵌入"一词最早由匈牙利著名哲学家和政治经济学家卡尔·波兰尼提出，意指经济并非独立存在，而是深陷于社会关系和制度之中。此后"嵌入"的概念又被新经济社会学创始人格兰诺维特进一步阐释为：不仅仅是经济行为，所有的行为都嵌入在关系网络中，受到来自社会因素或社会结构的影响。中国共产党"从群众中来到群众去"的工作方法，体现的正是政党从社会中来再回归到社会中去的深刻道理，而在社会组织中完成党组织的嵌入既是党的群众路线的贯彻也是党积极适应社会变化的必然选择。1994 年 9 月，党的十四届四中全会召开，会议通过的《关于加强党的建设几个重大问题的决定》指出："各种新建立的经济组织和社会组织日益增多，需要从实际出发建立党的组织，开展党的活动。"根据文件精神，在社会组织中完成"建党"成为社会组织党建第一阶段的目标，此即为"嵌入社会"。

执政党"嵌入社会"，主要表现为机构、制度和人员的嵌入。从机构层面而言，就是要通过多种模式的党组织设置方式完成党的组织机构在社会组织中的全面覆盖，建构党在基层组织中的关系网络。与民政部对全国社会组织数量的统计进行对比可以发现，社会组织党组织的数量虽然已经占到了全国社会组织数量的 1/7，但在全领域的覆盖方面仍有很大的提升空间。制度方面的嵌入，就是将党组织的理论学习制度、民主生活制度以及"三会一课"制度嵌入社会组织的章程中，在社会组织的内部制度环境中实现党组织的深度在场，为日后的活动开展奠定基础。在人员方面，党组织的嵌入是以社会组织党员管理层人员和党组织班子成员双向进入、交叉任职来实现的。一方面党组织书记可以担任社会组织管理层的重要职务，另一方面党组织班子也可以吸纳社会组织管理层人员。党组织人员的嵌入，既起到了锻炼党员业务发展能力的作用，也发挥了提升社会组织管理者党性修为的功效。

执政党在社会中的嵌入，提升了党对社会领导的影响力和渗透力，这一阶段目标的实现具有重要的现实意义，可以归纳为"一扇窗""一扇门"和"一座桥"。党组织嵌入社会首先是开启了党了解和认识社会组织运行机制与过程的一扇窗，有助于党在制定与社会组织发展相关的政策和建议时更具有实效性和针对性。其次是打开了民众以团体形式向党表达利益诉求的一扇门，有了这扇门社会利益能够更顺畅地被党组织吸纳和领会。最后是建立了党社关系进入日常互动的一座桥梁，方便了民意和党意的相互联结和沟通。

党社关系的第二阶段是有方法地融入社会，实现党组织与社会的有机结合。

达成组织机构、党内制度与党务人员在社会组织的嵌入目标后，党组织与社会组织随之进入组织之间的日常互动状态之中，二者采取何种方式进行互动将直接影响到基层治理的成效与公共服务的供给质量。从外部嵌入的性质来看，党凭借的是其在国家政治地位中的优势所生产出来的刚性力量。如果继续保持这种刚性色彩，采用刚性控制的方式与社会组织展开互动与交流，不仅会制约党建工作效率的提升，而且"会降低和削弱社会组织对党的政治认同"①。在传统的党社关系之下，政党、国家与社会三者之间在利益、理念和行动方式等方面都较为一致，在以国家和集体利益为主的时代背景下，党对采用代替包办和科层化的方式，就能较为轻松地实现对社会的控制和管理。然而，改革开放不断走向深化所带来的一个

----

① 严宏：《政党与民间组织的关系：一种比较视角》，《华南农业大学学报》（社会科学版）2010 年第 4 期。

重大影响是，社会领域逐渐从政党和国家领域中相对"脱嵌"出来，呈现出不同程度的独立性和自主性。这一新形势意味着党在应对社会组织不断涌现的问题上，如果不转变方式、优化策略，开辟一条与以往不同的领导路径，那么就有可能在对社会的控制上失去主动性。从微观视角来看，党组织融入社会的运动轨迹实际上是要在日常生活中实现与社会组织的互动，改变以往采取命令和控制的方式，在尊重社会组织主体性发挥的基础上与社会组织展开平等对话和交流。因此，在与社会组织的日常互动中，党建工作所采取的实际上转变为相对柔性的融入机制，此即为"融入社会"阶段。

党组织融入社会的具体表现有三个：一是融入了社会组织追求自我发展的思想中，进行思想层面的对话和相互理解；二是融入了社会组织的活动中，将党的活动与社会组织的活动有效结合起来；三是融入了社会组织的精英培育中，通过合作的方式为党组织选拔能够发挥先锋模范带头作用的社会精英。无论是嵌入社会组织中的党组织还是接受党组织嵌入的社会组织，实现与彼此的日常互动都有一个适应的过程。面对社会领域中出现的新鲜事物，党组织对社会组织的业务、体制机制和管理方式进行全面的掌握和熟悉，建构对社会组织的全景式认知，探视社会组织运行的"暗箱"，这就是一个政党组织对社会环境的适应机制。其目的是促使党组织与社会组织的行动和步调一致，加快推进党社关系从分化走向融合的现代化过程。[①] 对于建立在组织内部的党组织，社会组织也有一个适应和接受的过程，需要对例如"党的民主生活如何过""党的业务工作如何开展""党的组织机构与社会组织管理层的关系如何相处"等问题进行审慎思考，为党社的良性互动奠定坚实的认知基础。与社会组织的日常互动，体现的是党对社会事务的重视和关注。作为占据主导地位的一方，为了提升党建工作的质量，强化党组织对社会的领导能力，党组织主动实现与社会互动方式的转变是一个政党追求"自我革命"的新体现。

虽然融入社会与嵌入社会只有一字之差，但对于社会组织党建工作却是一次目标升级。因为相对于嵌入社会的有形建构，融入社会在价值观念以及党建工作开展的策略等问题上提出了更高的要求。在党的十八大以前的党社关系形态中，嵌入社会与融入社会是交织存在的，但融入社会是嵌

---

① 唐文玉：《从"总体性生存"到"嵌入式发展"——"党社关系"变迁中的社会组织发展研究》，《马克思主义与现实》2018 年第 3 期。

入社会的一种较为高级的形态，体现的是执政党在面临组织的理念、价值与行为等具体差异时调适自我与改造现实的能力与策略。

总体而言，党的十八大以前的党社关系重点突出的是党组织在社会组织中的建立与有形覆盖，完成"建党"的基本目标，然后在此基础上探索了与党组织与社会组织的合作机制。

二　党社关系从融入到统合

经过多年的工作开展，党组织在社会中的嵌入与融入取得了较为显著的成效。在党中央和各级党委的高度重视之下，党对社会组织的机构嵌入取得了较大进展："截至 2015 年年底，全国共有社会组织党组织 10.2 万个，是 2010 年的 2.3 倍；共有社会组织党员 81 万名，是 2010 年的 2 倍；社会组织党员数占全国党员总数的比例由 2010 年的 0.5% 提高到 0.9%。"① 但实际上社会组织党建依然面临一些较为突出的且亟待解决的问题。

第一，观念上的认知偏差导致党组织嵌入社会的行进速度缓慢。一是政党内部各级组织在认知上有偏差。党中央向来高度重视社会组织党建，从 1994 年第一次以正式文件的方式要求在社会组织中建立党组织开展党的活动以来，中央先后联合相关部门多次发文要求地方党组织推进党组织在社会组织中的网络化设置，实现党组织在社会组织中的全领域覆盖。但是在国家对社会组织采取双重管理体制时期，一些地方党组织认为管理社会组织是政府的责任，社会组织只需要按照国家的法律法规以及政府职能部门的双重管理便能实现健康发展，故而对社会组织党建工作的推动乏力。然而一些社会组织从事非法活动和违规聚众的事实已经表明，党组织的缺席可能造成社会组织在政治方向上的偏离，损害党组织的制度权威。由于部分地方在社会组织党建的观念认知上没有与中央实现同步，导致党组织的设置在不同地区不同程度上出现了延缓和滞后的问题。二是社会组织与党在党建认知上有偏差。社会组织的认知偏差主要体现在其对在组织内部建立党组织或在组织外部接受党领导的做法没有与党达成一致。在对待党建的问题上，党组织与社会组织有着不同的认识逻辑。一方面是党组织通过党建来促进社会组织健康发展的初心，另一方面则是社会组织对党

① 谢玉峰：《加强社会组织党建工作　推动社会组织健康发展》，《中国社会组织》2016 年第 24 期。

组织建立后受到监督和制度的担忧。不同的观念认知使得社会组织对党建工作存在"可建可不建""现在不建以后建"的随意心态，还使得一些社会组织消极地认为党组织的嵌入是政党意识形态建构的一项工程，"务虚"工作的频繁开展不利于社会组织的长远发展。这些错误的认知，在行动上表现为社会组织对党组织建立工作的怠慢和拖延，结果造成党建覆盖范围在较长一段时间内没有取得突破。

第二，党社互动协调性问题导致党组织融入社会的效果有待提升。在业务特点上，党社关系存在着一致性与多样性之间的不协调。一方面，党组织按照中央和地方党组织的相关文件和指示精神在社会组织中开展党的建设工作。这包括宣传和执行党的路线方针政策；宣传和执行党中央、上级党组织和本组织的决议；组织党员学习中国特色社会主义理论体系等。制度文本上的统一性，使得社会组织党建业务在全国范围和全党的组织体系内具有高度的一致性。另一方面，社会组织是形形色色和千差万别的，有着各自不同的发展方向和目标追求。按照乡缘、业缘和趣缘等社会基础建立起来的社会组织往往会根据各自的章程开展活动，具有小、散、杂等突出特点，体现的是社会结构的多样性和偏差性。如此，在政党业务的一致性与社会组织业务的多样性之间就难免产生结构性冲突。在行动逻辑上，党社关系存在政治性与社会性之间的不协调。政党组织与社会组织虽然都是"组织"，却拥有不同的行动逻辑。前者偏重政治色彩，主要发挥政治功能；而后者偏重社会色彩，发挥的是社会功能。不同的行动逻辑使得二者对相同工作会采取不同的应对策略，进而造成日常互动中的业务冲突，导致党建工作偏离目标。

针对党社关系中存在的问题，党的十八大以来，在全面从严治党，全面加强党的建设总体性要求下，社会组织党建工作有序强化，党社关系正在向一种新的形态转变。

首先是制度文本上对社会组织党建的新要求。2015年，中共中央办公厅印发《关于加强社会组织党建的意见（试行）》，指出要通过单位、行业和区域等多种方式本着应建尽建的原则实现党组织在全领域的覆盖，文件除了将党的建设从社会团体拓展到基金会和民办非企业单位之外，还明确将城乡社区社会组织和社会中介组织纳入社会组织党的建设之中。2016年，中共中央办公厅、国务院办公厅又印发了《关于改革社会组织管理制度　促进社会组织健康有序发展的意见》，将坚持党的领导作为社会组织发展的基本原则，进一步要求"各有关部门要结合社会组织登记、检查、评估以及日常监管等工作，督促推动社会组织及时成立党组织和开展党的工作"。随即，民政部研究制定了《关于社会组织成立登记时同步开展党建工作有关问题的通知》，要求地方登记管理机关推动社会组织建立党的基层组织，推进党的基层工作，完善党的基层组织机构。2017年党的十九大召开，社会组织党建作为基层党建的重要组成部分首次写入党章。2018年，根据民政部印发的《关于在社会组织章程增加党的建设和社会主义核心价值观有关内容通知》提出，各地区各级民政部门在社会组织登记管理工作时，应当及时要求社会组织在各自的章程中增加党的建设和社会主义核心价值观的有关内容，并在社会组织登记注册和进行章程核准时加强政府部门的审查。不仅如此，民政部还对以上要求的具体文字表述做出了规定。其中，社会组织党的建设有关内容具体表述为："本会（基金会、中心、院等）根据中国共产党章程的规定，设立中国共产党的组织，开展党的活动，为党组织的活动提供必要条件。"社会主义核心价值观有关内容具体表述为："遵守宪法、法律、法规和国家政策，践行社会主义核心价值观，遵守社会道德风尚。"这一系列的制度文本规定都是史无前例的，是对以往社会组织党建工作的超越，更是对各类社会组织及其主管部门，上级党组织提出的新要求、新希望。

其次是价值理念上与社会组织的贴合与靠拢。党的十八大报告指出，"增强自我净化、自我完善、自我革新、自我提高能力，建设学习型、服务型、创新型的马克思主义执政党"，这是党中央在新的历史条件下对执政党建设提出的新要求。其中，建设服务型政党是新时代党对自身功能的新定位，加强服务型执政党建设有助于实现国家、政党、社会三者之间的良性互动关系。而社会组织的基本功能是提供公共物品与公共服务，建设服务型执政党实际上就是在价值理念上与社会组织制造更多的共鸣，反映了执政党与社会大众的利益一致性和目标同一性，而这正是社会主义国家和社会主义政党的基本特征。此外，党的十九大在新修改的党章中又指出："社会组织中党的基层组织，宣传和执行党的路线、方针、政策，领导工会、共青团等群团组织，教育管理党员，引领服务群众，推动事业发展。"[①] 党章首次对社会组织党组织功能进行了阐述，再一次表明党在努

力尝试与社会组织进行深度融合，通过目标取向的一致性来巩固党的执政基础和群众基础，切实解决薄弱环节中存在的问题。

最后是合作方式上对党社关系的完善与改进。2017 年，党的十九大报告首次在全国性的代表大会中提出了社会组织协商，并将社会组织协商与政党协商、人大协商以及政协协商等并列在一起，显示了党对社会组织地位和作用的高度重视。加强党对社会组织协商的领导，是确保社会组织协商沿着正确的政治方向行进的关键。① 中国共产党是一个调适性政党，拥有较强的自我调适能力。在以往的社会组织党建工作中，刚性的党建方式较为盛行，缺少平等对话和沟通的空间，不利于党社合作关系的推进。而注重将社会组织协商摆在突出重要的地位说明，党在与社会组织进行合作时倡导一种更加宽容和平等的环境，对以往的党社合作方式进行完善和改进，并通过引入民主协商的机制，试图打开党社深度合作的局面。

以上三者共同印证了一个趋势，即执政党与社会的关系正在从嵌入与融入阶段走向统合阶段。所谓统合社会，是执政党统领社会与整合社会的综合概念。党的十九大报告指出："党政军民学，东西南北中，党是领导一切的。"这一论断所要表达的即是执政党统率和引领社会的基本原则，一个直接的表现是党委领导、政府负责、社会协同、公众参与、法治保障的社会治理体制。推动国家治理体系与治理能力走向现代化是执政党在新时代治国理政的目标追求，为了实现这一目标，执政党就必然要对社会进行统率，引领社会力量有序参与基层治理。但是总体性社会结束后的一个基本事实是，社会愈加分化和利益不断碎片化，执政党由此面临整合社会的历史重任。林尚立指出，代议制民主的国家要求执政者从国家立场出发，使社会统合进一定的法律和制度规范，并与国家保持协调行动。② 现代国家中，政党处于连接国家和社会的中间位置，是整合社会的重要主体。然而无论是统领还是整合，都是党赢得社会服从的方式，而其目的则是更好地引导社会组织服务社会，与社会组织一同为社会公众提供更加有优质的公共物品和服务，兑现其满足人民日益增长的美好生活需要的政治诺言。除此以外，统合社会也是提升党执政能力的新要求。社会组织的崛

---

① 谈火生、苏鹏辉：《我国社会组织协商的现状、问题与对策》，《教学与研究》2016 年第 5 期。

② 林尚立：《政党政治与现代化：日本的历史与现实》，上海人民出版社 1998 年版，第 227—228 页。

起与迅猛发展已是不可忽视的事实，而其又有着与政党组织类似的利益表达和群体聚合的能力，统合社会不仅实现了执政党在社会中的深度在场，而且延伸了基层党组织覆盖的范围与领域，尤其是将一些原来没有涉及的边缘领域进行了拓展，这对巩固党的群众基础意义重大。从国家的总体观来看，当政府权力从社会组织中有秩序地收缩后，执政党通过统合社会实现国家角色补位的必要性也随之显现出来。

总之，党的十八大以来，我国特别强调全面从严治党，全面开展新时代党建，积极开展并加速推进非公经济组织和社会组织的党建工作，党建工作取得了较大进展和良好成效。同时，以党的建设促进社会建设，大大提升了中国社会的社会化和组织化程度，极大地推动了经济建设、政治建设、文化建设、社会建设和生态文明建设的全面协调发展，这恰恰回应了社会从分化到再组织化的时代命题，以基层党组织为驱动力的社会再组织化实现了社会与政党更深层次的连接。

三　基层的样本：水镇商会的"党建+"模式

2012 年水镇商会组建之时，行业协会商会与行政机关的脱钩改革尚未进行，在社会组织中建立党组织的做法尚不普遍。在 X 市这样一个中部地级市，社会组织的发育程度不高，双重管理体制之下，政府部门有足够的治理能力对为数不多的社会组织进行管理和监督，派驻党政领导干部兼任社会组织核心职位的做法也足以确保国家权力对社会组织进行全方位控制。水镇商会党委组建前，水镇商会既有市民政局的登记管理，也有市工商联的业务管理，还有副厅级干部兼任秘书长职位进行实时管理。在政府权力的多方配合之下，商会党组织成立的缘由尚不充分。但是商会成立3 个月后，水镇商会党委也随之成立，这与唐某某的想法密不可分。

> 当时我考虑到这样一个问题：水镇商会是为了解决水镇的社会治安和维稳问题而成立的，但是成立后，除了会员是水镇籍的，其他都与水镇没有直接关系，我们管不到商会，又怎么去动员这些老板参与水镇的治理呢？要发挥水镇商会的作用，不让以前的工作功亏一篑，我们就必须要打进水镇商会的内部，去引导和组织他们来帮家乡做点事情。怎么办呢？我想了好久，最后决定成立党组织，把水镇商会的党组织划到我们水镇党委的组织架构下，归我们管理，那么事情就好

办了。（访谈编号：TJZ20181121）

事实正如唐某某所说，成立后的水镇商会在组织关系上与水镇没有丝毫联系，缺少官方的正式的联结纽带，水镇难以名正言顺地动员和引导水镇商会参与乡村治理。合法性问题成为解决水镇商会参与水镇基层治理的关键问题。但问题是，水镇作为乡镇一级的政府，没有被法律赋予相应的管理市级社会组织的权限。《社会团体登记管理条例》中规定："国务院民政部门和县级以上地方各级人民政府民政部门是本级人民政府的社会团体登记管理机关"，"国务院有关部门和县级以上地方各级人民政府有关部门、国务院或者县级以上地方各级人民政府授权的组织，是有关行业、学科或者业务范围内社会团体的业务主管单位"。虽然法律没有赋予乡镇（街道）管理社会组织的权限，但是在属地管理的原则之下，乡镇（街道）等基层政权却可以通过另一条路径将权力的触角延伸进社会组织内部，这即是基层党组织建设。

唐某某认为，在水镇商会建立基层党组织，发挥党员会员的引领力量是实现基层政府社会治理目标的最佳途径。从总体的政治环境来看，社会组织党建从 20 世纪 90 年代中期就已经开始，根据党员数量在社会组织内部相应成立党的各级组织符合执政党组织建设的政治方向，具有高度的正当性。2006 年党的十六届四中全会上，中央首次提出构建"党委领导、政府负责、社会协同、公众参与"的社会管理新格局，此后又将社会管理表述为社会治理，这就明确了党在基层治理中领导地位。显然，要引领民间商会参与基层治理，基层党组织的建设必不可少。此外，《中国共产党章程》规定："企业、农村、机关、学校、科研院所、街道社区、社会组织、人民解放军连队和其他基层单位，凡是有正式党员三人以上的，都应当成立党的基层组织。"[1] 水镇商会 252 名会员中，党员人数将近 100名，已经具备了成立党组织的基本条件。因此，在 2012 年 12 月，经过 Y区委组织部的批准，水镇商会党委正式成立。为了实现与水镇的对接，党委书记由唐某某兼任，组织关系上隶属于水镇党委。由此，执政党迈出了其统合社会的第一步。

水镇商会党委根据会员企业和党员的区域分布，对市内 80 余家会员

---

[1]　《中国共产党章程》，人民出版社 2017 年版，第 21 页。

企业，以行业统建的方式建立了建筑行业、新兴行业、服务行业、客运物流行业 4 个行业党支部，又以地域统建的方式建立了宜春、九江、深圳 3 个流动党员党支部。此外，水镇商会党委还根据实际需要，建立了 1 个直属党支部和 1 个 PPP 项目部党支部，总计 9 个党支部，管理商会 53 名在家党员和 49 名流动党员。水镇商会党委的组织架构如图 3-1 所示：

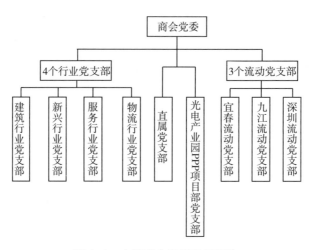

图 3-1　水镇商会党委组织架构

将分散的农民企业家组织起来建立商会是政府对分化社会的初次整合，整合的对象是社会中的财富精英，而将会员中的党员组织起来建立基层党组织则是执政党对分化社会的二次整合，对象是会员中拥有较高政治觉悟的财富精英。执政党对会员的二次整合不仅有利于发挥党员的先锋模范带头作用，而且有利于依托新社会组织党建推动新经济组织党建，填补过去非公企业党建留下的空白，以此实现"两新组织"党建的协同推进。

执政党通过基层党组织的嵌入，完成了对社会精英的整合，是统合社会的初级阶段，而高级阶段则是在商会的发展导向和日常活动中融入党的执政理念、方针路线和政策思想，统领商会服务社会，参与基层治理，实现党治国理政的多层次目标。水镇商会党委采取的做法是将直属党支部改造为党委办公室，与水镇商会办公室一起组成商会"两办"，协同处理商会日常事务。商会"两办"的组建将基层党组织建设与社会组织发展结合起来，通过党建带社建，引导社建促党建，形成良性的党社互动关系。这一行动逻辑贯穿水镇商会的每一个环节。

在决策层，水镇商会建立了"书记+会长"的联席会议制度，党委书记应邀出席会长办公会议，在决策时提供参考意见，发表看法，把控政治方向，但是不包办商会的重大事项。在联络层，水镇商会建立了"党支部+联络处"的活动平台和"党员+会员微信群"的联络机制，做到大事协商解决、活动相互沟通以及工作相互通报。在执行层，商会所有活动都由"两办"人员共同来完成，只是在具体行动中角色分工不同：开展商会活动，如捐资助学、扶贫济困等公益慈善活动时，以商会办公室为主导，党委办公室做好配合工作；开展党组织活动，如主题党日，"三会一课"等活动时，则以党委办公室为主导，商会办公室做好辅助工作。从决策到执行，党组织与商会进行全面而深度的融合，展现党社协同的力量。

但在实际中，党委一直发挥着统领商会，引导商会发展的主导作用。2015年黎某某离任后，水镇商会党委成为唯一介入在商会内部的官方力量，党委统领商会的趋势不断强化，以至于商会许多重大事项都必须先经由商会党委书记正式或者非正式的同意后才能进入执行环节。导致此现象发生的原因有三个。其一，商会党委是镇党委的二级党组织，书记由镇党委书记唐某某兼任，这就是使得商会党委拥有了官方背景，代表了基层国家政权，那么以强大的公权力作后盾的商会党委也就顺理成章地掌控了商会发展的节奏和方向。其二，商会党委办公室相较于商会办公室有着更为突出的人力资本优势，在具体工作中引领着商会的发展。虽然商会党委办公室由直属党支部改造而成，3名工作人员却都是来自水镇的党员干部，商会办公室人员则通过社会聘用而来，相较而言，乡镇干部作为国家干部具有更强的政治意识，更为坚定的政治立场和更高的政治素养，稳定的工作环境也使得他们在工作中表现出更大的热忱和组织纪律性。其三，水镇商会的社会活动对接的是水镇及其管辖的各个村庄，需要通过水镇派驻在商会党委内部的党员干部进行沟通和协调，党员干部占据着经验上的优势，因此在活动的规模、时间、方式和对象上掌握着更大的主动权和话语权。

为了增强党组织统合民间商会的合法性，2019年1月水镇商会在新通过的《水镇商会章程》中增加了"第六章"，将商会党建工作写入章程。其中"第四十条"规定：

　　社会组织变更、撤并或注销，党组织应及时向上级党组织报告，并做好党员组织关系转移等相关工作；上级党组织应及时对社会组织党组织变更或撤销作出决定，督促指导所属社会组织党组织按期换届，审批选出的书记、副书记，审核社会组织负责人人选，指导做好党的建设的其他工作。

水镇商会党委将自己这一系列的动作总结为"党建+商会"模式，其实反映的即是党的十八大以来党统合社会的行动逻辑。"党建+商会"模式不仅让基层党组织合理地嵌入民间商会内部，而且统合了民间商会的行动，在政府角色换位后，及时进行国家角色的补位，而执政党的补位行动也促使其肩负起了与地方各级政府共同培育民间商会，为民间商会赋能的职责和使命。

第三节 党政复合型赋能：水镇商会的发展壮大

作为改革开放以来国家有选择性地培育的一类社会组织，民间商会自复苏之初就"自带光环"，有着许多其他类型社会组织无法比拟的先赋性优势。例如，民间商会的成员是农民企业家，他们既是社会阶层中的佼佼者，国家的经济精英，具有较高的社会影响力，同时也是社会财富的主要拥有者，具有为商会组织提供更多财力、物力支持的比较优势。X市的乡镇商会之所以从水镇发端，其中一个原因是水镇籍农民企业家的综合实力最强，在所有乡镇中独占鳌头。而且，相比于其他乡镇的企业家，水镇籍企业家更具有奉献精神，愿意为家乡建设出钱出力，促成商会的公益慈善行动。当然，更为重要的是，相比于其他类型的社会组织，民间商会的人员构成单一，而较高的身份认同也容易产生较高的一致性行动。以地缘为纽带建立起来的乡镇商会，通过常规化的联络互动机制将一个原本半熟人化的乡域关系网络转化为熟人化的交际圈子，在熟人社会的法则支配下组织的凝聚力更强，积极性更高。但是与初创的社会组织一样，水镇商会也面临内生动力不足、社会影响力不强、治理合法性不充分、专业化水平不高以及内部治理现代化程度较低等诸多现实问题，这些问题严重制约着组织的能力建设和业务水准。对于主导水镇商会组建的水镇政府而言，基层治理能力是其最看重的一项能力，它直接关系到水镇商会参与乡村治理的实际效果。但作为"全省第一家"乡镇商会，水镇商会没有政会合作的经验，又缺少可以借鉴的治理样本，因此，即使水镇商会协助政府参与乡村治理的意愿强烈，却碍于各项能力建设的不足而在初期难以施展组织的抱负。进入新时代，我国的社会组织发展思想注重"培育与监管并重"，一手抓培育，一手抓监管，引导社会组织有序健康发展。前面两小节，笔者主要侧重于对政会关系与党社关系调适中国家角色的换位与补位等权力的监管逻辑进行了阐述，展示了一种新的国家与社会关系的诞生痕迹，而本节笔者将继续沿着这种新的变化趋势，重点讨论地方各级政府与基层党组织是如何通力合作共同培育和扶持水镇商会的。值得注意的是，由于地方经济发展不充分、社会组织发育不完全、社会组织管理体制不健全等客观因素的影响，X 市并没有形成制度化的社会组织培育模式，政府直接培育社会组织的力度与沿海发达地区相比严重不足，但也正因此，水镇商会由弱到强的培育模式成为一种特殊的地域景观，深刻地影响着其作用机制的发挥。这种机制的突出特点是由政府和党组织的力量共同发挥作用，各自采取不同的方式，并运用自身优势协同推进民间商会的能力建设，因此可以称为"党政复合型赋能"。

一　开辟经费来源新渠道

俗语说，"开门七件事，柴米油盐酱醋茶"，民间商会所有社会活动的开展都离不开经费，小到各项办公耗材的购买、工作人员的工资，大到场地的租借费用、各项公益慈善活动的开展，都需要源源不断的资金予以支持。在行业协会商会与行政机关脱钩改革前，不少民间商会凭借与政府部门的特殊连带关系，能够优先获得政府的财政拨款，解决了活动经费、人员和场地的问题，但由此也形成了对政府部门较强的资源依赖。进入后脱钩时代，沿海发达地区通过政府购买服务的方式为民间商会提供资金支持，解决了脱钩以后民间商会部分经费来源不足的问题。然而，经费来源不足、活动资金匮乏是社会组织面临的全球性问题，民间商会虽然有部分热心会员会以缴纳数倍多于规定的会费填补活动经费的不足，但毕竟杯水车薪，而且仅凭个人的满腔热情也难以维系组织的可持续发展。因此，不论是对于何种类型的社会组织而言，强化组织的筹资能力都是至关重要的一项能力，也是维持组织生存最基本的一项技能。

根据《X 市水镇商会章程》的规定，商会的经费来源主要有六项：（1）会员按规定缴纳的会费；（2）接收会员、企业和有关人士的捐赠；

（3）政府资助；（4）在核准的业务范围内开展活动或服务的收入；
（5）利息；（6）其他合法收入。但是在实际中，水镇商会只有一条持续
而稳定的经费来源渠道，即全体会员缴纳的会费。按照商会的不成文规
定，不同级别会员所缴纳的会费各不相同。会费的收缴遵照会员的级别划
分为四个等次：会长、副会长、理事与会员。会长一年会费5万元，副会
长一年会费2万元，理事一年会费5000元，会员一年会费500元，另外
新入会的会员须缴纳5000元的初始会费。按照第一届252名会员的数量
进行计算，商会每年可获得的会费收入大致在50万元左右，但每一年商
会用于活动的支出远远超出这笔收入。以2014年为例，水镇商会用于工
资支付、办公以及招待的费用为26.3万元，用于会员培训的费用为5万
元，用于分配给各联络处的活动经费、购置办公设备等各项费用15.8万
元，用于春节困难户走访、奖优助学、奖励颐养之家等公益慈善的费用为
54.1万元，全年总计支出101.1万元。在支出项远远多于收入项的情况
下，水镇商会处于严重的入不敷出的财政状况。但仔细观察就可以看出，
其超出部分主要是用于社会公益事业。如果仅仅只是维持商会内部的正常
活动，会费收入足以支撑商会的长期运转，但如果仅限于此，那么水镇商
会也失去了其存在的意义。

　　为了解决经费不足问题，推动水镇商会的公益事业长期进行下去，水
镇商会党委决定通过发挥党组织的中介作用，与区政府进行协调，为水镇
商会开辟一些新的经费来源渠道。鉴于水镇商会会员大多来自建筑和房地
产行业，名下又有水镇建筑公司的基本情况，Y区政府考虑通过PPP项
目的运作为水镇商会"造血"。其方法是，在确保竞标者具备相关资质的
情况下，优先考虑能够产生社会公益效应的竞标者，同时为了确保部分资
金用于社会公益事业，又特别在项目合同中明确规定：投标单位必须承诺
将不低于本项目建安费的6%作为建设Y区公益事业的资金。通过此方
式，2016年与2017年水镇建筑公司先后获得了由区政府发包的光电产业
园PPP项目和水桂线县道升级改造工程PPP项目，中标工程款分别5亿
元和1.53亿元。按照与区政府签订的项目合同规定，水镇建筑公司直接
将两个项目建安费的6%，共计2000万元转交给水镇商会，用于发展地方
公益事业。通过这两个项目的运作，水镇商会获得了充足的发展资金，并
开启了全市各类社会组织参与公益事业的大幕。

　　在基层政府的大力支持下，水镇商会也想方设法拓展了一些新的筹资

渠道。例如，通过会长互保贷款产生保证金利息，将商会部分场地承包给餐饮企业产生承包费，向会员出售商会联盟牌产生服务费等。虽然这些渠道所带来的收入非常有限，但却是民间商会推进筹资能力建设的重要举措，为商会的可持续发展奠定了基础。

二　搭建党社合作新班子

人力资本在引领民间商会由弱变强的过程关系重大。从民间商会的内部治理结构来看，班子成员构成了人力资本的金字塔尖，班子成员的能力与素养如何直接关系到商会的兴衰成败，因此也历来受到民间商会组织的高度重视。脱钩改革前，由党政公职人员、离（退）休干部兼任民间商会领导职务的做法十分普遍。刘培峰等在宁夏石嘴山市的调研发现，全市227家社会团体中绝大部分都是由现职政府工作人员担任法定代表人，例如机动车协会的副会长由交警大队的支队长担任，秘书长由宣传科的科长担任。[①] 这种做法虽然带来了民间商会的行政化问题，却奉行了"专业人做专业事"的社会组织发展原则，保障了班子成员的专业化水平。脱钩改革后，公职人员不再兼任民间商会的职务，民间商会的人力资本遭到了一定程度的削弱，但这种削弱主要体现在民间商会对其活动的和运行方向的政治正确性层面，毕竟会长、秘书长等核心职务由具有丰富的企业管理经验的企业家来担任有其固有的优势。

2015年，水镇商会正是在这一去行政化改革的背景下遭遇了成立以来的最大危机——管理人员断层。先是在年初时，秘书长兼顾问黎某某终止在商会的兼职工作，然后在年中时，会长简某某无暇保证履职时间主动请辞，随后兼职党委书记唐某某又因干部流动调离了水镇商会，前往 LC 镇担任镇委书记。会长、秘书长、党委书记全部缺位，导致构成商会发展的"铁三角"陷入瘫痪状态，一时间，商会陷入了空前的管理危机。但这种情况没有持续多长时间就被扭转过来。

转折发生在2015年年底。是年，一手将水镇商会建立起来的唐某某无法坐视自己的心血付诸东流，决心向上级组织部门申请重新调回水镇商会，继续担任书记一职，尽早结束水镇商会管理上的混乱状态。在唐某某申请调回水镇商会的这段时间里，商会同时提前完成了会长选举以及秘书

---

① 刘培峰等：《宁夏回族自治区民间组织发展与管理》，载刘培峰、谢海定主编《民间组织发展与管理制度创新》，社会科学文献出版社2012年版，第184页。

长的任命工作。此前担任副会长的余某某高票当选水镇商会第二任会长，并任命副会长罗某某担任秘书长工作。不久后，从人大常委会退休下来的前民政局局长陈某某受商会的邀请担任顾问一职。2016 年 1 月，离开水镇商会 3 个月的唐某某重新回归，继续兼任水镇商会党委书记一职，同时调离 LC 镇，前往市委统战部担任副调研员一职。至此，会长余某某、党委书记唐某某、秘书长罗某某、顾问陈某某 4 人悉数到位，组成了推动水镇商会逐步变强的"四驾马车"。会长余某某出生于 1967 年，在 X 市经营一家大型贸易公司，不仅财力雄厚，而且年富力强，热心公益，拥有充足的履职时间。秘书长罗某某出生于 1963 年，在当地经营多家矿产企业，2005 年下海经商前曾在多个政府部门工作过，拥有横跨政商两界的广阔的关系网络和人脉资源。陈某某是水镇商会的缔造者之一，又有着丰富的社会组织管理经验，虽然顾问一职是个闲职，并不参与实际管理事务，但是他的加入却使得商会始终能够维持在一个正确的轨道上运行，避开了许多发展中可能会遇到的弯路。

与此同时，水镇商会还充实了"两办"工作队伍。商会办公室从区委宣传部引进临聘人员 1 名，商会党委办公室接收区委组织部派驻的党员干部 2 名。人员调整后，商会办公室共有专职人员 4 名：主任 1 名、会计 1 名、宣传 1 名、文秘 1 名，商会党委办公室共有专职人员 4 名：主任 1 名、纪律委员 1 名、组织委员 1 名、宣传委员 1 名，"两办"工作人员多达 8 名，远远超过当时 X 市其他商会的平均数。新调整后的班子成员以及工作人员不仅夯实了党社合作的人力资本基础，而且扭转了商会几乎陷入瓦解境地的局面。由此也可以看出政府做大做强水镇商会的决心。

三　构建新时代乡贤文化

党的十八大以来，乡村衰败的迹象逐渐受到各方重视，国家也在反思乡村发展中存在的诸多弊病，以求通过推动乡村治理体系与治理能力的建设，为乡村的各种病症开出现代化的药方，而其中之一就是大力倡导新乡贤文化建设，激发新乡贤的社会责任感，树立其积极参与乡村基层治理的意识。自古以来，中国就是一个尊贤重能的国家，乡贤文化源远流长，影响深远，随着时代的发展变迁，乡贤文化也出现了古今之别。季中扬认为："古代乡贤文化建设主要目的是通过表彰乡贤，从而激励、劝勉乡民，教化乡村社会。当代新乡贤文化建设的主要目的并不仅仅在此，它一方面是为了传承中华优秀传统文化，另一方面是为了破解乡村社会现代发展这一世界性难题，尤其是后者，是当代新乡贤文化建设所肩负的全新的历史使命。"① 新乡贤文化新在主体、新在使命、新在方式，能够在社会治理中产生巨大的价值观引领作用。

在唐某某刚开始的理解里，水镇商会的农民企业家即是乡村走出来的能人与财富精英。随着广东、浙江等地的新乡贤文化逐渐传播开来，构建新乡贤文化成为新时代乡村文化建设重要内容，水镇商会也着力打造这一具有重大现实意义的时代文化。但商会只是将农民企业家组织了起来，并没有完全调动全体成员参与基层治理和从事公益慈善事业的积极性，总体而言，参与公共治理的意识仍然非常薄弱。如果能够构建新乡贤文化，形成乐善好施和回报家乡的社会氛围，对于提升水镇商会的社会知名度与影响力将大有裨益。为此，水镇商会重点打造了会长余某某的新乡贤故事，以便树立典型效应。在余某某的许多故事里，以《亿万富翁与2只土鸡的故事》流传最广，还曾被登报传播。故事这样讲道：

> 余某某经商成功后为家乡做了许多贡献，却从来不接收家乡任何人的送礼，唯独有一次例外。那是2015年，春节前夕，水镇余家村的两位老人敲开他的家门，把两只土鸡硬塞给他。一位老人说："快过年了，我们晓得你什么也不缺，从来不收礼，但这是我们村里所有老人的一点点心意，请你一定要收下来啊。"原来，余家村的老人们是看着余某某长大的，他的所有善举老人们都看在眼里，在老人们的心里，早就把他当成了孝顺儿子来看待。眼看春节临近，老人们张罗着给余某某送点年货，以示感激之情。村里的几个老人商量来商量去，最后决定凑齐400块钱买上2只土鸡，请2个老人作为代表，赶到城里送给余某某。余某某感念父老乡亲的情意，第一次打破惯例，收下了2只土鸡。余某某热泪盈眶地说："没想到村里的老人家一直都记着我这个'细伢子'做的一点点事，2只土鸡是家乡人对我的肯定，饱含着深情，比我收到的任何礼物都要贵重得多得多！"原来不久前，回老家看望贫困户的余某某看到家乡道路崎岖不平坦，给村民的出行带来了很大的不方便，于是决定捐资20多万元为村民修一条

---

① 季中扬、师慧：《新乡贤文化建设中的传承与创新》，《江苏社会科学》2018年第1期。

好一点的水泥路。然后他又看到老家好多房子都破损了，又计划拿出700多万元用于余家村的新农村建设。

故事传递出的价值是积极正面的，而且故事内核温暖人心、真切感人、朴实无华，这样的宣传方式不仅提升了余某某个人在当地的社会威望，树立了其善良、慷慨、正大无私的民间形象，也顺势提高了水镇商会的社会知名度。至此，"余某某"与"水镇商会"几个字紧密结合在一起，每次提起前者必然会想到后者，提起后者也必然会想起前者，两者合二为一，密不可分。除了余某某，商会其他会员也流传过一些动人的"传奇故事"，当地人以他们的奋斗经历和社会活动为饭后谈资，对一些故事里的细节津津乐道，水镇商会的口碑也悄然在民间树立起来。

为了激发更多商会会员参与到家乡发展建设的事业中来，商会还在购置的办公大楼里建了一座展示馆。展示馆仿照地方纪念馆的规格和模型进行布置，分为序言、溯古通今、水镇模式、报效桑梓、展望未来五个篇章，呈现了水镇商会的发展历程，讲述了会员们为家乡建设做出的先进事迹，挂满了商会获得的各种社会荣誉。展示馆的总体布局既强调集体荣誉感，又突出个人的奉献精神。展示馆平日里对外开放，既迎接省市领导的视察，也接受普通民众的参观游览，实际上成为一家地方性的新乡贤文化展示馆。故事总是催人奋进，价值观的引导更是春风化雨，久而久之就形成了水镇独特的新乡贤文化，水镇商会的一位副会长将其总结为三句话：

> 不做好事　不好意思
> 做点好事　不够意思
> 多做好事　才有意思

这三句既通俗易懂又朗朗上口的话被独立放在展示馆里的一面墙上，给许多前来参观的党政官员和普通民众留下了极其深刻的印象。三句话意思很简单，理解起来并不难，其目的就是鼓励会员们多多为家乡建设出谋划策，出钱出力，让服务家乡人民的行动蔚然成风。此外，媒体部门还连篇累牍地对水镇商会建设家乡的故事进行报道，为新乡贤文化的构建摇旗呐喊，大赞企业家们为新时代乡贤。2018年，水镇商会先后有5名会员被区委宣传部评选为"新乡贤"。

新乡贤文化的构建效果明显，当地民众只要一提起水镇就会联想到水镇商会，联想到水镇商会的企业家们，以及他们为水镇做的那些光彩事业。民众的口碑让水镇商会的会员们倍感自豪，就连水镇人都跟着"沾光"。唐某某认为，曾经臭名昭著的"民风彪悍之地"，如今已然成为大家口口相传的"上善之乡"。水镇商会逐渐积累起来的社会名气吸引了不少新会员的加入，2015 年商会第一次换届时，会员人数从 252 名增长到了 356 名，成为全市拥有会员人数最多的民间商会。在新乡贤文化的鼓励和引导下，会员参与商会社会活动的积极性有了很大提高，其中一部分有号召力有激情的会员逐步成长为商会的中坚骨干，强化了水镇商会参与乡村社会公共事务的整体意识。

四　入驻支持型社会组织

民间商会是改革开放后中国重建最早的一类社会组织，无论是在内部治理方面还是与外部环境互动方面，相较于其他组织都体现出更高的专业化水平。当然，这主要受益于管理者的企业家身份，他们可以将企业化的管理方式移植到商会，通过一套组织模仿和学习机制引导商会步入正轨。但对于许多初创型和成长型的社会组织而言，即使管理者拥有丰富的企业管理经验，对于如何驾驭和把控非营利性组织，提升组织的专业化水平却未必在行，因此加强组织的能力建设势在必行。为了满足社会大众对组建社会组织以及社会组织提升自身能力建设等多方面的需求，2005 年前后，支持型社会组织应运而生。[1]

支持型社会组织，有的称为"公益孵化器"，有的称为"社会组织孵化基地"，有的称为"公益组织发展中心"，名称不一而足，但功能基本相似。学界将其定义为"制度上独立于政府和企业，致力于调动资源和信息，培养社会组织及其成员的能力，促使其在社会中建立横向和纵向联盟的民间组织"[2]。其中最具有代表性的支持型社会组织当属 2006 年 1 月在上海浦东新区注册成立的民办非企业单位——恩派（NPI），作为一家公益支持型的社会组织，恩派主要致力于公益孵化、能力建设、社区服

---

① 吴津、毛力熊：《公益组织培育新机制——公益组织孵化器研究》，《兰州学刊》2011 年第 6 期。

② 葛亮、朱力：《非制度性依赖：中国支持型社会组织与政府关系探索》，《学习与实践》2012 年第 12 期。

务、政购评估、社会企业投资、社创空间运营等领域，截至 2019 年该组织已孵化超过 600 家社会组织及社会企业，培训公益人才数万人。受到恩派等组织的影响，全国各省市地区开始逐步通过政府购买服务的方式筹建支持型社会组织，以孵化和培育地方社会组织。

2015 年，江西省民政厅分别印发了《江西省社会组织孵化基地建设管理办法》和《2015 年度江西省社会组织孵化项目执行办法》，决定从福彩公益金中拿出 350 万元，在全省范围内开展社会组织孵化项目，建设 11 个孵化基地，以加大社会组织培育扶持力度。同年 9 月，在 X 市民政部门的牵头主导下，当地首家以孵化和培育社会组织为使命的政府主导型的支持型社会组织——X 市社会组织孵化中心挂牌成立。中心共设工作人员 3 名，划分办公区、社会组织孵化区和社会组织服务区三个功能区，主要采用"政府购买服务+业务部门监督管理+社会组织实施+社工义工协助"的运作模式，旨在打造社会组织培育发展的枢纽型服务平台，提升社会组织的专业化水平。

孵化中心将服务的对象划分为 3 种类型：萌芽型、初创型与成长型。根据不同的类型，设定不同的服务目标：对于萌芽型的社会组织，中心的主要任务是引导其顺利通过业务主管单位的备案以及登记主管单位的注册审核，帮助萌芽型社会组织的构想落地；对于初创型的社会组织，中心的服务一般在完成登记注册后开始介入，主要是协助其完善组织架构与内部运行机制等；对于成长型的社会组织，中心的服务目标则是将其打造为标杆型的社会组织，优化和调整服务对象的治理结构，强化服务对象的能力建设。同年 12 月，水镇商会应市民政局的指示主动申请入驻孵化中心，进行专业化的培育。根据水镇商会的实际情况，孵化中心将其列入成长型社会组织进行培育，目标是将水镇商会成功打造为 X 市的标杆型社会组织，在民间商会中独领风骚，同时深度挖掘水镇商会参与基层治理的潜力，提升参与基层治理的专业化水平。

水镇商会入驻后，市社会组织孵化中心先后提供了以下服务内容：一是年检报告填写的专业化指导。年检报告每年提交一次，由于水镇商会的工作人员并非专业的社工人才，以往年检报告的填写都存在各种各样的问题，需要反复进行修改方能通过政府部门的审核。在孵化中心的指导下，水镇商会每年提交的年检报告都能一次性通过。二是工作人员的专业化培训。水镇商会办公室的 4 名专职工作人员都非科班出身，缺少专业学科背景导致日常工作效率不高。为了解决这一问题，孵化中心从南昌、上海等地邀请专家学者和社工督导前来授课，提升工作人员的专业素养。三是项目申请的专业化指引。有了区政府 PPP 项目的支持，水镇商会在几年内不会面临经费不足的问题，但是为了实现可持续发展，商会仍需要通过公益创投项目的申请来争取政府部门的配套资金支持。孵化中心在项目申请上的专业化指引为水镇商会日后的发展提供了一条常规化和可持续性的途径。经过孵化中心的大力培育，水镇商会的专业化水平有了明显提高。

五　吸纳骨干加入党群团

此前我们关注到，国家与社会关系在新时代的一个新迹象是，政社关系由贴身控制转向了短程监管，政府权力从社会组织中的适当退出为国家监管社会留下了空白，而执政党则进行了及时的补位，由此导致党社关系从嵌入与融入的状态转向了统合的状态。由于社会组织的能力如何将直接影响到执政党统合社会的效果，因此，具有执政背景的基层党组织同样肩负着培育和壮大社会组织的职责和使命。进入短程监管后，政府培育社会组织的方式是通过向社会组织孵化中心等支持型社会组织购买服务的间接方式进行，而党组织却是深度嵌入社会组织内部之中的，这也使得党组织对社会组织的培育采取的是直接的方式，即借助执政党的自身优势，充分施展执政党的功能，提升社会组织成员的政治效能感，从而提高社会组织参与公共事务治理的深度和广度。

王长江认为，民主制下的政党通常发挥利益表达功能、利益综合功能、政治录用功能和政治社会化功能。[①] 其中政治录用功能是党组织嵌入社会组织内部后吸纳社会精英的基本功能，也是提升中坚骨干力量政治效能感的常见功能。所谓政治录用功能实际上指的是政党运用自身在国家政治格局中的地位优势，吸纳社会精英进入政党体制或是推荐社会精英进入国家政权体制的一种功能。对执政党而言，通过基层党组织在社会组织甄选和吸纳社会精英进入政党体制有利于巩固党的执政基础，充实党员队伍，而对于社会组织的成员来说，加入执政党则是其实现政治参与的一种有效途径。民间商会一直以来都是民营企业家顺利实现政治参与，获得政治身份的常规渠道，执政党政治录用功能的运用正好迎合了企业家们的政

---

① 王长江：《现代政党执政规律研究》，上海人民出版社 2002 年版，第 51—53 页。

治需要。

2016 年，由于唐某某本人已经晋升为副县级干部，而水镇商会党委仍只是水镇党委下设的二级党委，导致党组织书记的政治身份与党组织的规格不相匹配。此外，为了切实加强党组织对水镇商会的统合作用，巩固"党建+商会"的发展理念和模式，经区委组织部同意，水镇商会党委于 5 月 31 日起正式升格为区属一级党委，与乡镇党委同级。升格后的水镇商会党委拥有了自主发展党员的权力，每年能够从区委组织部获得 3 个发展党员的名额。通过这 3 个名额的使用，商会党委将一些在社会活动中表现积极、政治上觉悟较高的骨干会员吸纳进了党组织，被吸纳进党组织的骨干会员到会率与活动参与率有增无减，让唐某某等人看到了政治身份所带来的显著社会效果。但是水镇商会的会员人数较多，社会活动又比较频繁，仅以赋予党员政治身份的方式调动中坚骨干力量参与公共事务治理的积极性的方式仍无法以满足实际需要。此时，唐某某再次"不走寻常路"，决定在商会内部继续延伸党组织的手臂，赋予更多骨干会员政治身份。其采取的做法是成立群团组织，即工会、共青团与妇联，意图通过商会党建的方式带动商会群团建设，将更多的骨干会员吸纳到执政党体系内。

2018 年 4 月，经由区委各部门同意，水镇商会在全市率先成立了工会、团委与妇联等群团组织。工会班子设主席 1 名、副主席 1 名、经费审查委员会主任和副主任各 1 名、女工委员会主任 1 名，共计 5 名成员；团委班子设书记 1 名、副书记 1 名、委员会委员 3 名，共计 5 名成员；妇联班子设主席 1 名、副主席 2 名、执行委员会委员 4 名，共计 7 名成员。工、青、妇等群团组织的成立基本将商会骨干力量中的非党员会员悉数吸纳了进来，由于政治身份具有非人格化特征，因此这种广泛赋予政治身份的方式，实际上缔结了骨干会员与商会的制度化关系。[①] 商会群团组织的成立为骨干会员提供了对接市区各级政府部门和党组织的机会，从此拥有了国家与社会两重属性。在国家属性方面，商会群团组织获得了政治社会地位和活动经费上的优势，可以引导商会建设朝向党委、政府需要的方向上来，通过对商会的规范化建设从根本上提升商会的组织能力。在社会属性方面，商会群团组织能够集中会员的利益诉求，向上级党政部门反映组

---

① 李朔严：《政党统合的力量：党、政治资本与草根 NGO 的发展——基于 Z 省 H 市的多案例比较研究》，《社会》2018 年第 1 期。

织的发展需要，通过与国家权力的频繁互动提升商会的政策影响力。

基层党组织通过施展执政党功能，广泛赋予社会组织成员政治身份的做法极为少见。但基层治理归根结底是公共政治的范畴，在社会组织发育程度较低的地区，社会组织必然要在政府的主导下才能获得参与基层治理的资格，这也必然要求社会组织成员习得政治参与的能力，而政治身份的赋予似乎也为社会组织整体治理能力的提升提供了一种方案。

小 结

进入新时代以来，随着执政党全面建设的节奏稳步加快，党、政、社三者的关系发生了新的变化，形塑着新的国家与社会关系。这些新的变化，首先表现为政府与社会的关系由贴身控制转向了短程监管，政府原本深度嵌入民间商会的权力触角随着脱钩改革以及去行政化改革的推进逐渐向上收缩，民间商会等社会组织从政府一方获得了更大的自主性。其次表现为执政党与社会的关系从嵌入、融入转向为统合，党社融合的迹象愈发明显，基层党组织的深度入场顺势填补了政府从民间商会退场后国家与社会团体之间的空隙，继续保持着国家政权对社会的长时段控制。最后，二者集中表现为政府换位与执政党补位，实现了国家控制社会的无缝对接，而在此种强国家的主导权之下，民间商会实际也很难通过自身发展壮大起来，不得不依附于地方政府与基层党组织。但无论控制主体的角色如何替换，在发展主义的支配下，与市场经济紧密相关的民间商会也依然保留在优先发展的社会组织名单上，获得了来自中央和地方政府的大力支持。与此同时，深度在场的基层党组织同样因为在基层治理新格局中的突出地位与执政党在新时代的治理目标要求，而肩负起了培育民间商会的职责和使命。在具体的培育过程中，基层党组织充分施展执政党功能与地方政府协同扶持民间商会，通过增强筹资能力、夯实人力资本、强化参与意识、提升专业水平以及赋予政治身份等多元化的方式，为民间商会进行党政复合型赋能，增强了民间商会的社会影响力，继解决民间商会从无到有的问题后又解决了民间商会由弱到强的问题。当然，这所有的一切努力，最后所指向的目标都是一致的，那便是形成党政社"三合一"的多元共治格局，强化社会力量参与基层治理的意愿和能力。

第四章

在商言治与引领基层：水镇商会的功能取向

水镇商会从筹建到成立再到壮大，无一不浸透了地方国家政权奋进的汗水，饱含了城市社会力量重返乡村治理舞台的意图。水镇商会由弱到强的发展历程，既是地方各级政府为了完善基层治理结构而做出的政治考量，也是地方各级党组织有效整合并统领社会的长远计策，还是社会组织基于资源依赖，努力与地方政权机关实现政治关联并着力提升会员企业组织化发展的理性抉择。通过前一章的论述，笔者已经表明，无论是政府权力从民间商会的有序退出还是执政党权力在民间商会的全面进入，二者只是在方式和手段上有所差别，其实质都是国家政权对社会组织进行全方位的监管与控制，都是指向国家发展中的中长期目标，即基层治理的现代化。既然指向性明显，那么接下来的一个问题就显得非常有必要：地方国家政权如此大费周章，投入巨大的人力、物力、财力去组建一家商会，扶持其发展壮大，究竟希望其发挥怎样的作用呢？民间商会又是如何发挥作用的呢？

民间商会作为民营企业家这一社会阶层的共同体由来已久，随着时代的发展变迁，民间商会的功能与作用也随之有了新的变化，笔者认为当前民间商会的功能可以划分为基础性功能、赋予性功能与调适性功能三种类型。商会的基础性功能自然是回归到以市场为中心的功能，这一功能强调民间商会应当以会员的多元化利益为中心，整合资源、服务会员、发展壮大会员企业、维护会员企业的权益，更多地体现为民间商会的经济属性，我们称为"在商言商"。赋予性功能则是国家为了回应民间商会或者民营企业家的政治诉求而向民间商会适度转移部分职能，并通过强制性制度变迁赋予民间商会的一种功能。为此，民间商会必须加深与国家政权机关的协作与交互频率，通过参政议政的方式集中体现出来，它反映的是民间商会的政治属性，我们称为"在商言政"。调适性功能是政社分离后，随着民间商会的自主性增强而逐步衍生出来的，是民间商会根据政治社会环境变化而作出的一种积极回应，其目的是在强国家或者强政党的话语主导下实现民间商会的可持续发展，具有非常明确的时代化特点，而在强调基层治理的时代背景下，突出表现为在基层治理中的积极参与，体现为民间商会的社会属性，我们称为"在商言治"。

本章笔者沿着这三种功能的划分对水镇商会的实际作用分别进行呈现，并分析每种功能背后的形成机理。由于基础性功能与赋予性功能由来已久，可以看成传统型功能，因此本章重点突出的是民间商会的调适性功能，具体考察水镇商会在面临新的形势变化时是如何进行自我调适，并发挥调适性功能的。此外，在最后一节中，笔者还将使用扩展个案法，从个案商会扩展到个案地区。从地域空间的角度审视个案商会的实际作用，这种由点到面的做法主要是为了增强个案的辨识度和讨论深度，从而为最后一章的中层理论分析创造条件。

第一节　在商言商与在商言政

作为一家市直属的以地缘关系为纽带建立的综合型民间商会，水镇商会既延续了民间商会的常规功能，也衍生出了新时代赋予的新功能。本节叙述的主要是水镇商会的常规功能，即体现商会成员经济属性的基础性功能与体现商会组织政治属性的赋予性功能。前者自民间商会诞生之初便已存在，是为了应对"政府失灵"与"市场失灵"而自发生成的基础性功能；后者是改革开放后随着经济社会体制的深化发展以及民营企业家社会地位的提升而被国家主动赋予的一种功能。随着时代变迁两种功能逐渐稳固下来，成为民间商会的常规功能，也是水镇商会作为互益性非营利组织在面向其内部成员时所必须展现的一般形态。

一　在商言商

"在商言商"的说法自古就有，一般指的是商人经商以谋利为主，应当将商人群体限定在商务范围内，不主张商人积极参与政治，做出干预时局的举动。这一说法在清末民初时期近代商会兴起之后最为盛行。一方面，在商言商的理念强调了商人群体的专业属性，主张心无旁骛地致力于工商业的发展，体现了商人群体对政治参与的冷漠态度；另一方面，在商言商也在特殊时期起到了保全商人群体，免受当局束缚和欺压的作用。因此，在商言商的说法在特殊时期既有其消极的一面，也有其积极的一面。①但随着社会主义市场经济体制的确立，商人的地位已有明显改观，民间商会与国家的关系也与清末民初之时有着本质的区别，因而在当下，在商言商是一个中性词汇。从功能主义的角度来看，在商言商指代的是民间商会服务会员，以发展经济为核心的基础性功能，而且这一功能与民间商会作为商人参政议政的组织化渠道的功能并不相斥，它们是独立并行的两种功能。

基础性功能由民间商会根据国家相关文件在章程中写明的职能概括得来。中央先后发布过两个全国性文件对民间商会的职能进行划分。1999年国家经济贸易委员会发布了《关于加快培育和发展工商领域协会的若干意见（试行）》，规定民间商会应当履行三个大类的基本职能。三类职能分别为：（1）为企业服务；（2）自律、协调、监督和维护企业合法权益；（3）协助政府部门加强行业管理的职能。2007年，国务院办公厅发布了《关于加快推进行业协会商会改革和发展的若干意见》，将民间商会的基本职能阐述为四类，分别为：（1）充分发挥桥梁和纽带作用；（2）加强行业自律；（3）切实履行好服务企业的宗旨；（4）积极帮助企业开拓国际市场。相比于1999年，2007年的文件规定显示了国家对民间商会更高的职能期待。根据中央的文件，民间商会在制定本会的章程时将国家的意图以及自身的条件结合起来，对自身的业务范围作出了限定。

在组建时，水镇商会根据相关文件规定以及自身的发展定位，对《水镇商会章程》的业务范围规定如下：

> 广泛联系水镇籍知名人士，加强信息交流，介绍投资导向，引进资金、技术、人才，实行抱团经营，促进全方位合作，为区域经济发展牵线搭桥；
>
> 维护会员的合法权益，反映会员的意见、要求和建议，在会员与政府之间发挥桥梁作用；
>
> 办好本会服务事业，为会员提供市场、技术、商品等信息，在法

① 朱英：《"在商言商"与近代中国商人的政治参与》，《江苏社会科学》2000年第5期。

律、法规允许的范围内，为会员提供法律、会计、审计、融资、咨询、交流、培训等服务；

组织协调本会会员之间的经济纠纷，并为调解本会会员与其他社会成员的民间纠纷提供帮助；

加强会员诚信自律建设，促进会员诚信经营，维护公平竞争和经济秩序，促进会员企业上规模、上水平、上效益；

在条件许可的情况下，按照国家规定的有关政策，组织会员举办或参加各种对外展销会、交易会、组织会员考察访问，帮助开拓市场；

承办政府和有关部门委托事项。

简单来说，水镇商会的七项职能分别为：发展区域经济、维护会员权益、为会员提供各类服务、调解市场纠纷、加强行业自律、开拓市场以及承接政府委托的事项。在实际运行中，受到政府职能转变不足、市场发育程度不高、区域经济体量过小等客观因素的影响，水镇商会无法完全履行所有职能。即便如此，水镇商会仍旧通过各种方式和途径为会员提供部分公共物品，降低会员企业的交易成本。从实际情况来看，水镇商会的基础性功能主要可以分为以下几种：

（一）开辟会员企业的融资渠道

水镇商会发展至 356 名会员后，会员企业的数量也相继增加到 165 家，其中年销售收入超过 10 亿元的有 5 家，超 1 亿元但不足 10 亿元的有 10 家，其余皆为 1 亿元以下的企业。水镇商会大多数会员所经营的企业为房地产、建筑与运输类企业。根据工信部 2011 年的划分标准，房地产行业营业收入在 200000 万元以下或资产总额在 10000 万元以下的为中小微型企业，建筑行业营业收入在 80000 万元以下或资产总额在 80000 万元以下的为中小微型企业，交通运输行业的从业人员在 1000 人以下或营业收入在 30000 万元以下的为中小微型企业。因此水镇商会的会员企业绝大多数为中小企业。中小企业因自身发展规模等因素的影响而受到国有银行等金融机构的歧视，在发展中面临着较为突出的融资难问题。

通过组建商会拓宽融资渠道是当时水镇籍农民企业家积极加入水镇商会的一个重要原因，在简某某担任第一任会长期间，也曾将化解会员企业的融资难问题作为一个主攻方向。2013 年，简某某等人提议成立水镇村镇银行，打造成为一家上规模的民营金融机构，但此时民间资本介入金融业尚处在改革的试水区，许多中西部地区因为条件不成熟而很难获得政府部门的批准，X 市考虑到水镇商会的整体实力以及当地金融行业的实际情况，最终没有促成这一融资渠道的开辟。为此，水镇商会不得不另想其他办法。一是通过会员与会员之间相互担保的形式，向本地的银行金融机构贷款。相互担保的形式较为常见，尤其是对于一些曾经在银行征信系统中出现过问题的会员而言，凭借大企业家的良好信用作为担保，能够及时解决企业的资金周转困难等问题。二是以商会的名义开展"银企联合"活动，水镇商会积极同中国邮政储蓄银行以及中国建设银行进行合作，召开信贷对接会，一对一地帮助会员及会员企业解决资金上的问题。自成立以来，水镇商会已经与市内各个银行总共签订了 28 亿元的战略合作协议和 2 亿元的小额贷款。三是在法律允许的范围内，以不高于银行同期贷款利率的方式将商会的经费进行拆借，会员以个人的名义、会员企业以公司的名义在征得理事大会的同意下向商会贷款。对于许多民间商会而言，前两种方式适用性较为广泛，而第三种方式的运用则需要建立在商会雄厚的集体资产之上。在没有获得 Y 区发包的两个 PPP 项目之前，这种方式在水镇商会同样无法运用，当两个项目落地后，水镇商会掌握了将近 2000 万元的活动资金。这笔资金首先用于商会的社会公益活动，其次是拆借给急需资金周转的会员。2018 年水镇商会以 1 分的贷款利息分别向两名会员借出 260 万元和 380 万元的资金，方式为短期借贷，会员必须在规定期限内连本带息偿还。这种融资方式不仅解决了会员的资金链问题，也为商会增加了一笔可观的活动经费。

（二）创造会员学习的培训机会

水镇商会的会员此前都是从农村走出来的农民，被认为是在城市打拼的"泥腿子"，不仅文化水平偏低，而且缺乏独到的战略眼光和适应形势变化的灵活性。在与这些会员的访谈中，他们时常会感叹：

> 还是你们读了书好啊，哪像我们读不进书，当时看到书就头晕，根本读不下去，当时就巴不得赶紧出来挣钱，混个初中文凭就算了。以前做生意倒是不需要什么文化，跟着别人做就是，现在不管你搞哪一行都要文化，否则跟不上时代，把握不了最新的经济发展方向，搞得我们到处吃亏。后来我自己也意识到要提高一下文化水平，就去读

了大专，然后又去财大读了个 MBA。我现在还在学习呢，之前学了一些情商课，现在又开始跟着别人学习逆商课，这里面的名堂太多了……（访谈编号：FXD20190716）

会员除了以个人的方式提升自己的经商素养，还通过商会组织的一些活动来提升自我。创造培训机会是水镇商会为会员以及会员企业提供的主要服务。一是组织会员积极参加由市工商联等单位举办的商会联谊会，与本土其他优秀的企业家进行经验交流，相互取长补短。二是定期邀请国内外相关领域的知名专家学者前来授课，向会员讲解当前和今后的经济形势，提高其预知风险的能力。水镇商会创立了"水镇商会大讲堂"，从2012 年至今每年都会固定地邀请经济领域的一名专家前来授课，为全体会员解读经济形势，分析政策走向，站在中央和全国的立场，从宏观的角度解析国家政策调控的重点。此外，水镇商会以乡缘为情感纽带，定期邀请一些水镇籍的在外知名人士畅谈自己对经济形势和企业管理方面的看法，以此拓宽会员的眼界。2018 年，水镇商会又组织会员参加由市公安局经侦部门开展的经济领域防诈骗、防陷阱、预防经济犯罪等知识培训，以警醒会员规避经济犯罪的风险。三是积极与企业进行商企合作，对企业家进行专业化的培训。2019 年，在 Y 区政府的支持下，水镇商会与新入驻 X 市的京东集团旗下的全平台云计算综合服务商京东云公司进行合作，对电商类会员进行赋能培训，为电商产业培育更多高端应用人才，加强企业家对电商平台的认识，提高企业家的知识储备与实践经验。四是开展读书、礼仪等提升会员文化素养的培训。水镇商会组织会员参加多期《读者》分享会、邀请中国东方礼仪研究院的讲师为会员提供商务礼仪的培训。

（三）提供企业发展的信息服务

市场信息对于任何一名企业家而言都是异常宝贵的资源，在一定程度上决定着企业家能否在激烈的竞争中占得先机。但是在变幻莫测的市场经济中，信息不对称问题却普遍存在，不仅增加了企业的交易成本，还会导致企业家错失良机。因此，全方位搜集和整理市场信息以作出正确的商业决策就成了企业家必不可少的一项生存技能。解决信息不对称问题需要付出较高的人力、物力、财力，对于具有雄厚财力的大型企业而言，这并非难事，但对中小微型企业来说，仅凭一己之力尚不足以化解这一难题。而民间商会所带来的群体集聚效应，却能够有效帮助中小微型企业降低这笔开支，最大限度地整合市场的信息资源，在同一平台上实现信息资源的共享。水镇商会的七大业务之一就是为会员提供市场、技术、商品等信息，多措并举为会员提供发展所需的信息服务。

水镇商会为会员提供的信息服务通过多种方式实现。一是创办内部刊物，如会刊、报纸等，借助传统媒体的信息传播方式为会员提供信息。2012—2015 年的 4 年时间里，《水镇商会报》每个季度刊发一次，总共16 期，促进了会员企业之间的信息互通。二是创建微信公众号"水镇商会"，并在搜狐网上注册"搜狐号"，借助互联网媒体等新的信息传播方式为会员提供信息。水镇商会微信公众号上发布的信息与搜狐号同步更新，从 2016 年创建至今，微信公众号已经成为会员掌握市场信息的一个重要窗口。三是每个月定期给 15 个联络处各划拨 1000 元的活动经费，以活动的方式创造会员之间进行信息交流的机会。有的联络处还组织会员出国前往阿联酋等国家旅游，增强商会"互通商情"的功能。四是经常性地开展会员之间的交流会。2017 年水镇商会以"创新创业"为主题，开展了两次相关活动。一次是 7 月份开展的青年会员"创新创业"经验交流会，一次是 12 月份开展的"创新创业"成果观摩会，该活动旨在组织全体会员现场观摩优秀青年会员的企业。五是网罗全国各地的水镇籍商人加入商会，搭建广阔的关系网络。水镇商会大部分都是本地会员，信息通达度相对较高，但是在本地注册的会员企业，其业务却是面向全国的，对其他地区的市场信息了解不足，而外地会员则具有这方面的优势，他们的加入有利于为本地会员提供全国各地的市场信息，扩大本地会员的业务范围。2018 年，水镇商会秘书长罗某某带领 20 多名会员前往海南省实地考察一名副会长的企业项目，了解海南地区的项目开发情况并搜集项目招投标的市场信息。

（四）搭建企业抱团的合作平台

水镇商会将自己的"党建+商会"模式解读为"举党旗、抱团干、带民富"九个字，其中"举党旗"指向的是民间商会党建的重要地位，"抱团干"指向的是商会服务会员的基础性功能，而"带民富"则指向的是商会参与家乡建设的社会公益目标。所谓"抱团干"就是打破以往会员之间隔绝孤立发展的状态，极力促成会员企业之间的合作。水镇商会是一家综合型的民间商会，会员企业的种类较为多元，有的会员企业居于产业链的上游，有的则居于中游，还有的居于下游，如果相互联结起来则可以促成一个完整的产业链，这种产业格局的分布为实现会员企业之间的抱团发展提供了机会。以房地产行业为例，有的会员企业专注于商品房的建筑设计业务，有的会员企业则专注于建筑工人的劳务派遣，还有的会员企业则专注于物业管理。商会作为会员企业之间的桥梁纽带，其功能之一是协调具有合作意愿和合作可能性的会员企业，促成会员企业之间的抱团发展，从而帮助会员企业开拓市场。

水镇商会促成会员企业抱团发展的形式主要有两种：一种是大企业帮助小企业，定期举办"抱团互助"活动，以行业党支部为单位，由党委书记带领会员分别到大企业和小企业走访，商谈合作项目，引导大企业帮助小企业解决生产经营上的一些问题，创造强弱合作的可能性；另一种是会员集资联合创办企业，借助"以商养会"的名义，将大项目分割为小项目，再将小项目分包给拥有相关资质的会员企业，从而共同分享一块蛋糕。水镇商会于 2017 中标的水桂线的 PPP 项目采取的是与后一种相类似的方式，即通过成立水镇建筑公司来承揽工程项目，然后根据会员意愿确定项目的集体运作方式。2017 年 11 月水镇商会召开第六次会长办公会，商议讨论项目的运作方式，确定了由"牵头人+众筹"的集体运作方式：牵头人绝对占股 67%，其余 33% 实行众筹。牵头人由会长办公会通过无记名投票产生，众筹部分则从全体会员中产生，并同时成立项目监督机构，负责监督项目进度和质量，再从众筹的股东中选派 3 名代表参与项目的管理。众筹回报方式分为固定利率回报和期末核算回报两种。固定回报利率按政府利息（工程造价决算额）6 厘/年+投资额 15% 的固定利率计算回报。投资入股终期回报按实际利润额计算回报。这种抱团发展的方式帮助会员企业实现了创收，而且"众人拾柴火焰高"，经过一段时间的发展，水镇建筑公司如今已由三级资质升格为二级资质，拥有了更强的市场竞争力。

除此之外，水镇商会还成立了商会商业联盟和青年企业家俱乐部，每月召开项目活动介绍会，以此加强会员企业之间的信息交流，优化整合资金、技术、人才等资源，推动会员企业实现合作共赢。2017 年，水镇商会还开展了普法教育，邀请了商会一名开设律师事务所的会员为全体会员授课 2 次，并免费为会员企业提供法律咨询 2 次。当然，对于许多沉浮商海的企业家而言，民间商会最基本的一项功能应当是维护会员企业的发展权益。黎某某担任秘书长期间，曾带领维权的会员企业通过市工商联这一渠道向政府部门反映利益诉求，然而这种由高级官员亲自出马协助企业维权的做法十分稀少，在面临大量的维权诉求时，水镇商会的能力是非常有限的。因为对于一家市直属的乡镇商会而言，它面临着尴尬的处境：市一级的政府职能转移不下来，区一级政府的职能转移不进去，而乡镇政府的职能又转移不上去，关键是商会自身也缺少维权的能力，所以最后导致维权的基础性功能难以发挥出来。

二 在商言政

如今，民营企业家参政议政已经不是一件新鲜事，在各级人大、政协乃至政府部门都经常会出现他们的身影。民营企业家作为界别代表成为推进我国民主化进程的重要力量，能够与其他阶层一样获得党代表、人大代表以及政协委员的政治身份。然而，在改革开放后的较长一段时期内，民营企业家参政议政仍是一件颇具争议的事情，甚至可以说是一件关乎党执政基础的敏感事件。即使是在 1989 年，中共中央组织部的文件仍明确规定民营企业家不能加入中国共产党："我们党是工人阶级的先锋队。私营企业主同工人之间实际上存在着剥削与被剥削的关系，不能吸收私营企业主入党。"① 执政党对吸纳民营企业家入党做出的严格限制，也影响了民营企业家通过人大、政协等其他国家政权机关实现政治参与。所以，在很长一段时期内，民营企业家严格恪守着"在商言商"的生存法则，很少介入到国家政治生活当中，也无所谓"在商言政"一说。

但是很快，随着市场经济体制的不断成熟发展，民营企业家的社会地位获得稳步攀升，迅速提升的社会影响力引发了中央高层的高度重视。2001 年，江泽民在"七一"讲话中明确指出民营企业家中的优秀分子可以加入共产党。2002 年，党的十六大通过了新修改的《中国共产党章程》，其中明确规定："年满十八岁的中国工人、农民、军人、知识分子和其他社会阶层的先进分子，承认党的纲领和章程，愿意参加党的一个组织并在其中积极工作、执行党的决议和按期交纳党费的，可以申请加入中国共产党。"2003 年的两会成为民营企业家参政议政的"高光时刻"，在 3 月 7 日召开的全国两会上，共有 100 多名来自非公有制经济的代表和委

---

① 中共中央文献研究室编：《十三大以来重要文献选编》（中），人民出版社 1991 年版，第 598 页。

员，数量之多远超中华人民共和国成立以来的任何时期。参加党的全国代表大会的民营企业家数量近年来也实现了较大增长。据《南方周末》统计，2002 年党的十六大，当选为党代表的民营企业家共有 7 人；2007 年党的十七大，党代表人数增至 17 人；2012 年党的十八大，党代表人数继续增至 24 人；2017 年党的十九大，党代表人数再度扩增至 27 人。[①] 对此，肯尼斯·乔威特（Kenneth Jowitt）曾经指出，对民营企业家的政治吸纳是一种政治上的精明，因为如果这些先进的社会阶层没有被吸纳进政治体制内，就极有可能成为体制外的反对派。[②] 无论如何，在国家正式制度的授权下，民营企业家参政议政最终合理地拥有了政治合法性。从此，民营企业家不再需要抱着"在商言商"的法则不放，"在商言政"成为这类群体的新标签和新符号。

经过十多年的发展，民营企业家可以通过多元化的渠道实现政治参与，而民间商会正是其中一种。赋予民间商会政治参与的功能对国家而言是出于统战工作的需要，因为扩大统一战线联盟的基础，将尽量多的优秀的财富精英吸纳到国家政治体制之中，有利于防范和化解潜在的对抗和冲突等社会风险。而对民间商会而言，作为桥梁和纽带，将国家政权机关与分散化的民营企业家关联起来，有利于社会利益的聚合和表达，同时也能够为自身赢得可持续发展的资源。实际中，民间商会在商言政的赋予性功能拥有三种基本形式：间接推选、直接吸纳和政治规训。2016 年水镇商会党委顺利升格为区委直属的一级党委后，也是通过这三种形式来表达在商言政的功能。

一是间接推选，即从商会的全体会员中向区一级的中国共产党代表大会、人民代表大会和政治协商会议推选党代表、人大代表和政协委员。2016 年，水镇商会首次获得了区委安排的 2 个党代表名额，分别推选出副会长 1 名，会员 1 名参加 Y 区第九次党代会。同年，水镇商会又获得了区委组织部和区委统战部共同安排的 3 个政协委员名额，这一次水镇商会又推选了 3 名副会长担任了政协 Y 区第九届委员。此外，水镇商会还获得了区人大安排的 3 个人大代表名额，而获得此次推选机会的是 3 名理事（如表 4-1 所示）：

---

① 姚冬琴、李永华、侯隽：《企业家为什么这样红》，《中国经济周刊》2017 年第 40 期。

② Kenneth Jowitt, "Inclusion and Mobilization in European Leninist Regimes", *World Politics*, Vol. 28, 1975, pp. 69-97.

表 4-1 水镇商会向 Y 区推选的"两代表一委员"

推选类别	姓名	出生年月	文化程度	政治面貌	商会职务
区党代表	AXH	1963.08	中专	党员	党委副书记、副会长
	YJS	1973.04	本科	党员	党支部书记、会员
区人大代表	HXB	1970.07	本科	群众	理事
	HJY	1972.01	高中	党员	理事
	ZBY	1975.09	大专	党员	理事
区政协委员	AZL	1971.02	大专	党员	副会长
	AHB	1977.02	大专	群众	副会长
	LQR	1962.10	高中	群众	副会长

资料来源：根据会员档案整理。

由于名义上仍然是一家乡镇商会，因此水镇商会除了拥有向区里推选"两代表一委员"的资格，还拥有向水镇人大主席团推选人大代表的资格，一名户籍仍在水镇的副会长即是通过此方式当选了镇人大代表。在此之前，一些普通会员很难通过正常的渠道获得政治参与的机会，但借助水镇商会这一市区镇三级共同打造的优势平台，他们得以顺利吸纳进政治体制内，通过行使投票权、提案权等多种法律赋予的权利介入政治过程，从而影响地方政策法规的制定，并向有关部门反映农民企业家的利益诉求。截至 2018 年，水镇商会向镇人大累计提交建议提案 25 件，向市、区两级人大提交建议提案 127 件，内容涉及企业经营环境、环境保护、古村落保护等方面，为党委、政府决策提供了参考。

二是直接吸纳，即从商会的全体会员中甄选出优秀的会员，将其培育为入党积极分子并发展为中共党员，同时依托工会、共青团、妇联等商会内部的群团组织将一批活跃的中坚骨干吸收进来。随着商会党建工作的深入推进，水镇商会逐渐成为基层党建的典型，并拥有了向市区两级推选优秀党员的资格，这种难得的机会极大地提高了会员的入党积极性，商会党委每年都能收到十多份入党申请书。相比于被推选为"两代表一委员"，被吸纳为中共党员而实现政治参与的机会似乎更多一些，因此争取早日入党也成为许多会员一致的政治追求。水镇商会党委发展的第一个党员是会长余某某。余某某满足农民企业家阶层入党的许多条件，如非公经济人士、社会公益的践行者、拥有较强的经济实力、拥护党的纲领，此外余某某还是市人大代表，这些社会和政治条件使得余某某于 2016 年率先成为商会党委发展的第一个党员，对其他会员起到了很好的示范效用。虽然商会党委管理下的工青妇等群团组织与体制内的群团组织有着很大的差别，但是依托组织，部分会员能够与各级党政部门内设的群团组织进行频繁的交流与往来，这也大大地增加了他们与行政官员进行政治接触的机会。例如，2018年组建商会工会不久后，商会理事、工会主席LFH就获得了前往区工会挂职锻炼的机会，而这在商会组建群团组织之前几乎是不可能实现的。因此，基层党建工作将农民企业家吸纳进执政党体制内，一方面巩固了执政党统合社会的基础，另一方面为农民企业家开辟了实现政治参与的渠道。

三是政治规训，即与地方党政部门共同开展活动，对会员进行政治教育和培训，向会员传递社会主义核心价值观等政治内容。会员借助商会的平台进行政治参与，本质上是统战工作的需要，所能表达的利益诉求是有限的，而且通过正式渠道参政议政往往需要反映代表性，此时就必然会忽略掉企业家的个人利益诉求。但是有的企业家会借助正式政治身份与官员进行非正式接触，绕过民主程序，建立要好的私人关系，从而表达个体化的利益诉求。例如，有的企业家在获得一定的政治身份后，就顺势与其他获得此类政治身份的官员进行私下往来，结交私人关系，为今后拿地包揽工程项目创造了捷径。这些无序的政治参与将商会在商言政的功能推向了功利性的一面。党的十八大以后，随着全面从严治党的战略布局在基层的贯彻，水镇商会党委为了提升政治参与的有序性，也承担起对会员进行政治规训的职责。2017年，水镇商会党委与市公安局开展警示教育活动，组织30多名会员前往市看守所，参观巡控室和监室，让会员直观感受部分商人因违法经营而身陷囹圄的后果。2019年，市纪委指派官员前往水镇商会开展廉政教育培训，要求企业家们牢固树立底线思维，敬畏法律和道德，确保政商关系和谐有序，并将思想和精力用在提高参政议政的能力上来。此外，市区两级纪委监察委也经常前往水镇商会视察指导工作，要求水镇商会党委着力提高会员进行有序政治参与的思想觉悟和认识。

在商言政的功能与在商言商的功能不同，该功能没有在章程上具体写明。《水镇商会章程》中唯一一项与政府有关的业务是：承办政府和其他有关部门委托事项。然而，承办的事项具体是什么并不清楚，因此在商言政作为一种赋予性功能，实际上是由我国的特殊政治环境所决定的，归根结底是执政党基于统战工作的需要而主动授予民间商会的一项功能。即便如此，相比于民营企业家以个体的方式实现政治参与，作为组织化利益表达的正式的政治参与渠道，民间商会仍有其重要的现实价值和意义。

第二节　民间商会在商也言治

在商言商表达的是民间商会作为民间自发组织的企业家俱乐部向全体会员提供公共服务与公共产品的功能，在商言政表达的则是民间商会作为国家统战对象而被赋予的一种实现政治参与的功能。但正如管理学大师彼得·德鲁克所说，"现代组织之所以存在，就是为了向社会提供某种特别的服务，所以它必须存在于社会之中，存在于社区之中，并与其他机构和人员相处，在一定的社会环境中展开其活动。"[①] 因此，除了面向会员与国家提供必要的功能表达，民间商会还需要向社会进行一定的功能表达，而这正是民间商会作为社会组织必须展现的一个组织特征。党的十九大报告明确指出，进入新时代，社会主要矛盾已经转变为人民日益增长的美好生活需要和不平衡不充分发展之间的矛盾。满足人民日益增长的美好生活需要，最为重要的举措之一，就是满足社会公众对公共服务的需求，通过加大社会公共服务的供给力度和投入比例，着力推进城乡公共服务的均等化建设。在此背景下，大量的社会组织或是自发生长或是由政府有选择性地培育出来，遍布在社会各个角落，面向部分边缘群体、弱势群体等一些政府公共服务难以覆盖到的群体发挥它们应有的作用。在社会组织发展中处于领先地位的民间商会，同样也肩负起了推动社会建设，面向社会大众提供公共服务，与政府、基层党组织协同推进基层治理现代化的时代任务。

民间商会参与基层治理即是国家治理现代化语境下的功能表征，其最为突出的一种表现形式是协助政府部门整顿和规范市场秩序，进行行业治理以及民营企业的诚信体系建设。水镇商会在表达该项功能时，却因政府授权力度不足和职能下放不到位等原因而显露出稍许的勉强。例如，此前建立的会员企业矛盾纠纷调处排查制度最后沦为一纸责任书。水镇商会与所有会员企业签订了社会管理综合治理目标责任书，试图通过文字契约的方式对会员企业的市场违规行为以及会员企业之间的矛盾纠纷进行约束，

---

① ［美］彼得·德鲁克：《管理：使命、责任与实务（使命篇）》，王永贵译，机械工业出版社 2006 年版，第 335 页。

但由于契约的法律效力不足，商会对市场的驾驭能力有限，导致责任书的相关规定难以得到落实。水镇商会近些年只有一起涉及会员的矛盾调解事件。该事件由两名会员酒后拌嘴引发，差点酿成刑事案件，为了商会的团结与秩序的稳定，余某某与联络处的一名处长共同对两名会员进行劝解，最后两人握手言和。说到底，这仍是商会内部治理的范畴，与社会责任无关。本节所要呈现的是民间商会的社会属性，是国家角色换位与补位的情况下，作为地缘性商会的水镇商会在面向会员以外的社会，尤其是乡村社会时所展现的社会组织的应变性，即新时代民间商会日益凸显的调适性功能，我们称之为"在商言治"。水镇商会在商言治的表现主要包括三个方面：化解社会矛盾纠纷、参与精准扶贫和乡村振兴以及提供农村公共服务。本节将通过这三个方面的叙述，呈现民间商会在商言治的功能取向，阐释民间商会参与基层治理的政治逻辑。

一 矛盾与纠纷的调解者

中国传统社会时期的一个突出特点是"皇权不下县"，即国家权力停留在县一级，县以下皆通过乡绅、宗族长老等权威人物运用礼治维系社会公共秩序，社会矛盾纠纷基本在乡村内部进行调解，是一个"无讼"型的社会。[①] 中华人民共和国成立后，为了加强国家政权建设，国家权力逐渐突破县级层面，延伸至乡镇一级，乡镇成为国家政权体系的末端，与村庄两委共同承担起维系乡村公共秩序的政治任务。但是随着社会利益分化加剧等因素的影响，农民与村级组织之间，农民与农民之间的矛盾难以通过既有的权威结构进行化解，不断越过村庄的边界，给基层政府的维稳工作带来了巨大的压力。不仅如此，农民与基层政府之间的矛盾也开始显现，农民通过国家信访制度向基层政府施压，以此让自己的诉求得到满足。一方面，许多正常的利益诉求获得回应，缓和了农民与国家的关系；另一方面，许多无序的以谋利为目的的社会矛盾纠纷却耗散了国家大量的行政资源，侵蚀着村民自治制度的运行基础。显然，传统的以政府为主导的乡村基层治理结构已然无法承载现代社会叠加的各类风险和冲突，以党委为领导，通过政社协同来发挥作用的多元共治结构因此呼之欲出。唐某某筹建水镇商会的初衷之一是借助农民企业家"说话管用"的社会影响

---

① 费孝通：《乡土中国　生育制度》，北京大学出版社 1998 年版，第 55 页。

力协助水镇政府化解社会矛盾纠纷。为了实现这一基层治理的功能和作用，水镇商会组建后随即建立了矛盾纠纷排查调处制度，并设立社会管理综合治理工作领导小组以负责制度的运行。领导小组组长先是由简某某担任，后又改为余某某担任，副组长则是由水镇商会分管综治工作的党委副书记担任。领导小组的成员由来自各村庄的农民企业家和部分乡镇干部共同组成。领导小组的运行机制是：水镇向领导小组提出调解协助的邀请—领导小组对调解事项进行分析并安排相关会员负责调解协助的工作—将事件相关人物组织到一起，由水镇干部带队，与商会会员一起参加调解会。从具体的实践来看，水镇商会参与调解的事项主要可以分为三类：村庄内部矛盾、村庄外部冲突与乡民社会纠纷等。

（一）村庄内部矛盾调解

村庄内部矛盾主要是指村民与村民之间的矛盾，表现为因邻里关系不和谐导致的口角之争，因土地界限划分不清晰导致的产权纠纷以及因农田过水导致的水权纠纷等。这些矛盾纠纷起初都以口角争斗的形式进行，如果村干部及时进行劝阻就可以将事态平息，但是后来事件双方彼此互不相让，认为村干部处事不公，没有让双方都得到一个满意的结果，于是口角之争升级为打架斗殴等恶性事件，不得不由乡镇综治办、司法所、派出所等进行行政调解或者司法调解。由于双方在冲突中都受到了一定程度的伤害，镇村两级的调处没能在经济赔偿方面给双方一个合理的交代，以至于按照正规程序进行的调解难以起到理想的效果。此时，水镇商会介入进来，领导小组邀请该村的农民企业家出面，前往现场就事件的处置提出自己的建议和看法，劝服双方各退一步，有时自掏腰包以促成部分无法达成的赔偿协议，最终将事件处理好。

案例 4-1：

2013 年 4 月 26 日中午时分，水镇 YT 村 AMX 与 LML 两位村民因琐事引生纠纷，在争吵过程当中 LML 用竹子将 AMX 头部、手臂等部位打伤，AMX 也用椅子碰伤 LML 的头部。经法医鉴定，AML 为轻微伤丙级，因 LML 还未拿到鉴定文书，双方再起争执。村干部调解无果，请综治办和派出所调解，仍无果，后再请水镇商会副会长 LQR 出面协调。LQR 是该村在 X 市经商最成功的企业家，曾为村里修过水泥路，挖过池塘，深受村民尊重。LQR 出面后，最后双方达成协议如下：因 AMX 检查共花费 538 元，LML 检查花费 366 元，经协商，LML 愿意赔偿 AMX100 元（壹佰元整）人民币，双方不再追究法律责任，此事就此了结，签字后生效，双方不得再因此事引起纠纷，否则由引起方负责。

案例 4-2：

2014 年 4 月 21 日上午 11 时左右，GC 村村民 ZYL 与 ZSJ 因土地纠纷引起争执，ZSJ 将 ZYL 打致轻微伤甲级，村干部立即请求综治办与派出所联合进行干预，但 ZYL 对调解结果不满，表示要到市里上访。为了防止事态恶化，领导小组应综治办的要求，请商会会员 WXG 出面进行调解。WXG 与 ZSJ 为旁系亲属关系，在家族中颇有威望，到现场后 WXG 做通 ZSJ 的思想工作，让其意识到自己的错误与应当承担的责任。最后双方达成协议如下：ZSJ 同意赔偿 ZYL 医疗费等一切费用 4000 元（肆仟元整）人民币，ZYL 不再追究 ZSJ 任何法律责任，签字后生效，双方不得再因此事引起纠纷，否则由引起方负责。

案例 4-3：

2014 年 5 月 3 日下午 2 点左右，LG 村村民 LZ 与 LXQ、LCG 因农田过水的事情引发冲突。在争斗过程中，LXQ 与 LCG 碰撞导致 LZ 妻子 LCM 受伤，LXQ 也因 LZ 的回击导致头部受伤，村干部干预无果，事件随之闹到派出所，派出所立即请求综治办和司法所联合调解，仍无果。后经法医鉴定，LCM 为轻伤甲级，LXQ 为轻微伤甲级，双方就赔偿事宜争执不下。后领导小组请商会会员当事人 LXQ 的堂兄 LXJ 出面协调。LXJ 在家族中颇有一定的说话分量，为了防止事态恶化，说服 LXQ 承认错误。最后双方达成协议如下：LXQ 同意赔偿 LCM 医疗费、误工费和营养费共计 24000 元人民币；LZ、LCM 不再追究 LXQ、LCG 的任何法律责任，签字后生效，双方不得再因此事引起纠纷，否则由引起方负责。

三起事件起初都是普通的民事纠纷，但是因为双方都不愿退让，也不服从镇村两级的调解，最后转变为治安案件。不仅如此，有的试图以上访为名向基层政府施压，希望事件尽快得到公平解决。三起事件中村民争端的具体原因各不相同，但又基本相同，最后触及的都是与农民生产生活密切相关的切身利益与人身安全，因此不能轻易地得到化解。水镇商会会员虽然已经离开村庄多年，但与村庄的社会关系却没有因此断绝，日益增长的个人财富反而使得他们在村庄社会关系网络中的地位不断攀升，从而增加了他们在矛盾化解中的话语权。正是凭借这样一种能人效应，才使得水镇商会在基层治理中的价值得以体现。

（二）村庄外部冲突调解

相对于村庄内部矛盾而言，村庄外部冲突的辐射范围更大，涉及的问题更严重，调解的难度也更大。村庄外部冲突往往表现为各个村庄之间因集体利益纠纷得不到合理解决而升级为大规模的集体械斗事件，仅仅依靠乡镇的力量难以应对。而一旦发生集体械斗事件，便有可能出现大规模的流血和伤亡，不仅会带来严重的社会负面影响，而且会对基层政府形成空前的维稳压力。受到地理位置与地界划分不清晰等因素的影响，水镇历来是一个村庄矛盾频发的地方，加上宗族观念浓厚，以至于一点点纠纷就容易引发村庄之间的集体冲突。在市场经济的冲击以及资本下乡的背景下，村庄的山林土地成为集体创收增收的主要来源，也成为利益争夺的导火索。

案例4-4：

2014年3月，江西 JF 农机制造厂计划在 MJ 村委 JJ 村小组与 XJ 村的山地边界之处征地建新厂房，需要征收9亩多土地。当时，建厂房的老板在没有和 XJ 村小组商量的情况下，单方面与 JJ 村小组商量征收土地一事，商量好后擅自与 JJ 村小组签订征地协议，最后将所有征地补偿款悉数交给 JJ 村小组，XJ 村小组从头至尾没有拿到一分补偿款，这引起了 XJ 村民的极大不满。XJ 村小组代表随即找到厂房老板和 JJ 村小组的签字代表要求补偿，但结果一无所获，这直接引发了双方的争执，两个村小组的代表回村后立即组织村民，试图以武力化解此事。为防止事态恶化，镇政府获知此事后立即与村委干部一同赶往出事现场，但是在镇政府和 MJ 村委的双方协调下，XJ 村和 JJ 村的因山地边界而引起利益纠纷问题始终无法谈妥。为了打破僵局，水镇政府决定要求水镇商会出面，邀请在外经商的老板们回来商量解决此事，帮助政府平息冲突，防止大规模械斗事件的发生。此时，远在外地创业的水镇商会副会长，同时也是 XJ 村村民的 XRG 得知此事后，立即找到村委和镇政府，请求一起出面协调。最后，经由镇政府、村干部调处，XRG 从中调解，达成协议如下：MJ 村同意赔偿 XJ 村小组征地补偿费 10000 元（壹万元整）人民币，厂房老板再补偿 XJ 村小组 10000 元（壹万元整）人民币，双方不得再因此事引起纠纷，否则由引起方负责。

分田到户后，许多乡村地区的集体资产基本被稀释殆尽，村庄无力创造集体收入，只能依靠中央的转移支付以及向上争取项目等方式来获得开展村庄公共事务治理的资金。但也有部分村庄，因为占据着天然的优势，不仅将村庄的山林土地等集体资源变现为公共事业发展的资金，还为村民增加了用工岗位，增加了工资性收入。因此，在集体资源的争夺面前，村庄容易产生集体意识，形成一股团结的力量。但是在非理性因素的作用下，"团结"起来的村民也容易走向极端，通过非法的方式争夺利益，基层政权此时存在的意义体现在其能够及时将村庄的集体越轨行为约束起来。当然，在案例中，政府也面临权力失灵的危机，因此不得不向社会寻求帮助，与社会力量共同化解冲突。XRG 之所以能在最后关头发挥他的作用，是因为随着"财富逐渐成为权威的基础"，经济精英在村庄事务上的"发言权往往超出他们的血缘地位"①，因此即使 XRG 没有宗族领袖的身份，也能够利用自己的社会权威将村庄的外部冲突控制在一定范围内。简而言之，水镇商会的组建将许多村庄矛盾背后的支持者从幕后拉到了台前，通过公众的监督改变了其以往的立场，从而起到了维系社会公共秩序的作用。

（三）村民社会纠纷调解

水镇人口在城市化的进程中大量涌进城市，一部分人顺利发家致富，成为小有实力的农民企业家，而大部分人仍是默默无闻、名不见经传的普通务工者，散落在城市的各个角落从事着不同的工作。这些在城市务工的水镇农民，难免在工作和生活中卷入一些社会纠纷。由于现行体制存在的一些缺陷，致使这些农民在社会纠纷中缺少保护，因此不得不走上漫长的司法调解之路。乡民在城市卷入的社会纠纷已经溢出了水镇的管理边界，

---

① 王沪宁：《当代中国村落家族文化——对中国社会现代化的一项探索》，上海人民出版社 1991 年版，第 183 页。

而水镇商会此时却充当了水镇乡民的"保卫者"，扮演起"众厅"（水镇商会）长老的角色。商会会员凭借自身的影响力，在乡民的请求下介入到社会纠纷中，为乡民提供力所能及的帮助。

　　案例4-5：

　　2016年5月24日，BQ村村民LSB在城北恒大城14号楼贴外墙砖时意外身亡，与开发商产生赔偿纠纷。经水镇综治办工作人员、村委干部等人的调解，赔偿协议迟迟没有谈下来。后来当事人请求水镇商会副会长QXY出面调处，双方最后于25日签订了赔偿协议书。施工方将死亡赔偿金提升至130万，包括丧葬费、家庭人员抚养费等一切费用在内，以后双方产生矛盾和纠纷将不承担任何责任。

　　案例4-6：

　　2016年6月12日，LG村村民ZJG在自家租的沿街店面内搞装修时不幸触电身亡，经水镇综治办及村委干部的调处，当事人与开发商之间的分歧依然较大。随后，当事人请求水镇商会会员AXH、QR等出面协调。两人一方面做死者家属的工作，另一方面与开发商进行多次协调，希望他们出于人道主义精神赔偿一部分死亡金。双方僵持一个多月，期间工作人员又邀请商会会员多次出面调解，直到7月15日双方签订和解协议书。最后由开发商支付死者家属人民币11万元整，一次性解决了该起事故的补偿事宜，双方不再追究任何责任。

　　从以上两起事件来看，乡民的社会纠纷集中在乡民与开发商之间，因此实际上参与纠纷调解的都是房地产行业的企业家。这是因为他们大多与开发商彼此认识，而且有着密切的生意往来，因此在纠纷的调解中能够综合双方的意见，居中斡旋，从而力促纠纷的顺利调解。

　　总之，随着社会声望的不断壮大以及基层治理能力的增强，水镇商会参与社会矛盾纠纷调解已经成为常态，而其范围也不再局限于水镇的乡域空间，而是辐射到了市域空间，实现了治理空间上的拓展和迁移。不仅如此，水镇商会的农民企业家在社会矛盾纠纷的调处中，也从此前的幕后支持者转变为现在的居中调解者，将狭隘的小村组情结扩展为相对广义的乡域情结，这也使得民间商会参与基层治理的效果逐步显现。据统计，水镇商会自成立以来已协助乡镇综治办、各村委调解矛盾纠纷共100多起，成功调解率达 97%。

二　扶贫与振兴的参与者

（一）参与精准扶贫

扶贫济困事业在古今有着两个完全截然不同的版本。在传统社会时期，"政府在扶助慈善方面起的作用相对微不足道，社会慈善的重任几乎全部落在人民的肩头"，而且只有到了"形势严峻万不得已的时候，财政收入才被用于社会慈善"。① 但是在当代，扶贫济困事业的责任落在了政府肩上。中华人民共和国成立 70 多年来，我国先后经历了救济式扶贫、开发式扶贫、深入扶贫等阶段，2014 年则全面进入了一个新的扶贫阶段，即精准扶贫阶段。② 精准扶贫政策通过目标管理责任制以及行政发包制等行政体制从中央向地方再向基层逐级传递，依靠国家海量的资源投入，实现数千万贫困人口的全面脱贫。不仅如此，古今两个版本的不同还体现在社会力量的参与上。随着全民公益理念的流行，尤其是 2008 年"中国公益元年"的开启，社会力量正以高昂的姿态，在扶贫济困事业中发挥着越来越重要的作用。更为重要的是，传统社会时期国家与社会在扶贫济困事业上各行其是，而现在，国家与社会力量更多以合作的形式帮助贫困地区脱贫摘帽。而且社会力量并非以分散的形式参与到贫困治理的宏大工程中，而是以社会组织为载体，向贫困地区和人口输送资源、提供服务、贡献技术等。

2016 年 4 月，江西省启动"千企帮千村"精准扶贫行动，计划在 2018 年以前动员全省 1000 家民营企业精准帮扶 140 个贫困村。2017 年 5 月，X 市应省政府要求，启动"千企帮千户"精准扶贫行动，动员全市 1000 名企业家对口帮扶 1000 名贫困户。X 市规定，在没有组建商会的乡镇，企业家以企业为单位与乡镇对接，已经组建了商会的乡镇，企业家则通过商会与乡镇进行对接。从这一年开始，水镇商会加入了社会组织参与国家精准扶贫事业的序列之中。根据水镇商会党委的统一部署，商会制定了帮扶总体目标，决定由商会 15 个联络处分别负责水镇 140 户贫困户的精准帮扶工作（如表 4-2 所示）：

---

① 朱友渔：《中国慈善事业的精神》，商务印书馆 2016 年，第 84—86 页。
② 郝志景：《新中国 70 年的扶贫工作：历史演变、基本特征和前景展望》，《毛泽东邓小平理论研究》2019 年第 5 期。

表 4-2　　　　　　　　　水镇商会帮扶水镇贫困户对接表

帮扶联络处	责任会长	帮扶对象所在村	贫困户	
			户数（140 户）	家庭人口（284 人）
第一联络处	JXW	LG 村、QT 村	8	19
第二联络处	QXY	QX 村	10	17
第三联络处	XRG	PJ 村、TJ 村	9	19
第四、第六联络处	罗某某	XQ 村、WT 村	20	43
第五联络处	HXB	SS 村	12	25
第七联络处	余某某	NP 村	8	20
第八联络处	LQR	HK 村、JX 村	11	20
第九、第十联络处	AHB	CX 村、CJ 村	7	20
第十一联络处	余某某	QF 村	14	24
第十二联络处	ZLX	BG 村	10	20
第十三联络处	FFS	MJ 村、SC 村	7	16
第十四、第十五联络处	AZL	LQ 村、SL 村	24	41

资料来源：水镇商会精准扶贫台账。

在具体实践中，水镇商会主要采取了以下几种方式承接政府的扶贫任务，帮助水镇的贫困户实现脱贫摘帽：

1. 结对扶贫

精准扶贫政策实施以来，结对扶贫成为国家有针对性地帮助贫困户实现脱贫的基本方式。结对扶贫分为两种：一种是以单位部门的集体形式对贫困地区进行帮扶，一般由省市县三级与贫困村开展结对，定期派遣驻村工作队，前往贫困村进行定点扶贫。例如 X 市发改委对口帮扶的对象为水镇省级贫困村 QF 村，由该部门向 QF 村下派驻村扶贫第一书记，利用本部门的资源帮助 QF 村在规定时间内完成整村脱贫的任务。另一种是以干部个体的形式对贫困户进行帮扶，即由乡镇干部分别承包至少 1 户贫困户的形式，帮助他们实现脱贫。水镇商会所采取的方式是第二种，即会员与贫困户进行结对扶贫。

截至 2017 年，水镇尚有 137 户总计 238 名贫困人口尚未实现脱贫摘帽。水镇商会实有企业家数量为 346 名，因此，经由商会党委与会长办公会共同商议，决定安排 238 名会员对 238 名贫困人口进行"一对一"的帮扶，实现结对扶贫的全覆盖。为了规范企业家结对扶贫的行为，商会专门制定了"上门入户四件事"，以督促会员采取帮扶举措。这四件事分别是：（1）和帮扶对象见面；（2）同帮扶对象共同填写"一对一"扶贫资料表；（3）初步拟定帮扶方案；（4）与帮扶对象互留一个联系方式。参与结对扶贫的企业家每年分别在端午节、中秋节以及春节三个传统节假日走访慰问贫困户，为贫困户购买大米、猪肉、食用油等生活必需品，并送上 1000—3000 元不等的慰问金。有的企业家从自己的工地上找来建筑工人帮助贫困户修缮房屋、粉刷墙面，有的则帮助尚有一定劳动能力的贫困户推荐工作，有的帮助贫困户解决上户口的问题。此外，针对建档立卡的131 名贫困生，帮扶企业家则给予义务教育阶段的每位学子每学期 100 元现金和价值 100 元的物资支持，对于成功考上大学的贫困生则一次性给予5000 元的奖励。

2. 就业扶贫

水镇商会介入地方贫困治理之中时，精准扶贫工作已经到了脱贫攻坚的关键阶段，剩下的都是一些脱贫难度较高的贫困户。这些贫困户大多年龄偏大，存在不同程度的身体或智力方面的残障问题，而且不少贫困户还丧失了基本的劳动能力，有的连基本的行动能力都没有。劳动能力的匮乏意味着贫困户既不能前往太远的地方务工，也不能从事过重的体力工作，因此，就近就地找工作成为最可行的解决收入问题的办法。为此，水镇商会发挥自身优势，鼓励部分有条件的会员企业对水镇的贫困户开展就业扶贫。

水镇商会采取的就业扶贫措施包括开展就业技能培训、吸纳贫困户就业以及购买公益性岗位等。在就业技能培训方面，水镇商会主要针对的是一些尚有一定劳动能力且智力正常的贫困户，通过组织会员企业中的优秀人才进乡、进村的方式，对这些贫困户开展缝纫、机修、餐饮、雕刻、建筑等劳动技能培训，先后参与培训的贫困户达 56 人次。在吸纳贫困户就业方面，水镇商会 6 名会员总共吸纳了 36 名有就业意愿且能够从事一定体力工作的贫困户到自己的企业工作。在购买公益性岗位方面，政府实际上也提供了一些公益性岗位，但数量无法满足贫困户的实际需求，因此水镇商会通过会员募捐的方式筹措了一笔扶贫基金，专门用于增加公益性岗位，对贫困户进行岗位补贴。增加的公益性岗位主要针对的是一些外出行动不便，年龄偏大的贫困户，所从事的工作大多也较为轻松，涉及的岗位包括：保洁员、水库巡视员、森林防火巡逻员、公路养护员以及图书管理员等。

3. 产业扶贫

在 Y 区 2017 年公布的精准扶贫手册中，精准扶贫的保障政策包括产业扶贫、就业扶贫、安居扶贫、生态扶贫、健康扶贫、教育扶贫、保障扶贫七个大类，其中产业扶贫排在首位，也是各地区最为重要的脱贫方式。对于民间商会而言，参与地区的产业扶贫既是会员企业的专业所长，也是会员企业的社会责任所在。水镇商会参与产业扶贫的方式主要是以"一村一品"的项目为依托，将贫困户纳入到项目运行中，通过年终分红的方式帮助贫困户实现增收。目前，水镇商会实施的产业项目有 4 个，分别由多名会员负责运营。第一个是高产油茶项目，由会长出资 50 万元，将 QF 村 13 户 26 名贫困人口纳入其中；第二个是水镇豆腐项目，由 1 名常务副会长、1 名副会长和 1 名理事共同出资 40 万元，将 QX 村的 10 户 17 名贫困人口纳入其中；第三个是以种植铁皮石斛为主的中药材项目，由 1 名常务副会长出资 35 万元，将 MJ 村的 30 户 57 名贫困户纳入其中；第四个是豆食项目，由秘书长出资 30 万元，将 XQ 村的 22 户 43 名贫困户纳入其中。会员就所负责的项目以水镇商会的名义与村庄签订协议，将有关权利和义务公布清楚。以下是水镇商会与 QF 村签订的高产油茶协议：

高产油茶产业扶贫合作协议

甲方：水镇商会

乙方：水镇 QF 村

为加快推进产业扶贫项目的顺利实施，培育精准扶贫造血功能，帮助项目区内贫困户早日脱贫致富、奔小康，经甲乙双方协商，特签订如下协议：

一、合作项目

（一）水镇商会产业扶贫项目：QF 村高产油茶扶贫基地

（二）合作方式及内容：

水镇商会（以下简称甲方）通过提供资金、技术培训、产品销售等方式，帮助 QF 村（以下简称乙方）搭建产业开发平台；乙方提供高产油茶扶贫基地的土地、水塘、茶树苗木及房屋设施，共同合力推进高产油茶产业扶贫项目。通过项目载体，将 QF 村 13 户 26 人贫困户纳入产业扶贫项目。由水镇商会出资购买固定股权，贫困户享用股权收益而脱贫致富。

二、合作双方的权利、义务

（一）甲方的权利、义务：

1. 甲方出资 50 万元人民币（前期一次性付 20 万元，第三年起按年度拨付，每年 10 万元）用于高产油茶扶贫基地，购买加工设备及产业化生产经营；

2. 甲方负责帮助乙方聘请油茶栽种技术人员，对基地内农户进行技术培训；

3. 甲方负责组织商会会员帮助油茶农户无偿采摘油茶籽；

4. 甲方帮助乙方销售部分精加工茶油，承诺略高于市场价 5% 左右的价格收购成品精油；

5. 甲方享有股权按 89 股收益分红，每股每年固定收益 1000 元。连续分红 5 年以上；

6. 甲方的收益无偿转让给项目内的贫困户，人均一份，即每人每年 1000 元，脱贫后自行退出；

7. 甲方有权将已退出的分红收益滚动流转用于新增的贫困户对象；

8. 甲方有权监督乙方按年度对贫困户权益分红落实情况。

（二）乙方的权利、义务：

1. 乙方负责将现有的高产油茶扶贫基地资源用于扶贫产业开发，无偿划拨；

2. 乙方负责聘请产业开发项目的承包经营者并负责整个生产，经营监管；

3. 乙方负责组织辖区内油茶种植专业户加入产业开发项目，实行公司+农户的产业经营模式；

4. 乙方负责对产业项目的生产经营，利润分配，确保本村贫困户除商会转让收益外，同时享有种植户的同等收益；

5. 乙方优先给贫困对象提供生产，经营性工作岗位，其报酬比一般人员高 20%；

6. 乙方对纳入项目的贫困户颁发"水镇商会产业扶贫项目收益证"，凭证一年一分配，分红不晚于当年十二月三十日。

（三）贫困户的权益：

1. 贫困户可优先在产业项目基地就近就地就业工作，工作报酬高于其他员工 20%；

2. 贫困户人手享有一份商会转赠的"水镇商会产业扶贫项目收益证"，每年每人 1000 元；

3. 贫困户退出后其权益自行终止；

4. QF 村的贫困户同时享受基地村民村级集体经济产业化项目的收益。

三、项目的合作期限

（一）水镇商会产业扶贫项目，合作期限暂定五年，五年实施完成后，视情况再续合作协议。

（二）本协议授权水镇政府监管落实。

（三）协议一式 6 份。水镇商会、QF 村、水镇政府各 2 份。

不仅如此，水镇商会还制定了 7 条具体的措施帮助 QF 村实现产业脱贫：

①基础设施帮扶：为农户的油茶生产提供便利，帮助农户整修出入道路，并在全村安装太阳能路灯；

②技术帮扶：利用商会人脉资源优势，聘请林业专家定期为农户进行现场技术指导与相关技术培训；

③劳力帮扶：针对贫困户劳动力不足的问题，组织志愿服务队及时帮助其采收油茶籽等后续保障性帮助；

④农资帮扶：供应农户急需的农药化肥，针对不同农户的实际情况，以优惠于市场价格或赠送的形式给予帮助；

⑤信息帮扶：设立油茶籽集中收购点，在显著位置设置电子显示屏，实时更新市场价格变动情况，做到针对市场指导产业调整方向；

⑥保障帮扶：油茶籽收购价格以市场价格为主，设立最低保障价；在市场不景气时商会予以保护性收购，免去农户后顾之忧；

⑦销售帮扶：利用商会的信息优势，联系有一定资质、一定实力的油茶深加工企业，提高产品附加值。

水镇商会介入 QF 村的产业扶贫工作后，该村的精准扶贫形成了国家主导、社会参与与村民自主扶贫的三种模式（如表4-3所示）：

表4-3 QF村精准帮扶主体

贫困户	贫困人口	帮扶人员	职务单位	扶贫方式	扶贫类别
13户	26人	X书记	水镇党委书记	争取高产油茶项目、执行扶贫兜底政策	国家扶贫
		Z主席	水镇人大主席		
		余某某	水镇商会会长	提供油茶生产技术培训、为贫困户购买部分公益性岗位	社会扶贫
		LYB	水镇商会会员		
		D书记	QF村党支书	引导村民建立高产油茶合作社、负责合作社日常管理运营	自主扶贫
		L主任	QF村民委员会主任		

资料来源：根据水镇扶贫工作站扶贫台账整理。

QF村通过发挥地域优势采取"基地+商会+合作社+村集体+贫困户"的模式，发展高产油茶及深加工扶贫产业，激发了贫困户的内生动力，实现良好的社会效益。据了解，该产业总出资62万元，其中水镇商会出资50万元，村集体扶贫资金出资5.7万元，合作社出资7.3万元（其中致富带头人出资0.7万元，4个村干部共出资2万元，6户贫困户小额信贷4.6万元）。种植高产油茶总面积45亩，年产2万多斤/亩，年收益达5万元。高产油茶深加工每年加工1000吨，年收益达30万元。

水镇商会还鼓励一些经营涉农企业的会员运用"公司+基地+商会+农户"的产业扶贫模式在部分村庄开展产业扶贫。MJ村是这种模式的代表，通过签订商会、企业与村庄的三方合同，将MJ村的30户贫困户纳入产业扶贫体系中。

铁皮石斛种植扶贫产业发展协议书

甲方：水镇商会

乙方：XJ农业开发有限公司

丙方：水镇MJ村

一、合作社产业发展目标

为扎实推进产业扶贫的步伐，帮助X市水镇MJ村建档立卡贫困户建立相对稳定的收入渠道，增加收入来源，提升脱贫质量，根据中华人民共和国有关法律、法规和规定，本着平等互利的原则，通过友好协商，甲、乙、丙三方就习嘉农业开发有限公司铁皮石斛药材种植产业发展达成以下协议。

二、合作项目

水镇商会产业扶贫项目：习嘉农业开发有限公司的铁皮石斛种植扶贫产业

三、合作方式及内容：

水镇商会（以下简称甲方）通过提供资金等方式，帮助习嘉农业开发有限公司（以下简称乙方）搭建产业开发平台；乙方提供铁皮石斛等中药材种植扶贫基地的土地、药材秧苗及房屋设施，共同合力推进铁皮石斛中药材种植产业扶贫项目。通过项目载体，将 MJ 村（以下简称丙方）建档立卡贫困户30户57人纳入产业扶贫项目受益，由水镇商会出资30万元购买固定股权，贫困户享用股权收益而脱贫致富。

四、权利与义务

（一）甲方的权利与义务

1. 甲方出资人民币30万元入股乙方，产生收益直接归集水镇 MJ 村现有建档立卡贫困户所有。

2. 甲方将出资额足额按时打入到乙方账户。

3. 甲方不参与乙方经营管理，甲方全权委托乙方经营管理。

（二）乙方的权利与义务

1. 乙方有权自主经营，不受甲方、丙方任何干涉；

2. 乙方优先安排丙方有劳力或部分劳力的建档立卡贫困户就业，务工工资按天计算，男方每天工资80元，女方每天工资70元；

3. 乙方确保甲方投资收益每年不低于20%收益给丙方建档立卡贫困户；

4. 乙方每年的12月底前一次性将当年收益足额打入丙方建档立卡贫困户一卡通账户。

（三）丙方的权利与义务

1. 丙方要积极配合乙方的扶贫产业发展。

2. 丙方提供的劳务用工要听从乙方的安排。

五、各方必须维护扶贫产业的声誉，不做有损各方利益和形象的事。

六、本合同期为5年，即从2019年5月1日至2024年4月

30 日止。

七、本协议一式 3 份，3 方各执一份，经各方签字后生效，共同严格遵守执行，如果在履行本协议过程中，发生争议，由各方协商解决。未尽事宜，由各方协商解决或签订相关补充协议。本协议签订后生效。

除了商会会长的产业扶贫努力，商会会员也在扶贫事业中发挥了积极作用。例如，水镇商会的 1 名理事在市级贫困村 WT 村成立农业专业合作社，投资 300 多万元建立标准化上规模的产业基地，进行花卉苗木和水产养殖，辐射带动贫困户 30 多户。商会的一名种粮大户在省级贫困村 XQ村成立农机专业合作社，以贫困户投资入股的形式，解决 28 人就业，实现全年人均增收 1000 多元。

（二）助力乡村振兴

2020 年随着精准脱贫实现决定性胜利，乡村振兴战略在全国各地全面推开。江西省为持续提升"万企兴万村"行动实效，各级工商联组织充分发挥乡镇商会的独特优势，引导商会会员企业助力乡村振兴。全省526 家乡镇商会纷纷参与到"万企兴万村"行动，实施兴村项目投资金额55.73 亿元，实施公益捐赠金额 2.27 亿元，采购脱贫地区农副产品价值1.79 亿元。为激发乡镇商会活力，汇聚乡村振兴动能，省工商联在深入调研的基础上，印发了《关于充分发挥乡镇商会在全省"万企兴万村"行动中作用的通知》，要求全省各级工商联引导乡镇商会参与"万企兴万村"行动，助力乡村振兴，明确各地工商联指导乡镇商会参与"万企兴万村"行动纳入领导分工联系范畴，将乡镇商会参与"万企兴万村"行动成效纳入工作评价体系。水镇商会在巩固脱贫攻坚成果的基础上，继续发挥中流砥柱的作用，着重从 QF 村的高产油茶入手，以"商会+农户""商会+种植大户"模式，全力推进乡村振兴。

一方面，利用市场销售优势，激发种植农户的主体性意愿。在精准扶贫期间，油茶的种植仍以投入为主，基本没有产生大的收益，这使得农户的种植积极性不高。2022 年，水镇商会与农户、大户达成协议，由农户和大户提供土地及油茶林，并投工投劳，商会出资金，实施油茶低产林改造，开展垦覆、施肥、抚育等改造提升措施，产生的收益全归农户，不仅增加了就业，而且提高了收入。在销售方面，水镇商会以每斤高于市场价格一毛钱的保护价，大量收购农户油茶林的鲜果，以此确保农户的稳步增收。

另一方面，结合企业经营经验，共同增进油茶品牌的经济效益。水镇商会派技术人员到 QF 村对油茶种植现状和油茶加工小作坊进行调研，组织村庄技术人员外出考察，采购先进设备，与村民签订《油茶加工厂承租合同》和《鲜茶果收购合同》，通过聘请专业管理人员管理小作坊和油茶加工技术人员，指导农户进行生产加工，解决技术难题，打造油茶小作坊升级改造的"样板"。一是以水镇商会的名义，申请注册农产品品牌，统一设计产品包装、标识，维护品牌形象。二是生产加工纯茶油，抢占高端油品市场，杜绝掺假，维护、提升品牌形象。水镇商会从油茶种植、加工、销售，全链条紧盯高产、优质、市场目标，以品牌效益提高油茶的经济价值，为农民增收贡献社会力量。目前，高产油茶已成为 QF 村的富民产业，村集体经济也得到壮大，2022 年收入达 25 万元。

三　公益与慈善的推动者

城乡发展不平衡的一个重要体现是公共服务供给的不平衡，乡村在医疗、养老、教育、基础设施、文化等方面都与城市存在很大的差距，一向是公共事业发展的薄弱地带。政府是农村公共服务的主要供给者，承担着推进城乡公共服务均等化发展的重要职责和使命。村集体也是农村公共服务的供给者之一，但是在中西部一些地区，村集体的资产几乎为负数，必须依靠国家财政下拨的资金才能勉强维持村级组织的正常运转，而村庄公共事业的发展则需要村干部到政府各部门通过跑项目来实现。精准扶贫与农村公共服务的供给之间有着一定的耦合性，二者不同的是，精准扶贫解决的是基本层面的问题，而公共服务解决的则是相对更高层次的问题，尤其需要以地方财政作支撑。在现有财政支持不足的情况下，社会组织作为公共服务供给者的角色就显得非常有必要，因为社会组织的优势在于，能够在政府公共服务没有覆盖的地方，面向边缘弱势群体提供一部分公共服务，以此消除政府公共服务覆盖的空白点。所以，社会组织孵化和培育的目的之一就是解决政府公共服务供给不足的问题。

民间商会所提供的公共服务主要是面向本会会员和地方政府，在市场信息、技术发展、行业规范等方面提供一些有利于推动社会主义市场经济正常有序发展的公共产品。但是在基层治理现代化对社会组织的诉求不断增加的情况下，民间商会所能提供的公共服务不再局限于市场主体，而是在国家的引导下开始向其他社会群体扩散，并突出表现为社会组织所从事的社会公益活动。如果说向市场主体提供的公共服务是民间商会互益性的体现，那么向其他社会群体提供的公共服务则是民间商会公益性的体现，而民间商会实际上就是互益性与公益性的统一体。水镇商会的社会公益活动主要表现在基础设施建设、奖优助学与互助养老三个方面：

（一）参与基础设施建设

水镇的基础设施较为陈旧和古老，道路硬化里程不足，影响了农民正常的生产生活，但是政府投入的资金又十分有限，因此有的村庄桥梁已经破损不堪，危情严重，却因资金筹措不到位而无法重建，有的村庄因水利设施缺失而经常发生农田过水的社会纠纷。水镇商会的会员大多是基建行业出身，后来才慢慢分流进入到房地产、建筑以及运输等行业，因此在积累了一定的财富后，他们也热衷于在自己熟悉的领域为村庄做点贡献，这些贡献也主要集中在村庄的基础设施建设方面。一是道路设施建设，例如增加村庄的道路硬化里程、拆除危旧桥梁、修建新式桥梁等，解决村民出行难问题。二是村庄亮化工程建设，例如从会员企业购置太阳能路灯，解决村民夜间活动难问题。三是农田水利设施建设，例如修建水库和灌溉水渠，解决农业用水困难以及水权纠纷等问题。水镇商会参与农村基础设施建设的特点是会员以自己所在的村庄为对象，根据村庄的实际需求，改善村庄的道路、桥梁、水利等基础设施条件，提升村民生产生活的便利度。

（二）持续开展奖优助学

近些年随着政府在教育方面的投入增大，农村基础教育的基本面得到保障，失学率与辍学率控制在一个较低的水平，因此即使不需要社会力量的参与也能确保农村孩子有学可上。然而，无论是在硬件设施还是师资力量方面，农村基础教育仍与城市存在较大差距。水镇商会的会员多数学历不高，因此格外重视发展家乡的教育事业，每年用于该项事业的活动资金在15万元左右。为了改善水镇基础教育的硬件设施，水镇商会的几名会员先后为QX村小捐建了一栋教学楼和一栋教师公寓楼，为水镇中学捐建了一栋科技大楼，在水镇中学校园内捐建了一栋国学幼儿园教学楼。此外，每年定期开展两次奖优助学活动：一次是在高考录取工作结束后，面向各个村庄搜集当年考取大学的困难学子的信息，给予每人 5000 元的物质奖励；一次是在教师节的时候，秘书长带领部分会员前往水镇中学对获得优秀班主任、优秀教师、优秀班级荣誉称号的教师以及中考成绩前 20 名的中学生进行 1000—10000 元不等的物质奖励，并为新入学的中学生捐赠校服。商会群团组织建立后，水镇商会奖优助学的范围再次扩大，每年"六一"儿童节时会前往各个村小开展公益活动，为小学生捐赠校服以及学习用品等。此外，为了满足乡镇学生的阅读需要，2020 年，商会投资 70 余万元、占地 360 多平方米、藏书 2 万余册的"颖江书院"在水镇建成，成为 Y 区首个公益性乡镇图书馆。该图书馆的建成源于水镇商会专门为留守儿童举办的"临时半日父母"活动，在活动中一位留守儿童表达了镇里能够拥有一家图书馆的愿望，商会妇联主席作为活动的代表，将这一愿望转化为了现实。图书馆的建成让全镇 145 名留守儿童有了新去处。除了建造书院搭建公共学习平台，商会还专门为留守儿童举办了夏令营，帮助留守儿童群体学会自立自强。

（三）开创互助养老模式

2011 年简某某等人为简坑捐建 72 套联排别墅的举动一时传为佳话，但不为人知的是，这一年他也开创了一种新的互助养老模式，这种模式打破以乡镇为单位的格局，突破了以政府力量办养老院的传统，主要是以社会个体的方式将养老院建在行政村以及村组一级。此后的 5 年时间里，这种新模式经过改良后，在全镇推广，后来经过全区的推广，最后又在全市获得全面推广，如今已然成为 X 市的民生"一号工程"。简某某回忆说：

> 我刚开始只是想解决我们屋里人（村民）的住房问题，后来发现屋里（村里）剩下的都是一些比我年纪还大的老头老婆子，行动不方便，吃得又不好，又不想去敬老院，我当时就想既然房子建好了，干脆就在屋里把这些老人家全部集中供养起来。我算了一下，反正也没有多少人，花不了多少钱，出点钱免费解决这些老人家的一日三餐的吃饭问题，也省得外出务工的儿女们操心。（访谈编号：XYL20180423）

水镇共有 5.7 万人口，外出务工人口达 3.8 万，村庄"空心化"现象比较普遍。根据水镇民政所的数据统计，2013 年水镇老龄化人口已达到 14.3%。考虑到这种情况，水镇商会成立后，部分比较有实力的会员受到简某某的影响，也开始在自己村庄采取这种集中供养的模式，为上了一定年纪的老人免费提供一日三餐。后来经过不断改良，集中供养模式由社会主办转变为政府主办社会辅办，实行互助养老的模式，其名称也改为"颐养之家"。"颐养之家"的模式从水镇发起，水镇商会配合镇政府在多个方面进行了探索。

一是入家年龄。水镇辖区 60 岁以上的老人为 8640 人，75 岁以上的老人为 2303 人，75 岁以上的占全镇总人口的比例为 3.5%。75 岁以上老人中，留守和空巢老人为 2061 人，占 75 岁以上老人比例为 89.5%。根据人口结构以及"颐养之家"的实际供养能力，水镇民政所给出的入家年龄标准为 73 岁。凡满 73 岁的老人皆可以入住"颐养之家"，各村庄可根据自身情况，在这一年龄基准进行浮动，实行弹性入家制度。简村作为发源地，在简某某等企业家的支持下，供养的力度最大，凡满 60 岁的老人就可以免费享用一日三餐。

二是经费来源。老人入家容易，但是经费从何而来呢？以企业家个人资助的方式始终难以为继，也容易受到企业家个人资产变动的影响而存在一定的风险。水镇商会从 2013 年开始，以内部募捐的方式，总共筹集了 850 万元的养老基金，将每年的增值收入用于"颐养之家"的运行中。水镇商会规定，每新建一家"颐养之家"，商会给予 5 万元的配套资金，另外再给予每位新入家的老人 500 元的补助。后来，随着政府部门的介入，"颐养之家"的资金模式改为"政府拨款+商会捐赠+老人个人出资"。

三是活动场所。为了满足老人的基本需求，"颐养之家"活动场所应当包括厨房、餐厅、日间休息室等功能室。为此，水镇商会的建设资金主要通过三种方式用于场所的提供：向村民租借闲置的房屋；改建村集体部分闲置的公共场地；购置土地新建一个活动场所。根据人数的不同，"颐养之家"活动场所的占地面积小到 50 平方米，大到 1000 平方米，能够满足老人的各类活动需求。

四是服务项目。随着养老模式的推广，仅提供一日三餐的服务内容过于单一。后来在人数不断增加和场所相应扩大的情况下，"颐养之家"提供的服务日益多样化，包括：配餐送餐、日间照料、文化娱乐、健身康复等。有条件的地方还专门开辟一块荒地，方便入家的老人利用闲散的时间种植一些瓜果蔬菜等,一方面供老人们进行集体劳作,另一方面减少一些伙食开销。水镇商会在每年春节、端午节、中秋节等传统节假日的时候,以联络处为单位,分别前往各个行政村的"颐养之家"进行节日走访,开展诸如日用品捐赠、理发按摩、文艺节目表演等活动。

五是管理方式。"颐养之家"是一种互助养老的模式,因此在管理方面,主要是依靠入家老人实行自主管理。因为在实际运行中配餐送餐是最重要的工作,所以担任厨师的老人实际为管理者。一般由年纪较轻、身体状况较好的老人担任厨师一职,其日常的工作是负责买菜、做饭炒菜、送餐上门等工作。担任厨师的老人每月可以获得 1000 元左右的补助,其他老人则轮流负责场所的卫生清洁和桌椅板凳的整理工作。由于老人在许多方面仍不方便,例如抬重物、管理财务等,因此村组干部负责协助日常的管理工作。水镇商会也参与管理,主要是负责财务收支的验收工作,以社会监督的方式保证每个点的财务管理工作有序进行。

水镇"颐养之家"成为水镇商会之后的另一个地区社会公共事业发展的招牌。在政府与社会的共同推动下,水镇 20 个行政村和 168 个自然村,目前已经建成 51 个"颐养之家",其中吃住一体 2 个,标准点 46 个,具有配送功能的点 5 个,现有"入家"老人 817 名。水镇商会推动形成的养老模式在全区产生了带动效应。以水镇商会创办的公共食堂为样本,Y 区组织各乡镇商会会员推进当地农村居家养老服务,探索出了以"政府支持、村级主办、自主管理、群众参与"为特色的农村居家养老服务模式。通过"吃在食堂、住在家里",解决了绝大多数老人不愿去养老院的问题,又通过筹集养老基金以及由此产生的利润,解决了日常开支问题,保证颐养之家的良性运营。目前全区共建成颐养之家 227 个,180 个行政村全覆盖,供养老人 3253 人,乡镇商会先后为之捐款捐物 3569.8 万元。

2012—2017 年,水镇商会在农村公共事业中的投入累计超过 1.35 亿元(如表 4-4 所示):

表 4-4　　　　　　水镇商会 2012—2017 年捐款明细表　　　　(单位:万元)

序号	捐款数额	资金用途
1	6500	新农村建设
2	2086	"颐养之家"农村养老服务
3	1520	基础文化教育建设

序号	捐款数额	资金用途
4	1006	农村公共基础设施建设
5	460	太阳能路灯等农村亮化工程建设
6	1880	其他慈善公益活动

资料来源：根据调研资料整理。

　　水镇商会历年的捐款捐资通过物品、服务等形式源源不断地向水镇各个村庄输送，促进水镇公共事业的发展和进步，改变了部分村庄基础设施落后的基本面貌。第一任会长简某某和新任会长余某某先后在自己的村庄投入数千万元，实现了两个自然村的整村重建，依靠他们的捐赠，当地村民率先住进了新房子，村庄的人居环境有了较大改善，为乡村振兴工程的推进奠定了基础。

第三节　"党建+商会"引领基层：水镇商会模式扩散

　　水镇商会不仅发挥了为会员提供公共服务和产品以及联结地方国家政权与农民企业家等功能，也发挥了参与基层治理的调适性功能。由于受到制度环境与现实条件等因素的影响，这些功能在实践中呈现出不均衡发展的趋向，总体表现为基础性功能弱化，而调适性功能逐步增强。在基层治理以及社会公益等方面的突出表现使得水镇商会的社会知名度有了大幅提升，"党建+商会"的水镇模式随之被总结出来，并受到地方各级政府的高度重视。2016年成为水镇商会一个新的起点，这一年，"党建+商会"模式开始在全区，然后又在全市迅速推广。各乡镇以水镇商会为模型，纷纷将本土籍的农民企业家组织起来，组建各自的乡镇商会，通过商会党组织与乡镇政府进行联结，2年后，乡镇商会在X市实现全覆盖。Y区的乡镇商会在市民政部门登记注册，FY县的乡镇商会则在县民政部门注册，迅速的模式扩散使得X市民间商会的数量在短短的2年时间内翻了一番，在一个仅有120万人口的中部地级市，民间商会的数量多达74家。水镇商会模式为何会快速扩散？这种模式是如何扩散的？模式的扩散对于原本一枝独秀的水镇商会的各项功能产生了怎样的影响？本节笔者将针对以上三个问题，分别描述水镇商会模式的扩散轨迹，阐释模式扩散的政治逻辑，并最终重点解答模式扩散对模式原型所产生的影响。在既有的研究中，学者们大多侧重于探讨政策、制度、模式等的扩散原理和运行机制，而往往忽视了模式扩散后对模式原型产生的影响，因此本节也旨在弥补这一缺憾。

一　从一枝独秀到遍地开花

从 0 到 1，再从 1 到 26，X 市用了 6 年时间实现了全市 26 家乡镇商会的全覆盖，而水镇商会的社会地位也从一枝独秀转变为独占鳌头。虽然发展的时间不长，但从起步到完善，X 市的乡镇商会却经历了几个阶段：

（一）起步探索阶段（2012—2015 年）

简某某担任会长与唐某某兼任党委书记期间，水镇商会在基层治理中发挥的作用初见成效，获得了来自地方各级党政领导的认可。3 年时间内，水镇商会不仅基本实现了最初的目的——化解农村社会矛盾纠纷，而且在农村养老、农村基础教育以及乡村产业发展等方面也作出了一定贡献。从 2013 年起，水镇商会因在乡村社会发展中的突出表现连续 4 年获得江西省工商联颁发的"优秀基层商会"称号，积累起了一定的社会知名度。但对于地方政府而言，水镇商会的发展仍处于一个起步探索的阶段，"党建+商会"模式仍是一种不成熟的社会建设模式，需要通过时间和实践来检验。因此，在这一阶段，水镇商会的许多做法在当地都是具有探索性的。例如，水镇商会的登记注册不在区一级而在市一级，这使得基层政府的权力难以渗透到商会内部，而采取成立商会党组织的方式架起区、乡镇与商会进行政治关联的桥梁则刚好化解了这一问题。这种通过建立基层党组织实现行政目的的做法在当地是未曾有过的，而且正好迎合了乡村社会发展的需要，也因此"党建+"被放在了模式经验总结中最为重要的位置。水镇商会除了在外部管理体制进行了探索外，还在会费收缴、会员吸纳、内部治理结构、运行制度、党政社关系等方面做了许多探索，并将这些带有尝试性的做法朝着规范化和制度化的方向发展，让"党建+商会"模式的轮廓逐渐清晰起来。

2014 年，水镇商会的发展模式引起了本市部分乡镇的关注，这些乡镇的党政领导从中意识到，原来那些从农村走出去的农民企业家其实是一笔沉睡的治理资源，激活、整合并引导这些企业家支援家乡建设是解决当前"三农"问题的重要法宝。2014 年 10 月，Y 区的 SX 商会成立，一个月后，FY 县的 DC 商会成立。两家乡镇商会分别在市民政局和县民政局登记注册，其后相继成立商会党组织，归口到乡镇党委管理，由乡镇党委书记兼任商会党组织的书记，同时派驻一名专职副书记负责商会党建工作。本市乡镇对水镇商会的模仿与学习使得"党建+商会"模式进入了横向扩散阶段，模式的成功也让地方党委敏锐地察觉到这种模式基本成熟，可以进行更为广泛的推广。为了获得更高层级的合法性支持，市委组织部一面向省里呈递水镇商会模式的内参，邀请省委党校的专家前来考察，一面积极寻找机会向中央推介水镇商会模式。2015年，市委组织部的一位副部长利用一次去北京学习的机会和中央政策研究室的一名经济学专家推介了水镇商会，并邀请他进行实地考察。专家听完这位副部长的介绍后，认为在中部欠发达地区将农民企业家组织起来并动员他们参加乡村建设具有重要的现实意义，随后三次动身前往 X 市进行实地调研考察，在掌握了翔实的资料后写成一份调研报告，并以内参的形式呈递给了中央高层，这一次的内参呈递成为"党建+商会"模式在 X 市全面推广的关键一步。

总体而言，在起步探索阶段，"党建+商会"模式已经初步形成，并开始在小范围内进行扩散。这一阶段的扩散以横向扩散为主，部分乡镇基于同样的治理需求向水镇商会借鉴经验做法，尝试性地将本土籍的农民企业家组织起来，以协助乡镇政府处理农村社会矛盾纠纷为主要目的。同时，随着地方党政部门的介入，"党建+商会"模式从小范围扩散进入到局部扩散阶段。

（二）发展扩散阶段（2016—2018 年）

2016年2月，在政协 Y 区第八届委员会第六次会议上，区工商联主席提交了第 88 号提案，主张在 Y 区大力推行"党建+商会"工作，并建议由区委组织部研究办理。3月，Y 区委办公室印发了《关于在全区推行"党建+商会"工作方案》的通知。通知指出，各乡镇党委首先要按照能建尽建的原则成立本土企业家商会，然后再按照有利于加强党的领导、有利于开展党的活动、有利于加强党员发展教育和管理、有利于发挥党组织战斗堡垒和党员先锋模范作用的原则，积极有序地实现商会党组织的全覆盖。2016年4月，应上级党组织的要求，唐某某重新调回水镇商会兼任党委书记，专门负责坐镇指挥水镇商会模式的经验总结和推广工作，以便其他乡镇前来学习。随后，Y 区又将"党建+商会"工作申报为 X 市 2016年的改革项目（如表4-5所示）：

表 4-5 2016 年 X 市改革项目申报

项目名称	工作内容	预期目标	牵头区领导	协助单位	时间节点
党建+商会	1. 在全区范围内推广水镇商会运作模式，以乡镇为单位，合法成立本土民营企业家商会；2. 搭建党建平台，在各商会中成立商会党组织，完善各级党组织在阵地、规章制度、党员队伍、活动经费等方面的保障建设；3. 加强党组织及党员企业家的带头引领作用，团结和引导民营企业家回报家乡、服务社会、联合发展、积极参与社会治理及建设，为推动全区经济发展贡献力量，为全市打赢翻身仗争当排头兵	1. 全区各乡镇商会组建率100%；2. 全区各商会党组织覆盖率达100%；3. 民营企业家积极参与社会治理，全区特别是农村各项经济社会事业有较好的发展	区委常委、组织部部长、统战部部长、副区长	区委办、区政府办、区委组织部、区民政局、区工商联、各乡镇（街道）	1—3 月：研究制定"党建+商会"工作实施方案。4—6 月：加大宣传力度，根据制定的方案有步骤组织实施。7—9 月：跟踪各商会及党组织活动开展情况，查漏补缺，积极引导企业家参与社会治理，回报家乡。10—12 月：根据各商会运行情况，进行总结评比星级商会

资料来源：Y 区委组织部。

从 2016 年 3 月开始，区委组织部按月将"党建+商会"工作的进展情况、存在的问题以及下一步打算等内容呈报给上级党委。然而，2016年，由区委组织部牵头推动"党建+商会"全覆盖的工作没有如期完成，前期的摸底、会长副会长等管理层的确定、党组织的建立等工作在实际中遇到了许多困难，这一年 Y 区只有 3 家乡镇商会顺利完成登记注册。2017 年 3 月，新任省委书记调研水镇商会，提出了"形成更多可复制推广的经验"的要求，省委书记的到访再次加速了水镇商会模式的扩散。X市具有较为良好的经济发展基础，非公有经济在地区生产总值中的占比在2015 年之前一度超过 60%，虽然近些年占比有所下降，但在地区经济中仍然占有十分重要的地位。非公有制经济的发展意味着民营企业在 X 市的经济发展中具有一定的分量，企业家的数量较为可观，这也为全市能够实现各类民营企业的全覆盖提供了基础。基于此，水镇商会的模式推广获得了各级党政部门的大力支持。此后，水镇商会模式不仅在 Y 区进行了自上而下的推广，而且通过市委的授权认可，在 F 县也进行了自上而下的推广。2017 年先后共有 11 家乡镇商会相继成立，2018 年剩余 9 家乡镇也相继组建了商会。2018 年 9 月随着最后一家乡镇商会 CQ 商会的成立，X 市用 2 年时间组建了 23 家乡镇商会，加上此前已有的 3 家乡镇商会，X

市在 26 个乡镇完成了民间商会的全覆盖，从而实现了"党建+商会"模式在全市的扩散。

总体而言，这一阶段以自上而下的纵向扩散为主，通过正式文件的发布为"党建+商会"模式的扩散开辟道路。随着乡镇商会以及商会党组织组建工作的基本完成，"党建+商会"模式随之进入巩固提升阶段，主要工作是实现党组织的有形覆盖向有效覆盖转变。

（三）巩固提升阶段（2018 年至今）

2018 年 3 月，市委书记在考察水镇商会的党建工作时，结合 X 市乡镇商会的组建情况，提出了进一步巩固提升"党建+商会"工作的要求。2018 年 4 月，Y 区委办公室印发了《巩固提升"党建+商会"工作方案》的通知，将巩固发展提升"党建+商会"工作列为全区"2018 年十件大事"之一，目标是通过 3 年左右努力，全面实现所有乡镇商会党建工作从有形覆盖到有效覆盖的根本性转变，引导更多商会企业家成为"亲""清"新型政商关系的模范，从而调动商会会员参与基层治理、乡村振兴的积极性，带动当地新农村建设促进会的健康发展。2018 年 9 月，全区巩固提升"党建+商会"工作的推进会在水镇商会召开。会上，区委书记对"党建+商会"工作提出了新要求，力争做到"全市领先、全省有名、全国有位"。

经过一系列政治活动的推动，2018 年以来，"党建+商会"模式有了一些新的发展迹象。一是将"党建+商会"工作纳入到各乡镇年终绩效考核之中，强化乡镇党委对乡镇商会党组织的上下级领导关系以及与乡镇政府与乡镇商会之间的联系。二是建立部门领导联系制度，由区、县四套班子领导分别联系挂点帮扶 1 家乡镇商会，增强乡镇商会的发展动力。三是建立由区、县工商联牵头组织实施"党建+商会"工作的联席会议制度，要求各乡镇商会每年召开 2 次联席会议，通过联席会议向区委、区政府报告发展中存在的问题与困难。此外，为了提高各乡镇商会参与基层治理的积极性，市区两级还增设了一些 PPP 项目，将"以商养会"的模式扩大到水镇商会以外的乡镇商会。随着工作的持续推进，"党建+商会"模式开始向周边辐射，樟树、丰城、吉安等地的乡镇先后前来学习经验，陆陆续续组建了一批乡镇商会。

梳理三个阶段的发展特点可以发现，水镇商会模式沿着"自主探索—小范围扩散—局部扩散—全面扩散"的变迁轨迹，将辐射范围不断向外扩大。从政策扩散的角度来看，水镇商会的发展模式之所以能够在短期内完成如此大范围的扩散，主要是受到主体、客体以及体制环境等因素的影响：

其一，就主体而言，政策企业家的积极运作是模式扩散的推动力。政策企业家是指掌握一定资源、拥有较强专业能力、愿意参与政策决策与执行过程，并愿为结果承担风险的群体。[①] 政策企业家包含政府组织的内外部政策推动者，如政府官员、专家学者等，他们往往通过组织观察团学习、政治性流动、提供决策建议等方式促进政策的推广扩散。[②] 水镇商会模式的扩散首先与各级官员的积极推动密不可分。从2012年成立至今，唐某某几乎从未脱离对水镇商会的管理和领导，不断向上级党政领导证实模式的可复制性，启用乡镇年轻干部对模式的内涵进行总结和归纳。短暂的离任期间，唐某某还在主政的乡镇移植水镇商会的发展模式。此外，市委组织部的领导干部也通过各种途径向省里和中央推介水镇商会。其次还得益于专家学者们的实地考察论证。中央的专家与省委党校的专家都曾多次到水镇商会进行实地考察，从理论的角度论证了模式推广的可行性，从而引起了中央和省委领导对水镇商会模式的重视与关注。

其二，就客体而言，模式的理念、特点与实施效果是模式扩散的催化剂。首先，水镇商会模式中的"举党旗"等理念与党的十八大以来中央全面加强社会组织党建的思想和行动高度契合，因此"党建+商会"的发展模式契合了当前的政治期待，能够获得大量的合法性支持。其次，水镇商会模式以乡镇为单位将本土籍农民企业家组织起来的做法简单易行，只需要具备民营经济与乡土情缘两个基础条件就可以实施。市场经济催生了民营经济的发展，民营企业家的数量众多，加之中部地区城市化进程起步晚，许多企业家都是从农民的身份转变过来，因此已经扎根在城市的农民企业家对乡土仍有着较为浓厚的情感，这就使得类似于"老乡会"的乡镇商会能够在城市迅速组建起来。最后，水镇商会参与农村基层治理，从事公益慈善等活动取得了一定的效果，以低成本创造大效益的做法与基层政府的发展思路相一致，这也激发了乡镇领导干部移植水镇商会模式的积

---

① 岳经纶、王春晓：《三明医改经验何以得到全国性推广？基于政策创新扩散的研究》，《广东社会科学》2017年第5期。

② Zhu X, Zhang Y., "Political Mobility and Dynamic Diffusion of Innovation: The Spread of Municipal Pro-Business Administrative Reform in China", *Journal of Public Administration Research & Theory*, Vol. 26, 2016, pp. 33-46.

极性和主动性。

其三，就体制环境而言，地方党委的相关指令是模式扩散的外部压力。在 2016 年之前，水镇商会模式只是在小范围内进行了尝试性的扩散，乡镇多是基于自主发展的需求而主动组建乡镇商会。但是在 2016 年之后，乡镇商会则呈现出大范围扩散的现象，其原因就在于这一年地方党委发布了模式扩散的相关指令。体制环境所带来的模式扩散的压力还体现在当地组织部门将"党建+商会"工作纳入乡镇党委书记的年终绩效考核之中，通过考核压力的施加逆向激励各乡镇积极扩散水镇商会模式。当水镇商会模式的扩散已经成为不可逆转的趋势时，在晋升锦标赛等体制的作用下，乡镇反而开始变被动为主动，力争在最短时间内完成商会以及商会党组织的组建任务。

二　作为龙头领跑基层治理

在既有的研究中，学者们通常关注的问题是，政策、制度、模式为何会从一个地方扩散到另外一个地方？扩散的路径与轨迹是怎样的？而往往忽视了这样一个问题：扩散之后对原型会产生怎样的影响？原型是继续进化完善还是止步不前，又或者倒退瓦解？就水镇商会的发展情况来看，"党建+商会"模式不断向外扩散后，自身的功能不仅没有在竞争中遭到削弱，反而得到了强化。当"党建+商会"模式在 X 市实现了全覆盖后，水镇商会虽然失去了以往"一枝独秀"的社会地位，却也相应获得了"独占鳌头"的社会地位。如今，水镇商会不仅是各个乡镇商会借鉴的原型，也是 X 市 74 家民间商会的标杆，而且已经成为 X 市重点打造和推出的基层治理典型。具体而言，水镇商会功能强化主要体现在其对基层治理三个方面的引领：

第一，其他乡镇商会的学习与模仿提升了水镇商会的社会声誉，强化了标杆的行动示范作用。新制度主义认为，组织受到制度环境因素的影响，而制度环境则通过合法性机制对组织产生作用。所谓合法性机制是指那些诱使或迫使组织采纳具有合法性的组织结构和行为的观念力量，它不仅约束组织的行为，而且可以帮助组织提高社会地位，得到社会承认，从而促进组织间的资源交往。[①] 乡镇商会在全市实现全面覆盖后，不论成员

---

① 周雪光：《组织社会学十讲》，社会科学文献出版社 2003 年版，第 75 页。

当时愿意与否都无法改变乡镇商会已经成立的事实，这也迫使乡镇商会必须思考生存与发展等与组织运转息息相关的问题。合法性机制的作用在于，通过向成功典型和标杆进行模仿和学习能够有效降低组织运转的成本，也符合社会公众的期待以及党政部门的观念制度。显然，为了尽快促使组织走向正轨，向水镇商会取经是全市各乡镇商会的一条必经之路。2017 年年底，水镇商会花费 2000 多万元购置的活动阵地，一栋 4 层高的独立大楼正式落成，这栋大楼随即成为当地占地面积最大和功能最齐全的社会组织办公场所。2018 年 1 月初大楼正式启用，截至该年年底，水镇商会全年共接待各类正式来访多达 65 次，平均每隔 5 天就有一次接待任务，其中本市乡镇商会正式或者非正式的来访将近 20 次。通过频繁的参观考察，不少乡镇商会几乎原封不动地将水镇商会的组织架构、运行机制、公益活动、党建活动等内容移植过去，这使得各乡镇商会之间的组织趋同现象日渐明显，但也提高了水镇商会的社会声誉，强化了水镇商会的示范作用。

第二，各乡镇商会之间的竞争诱使水镇商会开创新的社会活动，增加社会公益的投入力度。"党建+商会"模式的全覆盖意味着竞争机制开始在乡镇商会之间发挥作用，其带来的主要影响之一是冲击了水镇商会的社会地位。经过一段时间的发展，不少乡镇商会后来居上，在捐赠额度以及会员规模等方面都超过了水镇商会，这给水镇商会的管理层带来了不小的压力，余某某不无担忧地说：

> 我们不能被其他（乡镇）商会超了过去，否则就很没面子。老百姓都说我们水镇商会的老板有钱，大方，喜欢做好事，我们是市里和区里重点打造的典型，不管出于什么样的理由，都不能落为人后。所以我经常和我们的唐书记说，我们要尽量多搞些新的活动，要保住我们的龙头地位。（访谈编号：YRC20190718）

为了在各乡镇商会中继续保持领先地位，水镇商会先后创设了多个新的公益活动，例如走访慰问全市 23 名百岁老人，开展"临时父母"关爱贫困留守儿童结对帮扶活动，主动率领部分会员清扫道路公园等。这些活动再次巩固了水镇商会作为乡镇商会标杆的社会地位，从社会公益的角度来看，这些活动也扩大了社会公益的受众范围，致使水镇商会的公益活动从局限于水镇逐渐向全市扩展，而这即是组织在竞争环境中采取的一种行动策略。

第三，对政府的资源依赖促使水镇商会积极响应政策号召，增强会员的社会责任意识。组织依靠活动存活，在激烈的社会声誉与绩效竞争中，水镇商会需要通过开展大量的社会活动来保持自身的发展优势，大量的活动又需要充足的经费来支撑。但会员缴纳的会费远不足以保持商会的收支平衡，政府的 PPP 项目实际上是水镇商会历年来开展各项活动的主要经费来源。如何能够获得政府的项目支持呢？那就必须通过实际行动来赢得资源配置方的信任与认可，在目标与行动上积极和地方党政机构保持一致。新制度主义认为，在资源依赖的机制作用下，组织出于增强合法性、担心受到制裁、希望得到额外的资源等单一或综合的动机，会采取遵守策略，即遵守其所感知到的各种文化、规范或规制性权威的要求。① 遵守策略的运用在实践中突出表现为对政府各项政策号召、行动指令的迅速响应。例如，2018 年年初全市启动"拆三房，建三园"（拆除空心房、危旧房、违章房，建设菜园、果园、花园）行动后，水镇商会立即召开会长办公会布置相关工作安排以响应政府的号召。会员一面带头主动拆除自家的"三房"，一面配合镇村两级做通本村村民的思想工作，此次行动中水镇商会直接参与人次多达 1300 余次。2019 年 8 月，X 市准备召开首个扶贫慈善基金会的成立大会，并号召社会力量募捐。接到通知后，水镇商会连夜组织召开会长碰头会商议捐资的数额。会上，会长们一致认为要在此次募捐中力争第一，让水镇商会成为捐资最高的社会组织。用实际行动向政府部门表忠诚已经成为水镇商会的习惯做法，高度的政治敏锐性既确保了水镇商会与政府之间的亲密关系，也增强了会员的社会责任意识。

小　结

国家与社会的关系处于不断的调适过程中，民间商会的功能也随之发生一些新的变化。进入新时代，尤其是党的十八届三中全会提出"国家治理体系与治理能力现代化"的目标以来，民间商会在基层治理中的政

---

① ［美］W. 理查德·斯科特：《制度与组织——思想观念与物质利益》（第 3 版），姚伟、王黎芳译，中国人民大学出版社 2010 年版，第 179 页。

治社会期待有了较大提升。在与国家的频繁互动中，民间商会的功能不再呈现单一化的特点，而是形成了一套与制度环境日渐相匹配的功能体系（如表4-6所示）：

表4-6　　　　　　　　　　　水镇商会的功能体系

	基础性功能	赋予性功能	调适性功能
功能表达	在商言商	在商言政	在商言治
主体地位	主导	配合与主导	协同与主导
关系类别	商会与会员	商会与国家	商会与社会
具体形式	信息服务 合作平台 教育培训 融资贷款	间接推选 直接吸纳 政治规训	纠纷调解 贫困治理 服务供给
功能特点	互益性	——	公益性

从在商言商，到在商言政，再到在商言治，水镇商会的功能体系逐渐完备，但受到具体环境等因素的影响，各项功能实际上处于不均衡的发展状态，直接影响到组织的后续生存与发展。然而，短期内呈现出的基层治理绩效使得地方政府选择性地忽视水镇商会发展中的一些"硬伤"，此后又在政策企业家等群体的积极推动下将水镇商会的发展模式在辖区内进行大规模的扩散。水镇商会发展的模式也即是X市力推的"党建+商会"模式，从本质上看，这种模式是全面加强党的建设背景下，地方党组织强化民间商会党建的一项基本工作，不同的是，"党建+商会"模式是基层党组织的一次"主动出击"，旨在借助执政党的权威于短时间迅速完成辖区内本土企业家的全面整合，这就有别于以往被动推行的党建工作，并且充分展示了执政党强大的社会整合功能，可称之为民间商会党建的2.0版。水镇商会发展模式的扩散路径与一般的政策、制度、模式扩散并无二致，先是前期的自主探索，然后是自下而上的扩散，再是自上而下的推广，最后实现辖区内的全面扩散。"党建+商会"模式的扩散一方面增加了基层党组织的数量，充实了地方党委的组织结构；另一方面也促进了模式原型的发展。在合法性机制作用下，水镇商会的社会声誉与示范作用获得了提升；在竞争性机制作用下，水镇商会开创了许多新的社会活动，增加了社会公益的投入力度；在资源依赖机制作用下，水镇商会积极响应政府的政策号召，增强了会员的社会责任意识。从2012成立至今，经过几个阶段

的发展，水镇商会在地方各级政府和党组织的精心培育下，功能与作用得到了一定程度上的强化。由此可见，民间商会具有较大的功能拓展空间和较强的制度环境适应能力，而这也是其能够在各类社会组织中长期保持优势地位的重要原因。

第五章

治理实践中的水镇商会：评估与路径

2019 年，党的十九届四中全会将主题聚焦到国家治理体系和治理能力建设层面，系统地归纳了中国制度的十三个显著优势。这些制度优势的确立，浓缩了中华人民共和国成立以来尤其是党的十八大以来党中央治国理政的谋略与智慧，已经成为维持经济稳定发展、实现社会长治久安的基本制度安排。国家治理是一个系统的现代化的治理体系，涉及政治、经济、文化、社会以及生态文明等多个领域和多个向度的制度安排，其中改革和创新基层治理体系，巩固和提升基层治理能力则是推进国家治理现代化的应有之义。我国的社会组织经过改革开放 40 多年的风雨洗礼，已经逐步完善而且不断壮大，基层治理的参与意识与参与能力都有了较大提升。前面几章，笔者通过对水镇商会这一中部地区典型的参与基层治理的社会组织进行了全景式的呈现，力图描绘出民间商会从无到有、由弱到强的渐变路径，揭示国家权力在推动民间商会参与基层治理中的重要作用，其目的是为基层治理现代化的实现提供一个具有可行性的范本。事实已经说明，国家权力不仅能够将分散的社会力量重新整合起来，还能以党建引领的方式推动社会力量在乡村振兴的新征程中发挥重要作用。

然而，民间商会参与基层治理却又是一种出乎预料的举动。因为对于民间商会的普通会员而言，将组织的集体资产与过多的时间精力投入基层治理和公共事业当中的实际行动与民间商会的组织目标之间存在较大张力。或者概言之，民间商会的功能出现了一定的偏差，而这就致使民间商会内部出现了较大的分歧，直接影响到了组织的可持续发展。因此，民间商会参与基层治理的构想与实践在未来的发展中仍然面临多重考验。本章从价值中立的角度，客观分析水镇商会参与基层治理产生的实际效果，最后根据国家对民间商会以及社会组织在基层治理中的功能定位对其中的治理限度探讨民间商会参与基层治理的发展路径。

第一节　效度与限度：水镇商会的两副面孔

民间商会参与基层治理是大势所趋，是民间商会主动适应形势变化的理性选择。从水镇商会的发展实践来看，民间商会参与基层治理产生了积极的社会影响，被组织起来的本土企业家在推动地方公共事务发展中起到了越来越重要的作用，甚至一定程度上弥补了地方政府公共服务供给不足的缺憾。然而，民间商会作用的持续发挥却存在诸多的条件限制，面临许多亟待解决的现实问题。本节从正反两个角度分别就 5 个层次方面的问题对水镇商会进行评价，力图揭示出中西部地区社会组织在基层治理中遇到的困境与难题。

一　综合性突出与专业性不强

水镇商会在筹建之时最主要的目的是通过降低入会门槛，将水镇籍的企业家最大限度地吸纳进来，最终建立一个能够与水镇对接的治理平台，因此对会员所在行业的类别并没有进行严格把控。随着会员人数的增加，水镇商会作为综合型商会的特征日益明显。根据第二届会员信息资料的搜集和统计，可以发现水镇商会 356 名会员主要分布在建筑建材、物资贸易、农林牧渔、专业服务、交通运输以及冶金矿产 6 个主要的行业，另有 46 名会员分布在轻工食品、服装纺织、玩具礼品、环保绿化等多个行业（如图 5-1 所示）。

当前水镇商会在多名副会长下设建筑、贸易、矿产以及新兴四个行业促进会，这种划分与商会的实际发展情况不相一致。从分布图来看，占据绝对主导地位的是以房地产开发、建筑装饰、基建材料等为主要内容的建筑建材行业，其次是以物资交易为主要内容的综合型的贸易行业，这两个行业的会员总数在商会会员中的占比为 59.8%，来自其他行业的占比为 40.2%。虽然来自建筑建材行业与物资贸易行业的会员在商会内部管理中占有一定的优势，但是相较于专门的房地产行业协会、家居装饰协会等专业型的民间商会，水镇商会仍旧是一家综合型的商会。综合型商会意味着会员对商会有着不同的利益诉求，而管理者则必须整合这些具有较大差异性的利益诉求，将其反馈给政府各个部门，并协助会员妥善解决一些实际

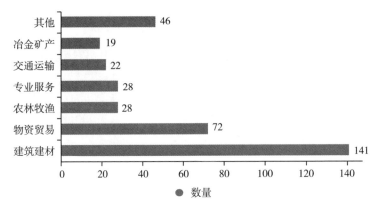

图 5-1　水镇商会会员所在行业分布（单位：名）

的问题。然而，水镇商会却无力整合来自不同行业的会员的分散化的利益诉求，这主要受制于商会的专业性。

　　水镇商会专业性不足的问题体现在三个方面：一是秘书长至今没有实现专职化。秘书长是商会日常运作的"总管"，肩负着十分重要的管理职责，成熟型的民间商会秘书长一职大多是通过聘用的方式实现专职化，确保秘书长拥有足够的时间和精力打理商会事宜，可以说秘书长是民间商会的中枢机构，有的商会还设置副秘书长以配合秘书长的工作。水镇商会在2012 年以及 2019 年新修改的章程中都明确说明秘书长一职为专职，然而，在其发展过程中，秘书长一职先是由市政府官员黎某某兼任，后又由副会长罗某某兼任。虽然商会的去行政化改革通过秘书长人选的更迭得以实现，但始终没有实现专职化，这就导致兼任秘书长职务的人员没有办法充分保证履职时间，更无法及时妥善处理会员反馈上来的利益诉求。二是工作人员专业化程度不足。水镇商会在全市民间商会中的配备的工作人员的人数是最多的，不仅有来自乡镇的 2 名编内人员，还有来自社会招聘的4 名编外人员，应对日常事务几乎不存在问题。根据工作部署，编内人员负责商会党建工作，编外人员负责商会行政事务，二者分工明确，然而问题是，无论是哪一方的人员，对于如何经营好一家民间商会都没有明确的方向。商会聘用的 4 名工作人员，存在组织能力不强，文字材料功底欠缺，沟通协调能力较弱等硬伤，这些问题受到部分会员的诟病。但由于商会本质上是一家社会组织，办事纪律松散、考核机制缺位等诸多因素的共同作用，致使商会工作人员长期处于主动性不强的工作状态，这不仅限制了商会内部治理效率的提升，而且难以在基层治理中统一会员的集体行动，削弱了基层治理的参与效果。三是会员结构不合理。民间商会的会员构成一般包括两个部分：个人会员和企业会员，企业会员的加入便于商会加强行业自律，对行业进行监管。然而，水镇商会的300多名会员全部为个人会员，目前尚无一家企业以会员的身份加入商会，而现在许多民营企业都是股份制，商会对行业的约束与规范通过企业法人比通过企业家个人更有效，这就使得水镇商会更像是农民企业家的俱乐部，难以对行业与地方市场产生实质性影响，尤其是面对十几种行业类型时更是力不从心。

二　公益性增强与互益性不足

民间商会是互益性与公益性相结合的社会组织，一般而言，其首先是互益性的社会组织，其次才是公益性的社会组织。但是从水镇商会的实际发展来看，社会公益性明显增强，互益性却发展滞后。水镇商会已经将主要精力从最初矛盾纠纷的调解之中转投到社会公益事业当中，在扶贫救困、新农村建设、厕所革命、社会养老等农村公共事业表现亮眼。据统计，水镇商会近年来社会公益活动的支出数额和比例都呈总体上升趋势（如表5-1所示）：

表5-1　　　　　　　　　水镇商会公益活动支出　　　　　　（单位：元）

项目 年度	总收入	总支出	公益活动支出	公益活动支出占上年度总收入的比例	公益活动支出占本年度总支出的比例
2015年	4944245.00	826716.18	49797.00	5%	6.02%
2016年	16996323.04	3597231.77	387000.00	7.83%	10.76%
2017年	5686451.67	8328578.82	866420.00	5.09%	10.40%
2018年	8730358.34	13129531.13	3264240.29	57.40%	24.86%

数据来源：水镇商会2018年度年检报告。

水镇商会的公益事业做起来后，一些患有重大疾病的水镇籍民众纷纷向水镇商会申请重病救助，仅在2017年就有超过10名水镇农民向商会申请救助。这些求助信通常在加盖村的公章后这样写道：

　　因家庭经济本来就不富裕，子女又无工作，家庭更加生活困难贫穷，本人特向商会申请救助，拜托商会帮忙救助，我家深表万分感谢。

为了垫付医药费，亲戚朋友都借遍了，生活特别困难，两个小孩又小，还有一个 70 多岁的老人，实在是没有办法，所以特向商会申请救助，全家万分感谢。

有困难找商会，这句话在镇里已经是家喻户晓。在万般无奈的情况下，我想到了商会。商会的善举享誉全国，我作为土生土长的水镇人，感到无比自豪，也感到无比温暖，希望商会能够伸出援助之手，帮助我战胜病魔。

面对这些纷至沓来的求助信，水镇商会会长办公会商议后决定，以商会集体的名义向每个求助者捐赠 2 万元，并在微信群号召全体会员为求助者捐款。水镇商会的公益善举还带动了其他乡镇商会从事公益活动的热情，这尤其体现在 2019 年 7 月的洪涝灾害中。

案例 5-1：

2019 年 7 月，受连续多日的强降雨影响，X 市城区和部分乡镇遭遇了不同程度的洪涝灾害，汛情严峻，特别是有大河流经的 LC 镇，遭遇了罕见的洪水。得知 LC 镇受灾严重，停电、停水，大量房屋被淹，大批群众被困的消息后，LC 商会与商会党委紧急协商，决定发动全体会员，尤其是党员会员，临时组成 4 个抗洪抢险队伍，接受镇党委政府的统一调配，协助排查险情，转移受困群众，抢运物资。水镇商会也立即组织号召商会党员会员、爱心会员及"工青妇"成员组成"抗洪救灾志愿服务队"，前往 LC 镇慰问一线抗洪救灾人员，共送去价值 25000 多元的救援物资。其他乡镇商会随后也立即采取行动，迅速发动会员捐款捐物，为受灾群众送去大米、面条、方便面、饼干、蛋糕、面包及矿泉水等救援物资。据不完全统计，截至 7 月 11 日上午，各商会会员参与抗洪救灾人员上千人次，累计捐款捐物达 50 余万元。

这不由得让人想起 2010 年的洪水灾害，当时赶赴救灾一线，采取赈灾行动的只有政府的力量，社会的救助力量还没有完全孵化出来。因此在当时，简某某捐资 3000 多万元重建受灾村庄成为壮举。9 年时间过去了，水镇商会的建立带动全市 26 个建制镇全面实现了乡镇商会的全覆盖，这些农民企业家被有力地组织了起来，当出现洪水灾害时，他们一个个穿着红马甲在受灾一线协助政府开展救灾工作，在短时间内凝聚成了一股巨大的力量，极大地缓解了政府的工作压力。地方公益事业的挺进，这就是社会被有序整合起来后所带来的积极影响。

然而，一方面是社会公益性的凸显，另一方面却是互益性发展的滞后。这些会员有的选择直接退会，有的则选择"用脚投票"，或者拒绝履行会员的义务，或者放弃会员的权利，或者拒绝参加商会的任何集体活动。在一次集体座谈中，有三名会员表达了自己的看法：

> 说实话我是有不满的。我是做汽车销售生意的，2016 年加入商会的时候就指望着哪一天自己遇到生意上的困难了，商会能够帮上一把，但我没想到，商会连一些小的忙都帮不上。比如说去年，我的生意出了点小问题，需要找市车管所进行沟通，然后我就找到商会负责维权的人，他接了我的电话，说会找人考虑一下。但是很长时间过去了，他既没有给我提出解决方案，也没有关心一下我的问题是否得到了解决。
>
> 商会在维权这一块的工作我也是实在不敢恭维。他们（管理层）不愿意俯下身子来听一听我们这些普通会员的心声，也不愿意把时间和精力用在解决我们的问题上面。有的会员生意上出了问题，我想我们哪怕做不到出手相救，最起码也应该代表商会向他们表示关心一下吧。但是呢，我很少看到有这样的事情发生。我想，商会的职能难道不是服务会员吗？
>
> 我也是做汽车贸易生意的。不瞒你说，我加入了三个商会，水镇商会、汽车贸易协会和二手车协会。水镇商会和汽车贸易协会差不多，对我的问题置之不理，我后来有了问题也基本就不找他们了，我知道，找了也没有用。但是二手车协会不一样，虽然我们这个协会没有登记注册，甚至连办公场地都没有，只有一个微信群，但是有热心的会员不少，他们是真的在想方设法帮我解决一些问题，大家相处得非常融洽，所以我遇到问题，最先想到的还是他们。（访谈编号：JTZT20191205）

会员如此强烈的感受，水镇商会的管理者实际上能够体会到，但是他们看待问题的角度却有不同，余某某认为：

> 我肯定是知道我们有的会员是有不满的，我们这些年在会员维权方面的工作确实做得不够好。但正如我们唐书记说的，我们本质上是一家社会组织，社会组织具有民间性、公益性和非营利性。我们有些会员总想着通过加入商会来搞一些项目和生意，如果目的没有达到就走了，这是不对的，企业家不能总是想着挣钱是不是？（访谈编号：YRC20191210）

由此可以看出，水镇商会的互益性发展不足，至少与三个因素有关。第一，商会的利益整合机制不完善。商会至今没有建立一套完整的利益整合机制，缺少对会员利益诉求的及时收集，而且没有与政府相关部门对接的话语权。第二，商会的维权制度空转。水镇商会在制度设计中是有维权的，并在秘书长的职务之下设立了维权部，然而，维权部一直处于空转的状态。第三，管理者对商会的发展理念把握不到位。民间商会立足的根本是服务会员，在维权方面的短板长期没有补齐使得会员对商会的归属感不断被削弱。2019 年 12 月，最新统计数据显示，水镇商会的会员已经从高峰时期的 356 名减少至 290 名，这说明会员加入商会的理性色彩渐浓。

三　活跃度提高与自主性削弱

衡量民间商会发展状况常用的一个标准是组织的活跃程度，活跃度则可以从组织的活动次数、制度运行以及政社互动三个方面进行评判。2018 年全市 26 个乡镇实现商会全覆盖后，有近一半乡镇商会处于瘫痪与半瘫痪状态，这些商会制度空转、活动贫乏、功能发挥失常、党组织软弱涣散，有的商会至今没有配备专职化的工作人员与固定的办公场地，这都与当初的设想相去甚远。但也有几家会员数量相对较多的乡镇商会仍然保持着较高的活跃度，这些乡镇商会经常性地开展会员交流活动，商会管理层尤其是会长等人在地方宣传报道中保持较高的曝光度，并定期在市工商联组建的微信群中发布自己的活动照片，同时还设有自己的微信公众号。水镇商会作为标杆型的乡镇商会，组织的活跃度保持在一个较高的水平（如表 5-2 所示）：

表 5-2　　　　　　　　　水镇商会 2017 年（农历）活动安排

序号	时间	地点	内容	预算（万元）	备注
1	全年	各村委	建立标准化"颐养之家"食堂	300	全年新建 50 个以上
2	3—10 月	新大楼	新大楼装修	1700	完成新大楼改建装修
3	3 月	商会办公室	"最美媳妇"评选活动	1	在会员家属和女会员中产生 8 名
4	3 月	安福羊狮幕	"三八妇女节"省内游		"最美媳妇"和女会员参加
5	4 月	镇政府	"千企帮千户"启动仪式	70	组织各联络处入户走访
6	5 月	商会会议室	组建商会篮球队	2	组建商会队，并带动各联络处组队
7	6 月	区六小	趣味运动会	2	组织各联络处为参赛单位参加
8	7 月	商会会议室	青年会员"创新创业"经验交流会	0.3	组织部分优秀青年会员经验交流
9	8 月	商会会议室	贫困大学生帮扶活动	15	奖励及帮扶应届高考生
10	9 月	镇中学	"奖优助学"活动	5	奖励优秀教师及中考优秀学生
11		新大楼广场	大楼乔迁庆典	20	隆重举行乔迁庆典
12	10 月	海南	联络处负责人国内参观学习	5	组织联络处负责人国内参观
13		市体育馆	篮球邀请赛	5	邀请主管单位、业务单位、兄弟商会参加
14	11 月	部分颐养之家	敬老活动	2	走访慰问部分"颐养之家"
15	12 月	会员企业	"创新创业"成果观摩会	0.4	参观学习部分优秀青年会员企业
16	2018 年 1 月	商会办公室	创先争优评比汇总	5	汇总各联络处总分
17	2018 年 2 月	各村委	小年送温暖大型走访	12	贫困户走访

资料来源：根据水镇商会办公室文件整理。

　　2017 年水镇商会举办大型活动共 17 场，数量多、种类多、参与人次多，2018 年工、青、妇等群团组织成立后，又各自新设了许多新活动。活动频繁开展的背后是商会部分制度运行正常的反映。商会展示馆开放后，水镇商会就成为了地方的一个品牌，许多上级部门的参观调研活动都会将水镇商会作为一个点加入进去，由此也强化了水镇商会与各级政府部门的互动往来。这些现象都足以表明水镇商会作为一家标杆型的社会组织依然保持着与组织荣誉相一致的活跃度。然而，组织的活跃度并不是组织独立自主性提升的表现，相反，在近些年的政社互动中，水镇商会对政府的依附性逐步提升，"党建+商会"的模式如今已经演变为"政府中心工作+商会"的模式。

民间商会的活动需要依靠大量的经费来支撑，近一半乡镇商会陷入瘫痪状态的重要原因之一是这些商会没有足够的经费来维持组织的各项活动。为了维持组织的运转，一些商会试图通过"以商养会"的基本模式来解决问题。对于商会而言，为了一个共同的目标，在法律允许范围内开拓收入来源是正常之举，"以商养会"的做法其实质就变成了商会部分成员的"借鸡生蛋"之法，在自己获得鸡蛋的同时也将几个鸡蛋换给"母鸡"，然而"以商养会"对于不少商会而言仍然是一种理想化的经营方式。

案例 5-2：

JL 乡于 2016 年 8 月份成立商会，会员 86 人，是一家规模较小的乡镇商会。在成立之初，JL 商会仿照水镇商会的模式，制定了商会的章程，为了维持商会的长期发展，商会制定了"以商养会"的发展模式。在召开会长会议时会长主张以商会集体的形式联合几个有农业产业的村庄，共同出资入股，将家乡的特色农产品做大做强。GL村是考虑之一。GL 村位于 JL 乡西北方向，山地多而水田少，人地矛盾突出，农民大多以种植番薯、花生和棉花等粮食作物和经济作物为主。番薯的种植在 GL 村具有较长的历史，在 2017 年全市开展生猪污染整治之前，番薯的根、茎、叶曾一直是当地农民散养生猪的重要饲料。番薯的块根除作主粮外，也是食品加工、淀粉和酒精制造工业的重要原料。GL 村的农民因大面积种植番薯，番薯的产量在当地遥遥领先，但是番薯作为赣西地区的常见农作物其销路难以打开，于是GL 村便在 80 年代开始将番薯加工制作成薯粉。由于制作工艺成熟，番薯质量优良，GL 薯粉很快在当地打开了销路。然而好景不长，农民对市场的把握缺乏经验，尤其是精准扶贫的政策实施后，多地都在探索短平快的扶贫项目，薯粉成为首选项目之一。制作薯粉的农民多了，市场竞争也就更加激烈了，GL 的薯粉销路又成了一个问题。JL

商会决定从 GL 的薯粉加工着手，商议由几个会员共同开发薯粉，采取"商会+基地+农民"的模式，为商会增加一笔收入。然而问题是，投资薯粉的想法在大会讨论时并没有得到会长们的认可，一些会长认为尽管自己对家乡的薯粉有一定的情感，GL 薯粉的产品质量也能在市场中获得一些份额，但对如何投资、如何分红以及如何运行的问题始终没有形成共识，议题随后便搁置下来。后来又有会长提出了种植中药材枳壳的想法，也因相同的原因没有付诸实践。

实际上，JL 商会无法推动"以商养会"的原因有很多，一是乡镇政府的能力有限，无法在财政和土地承包以及农民的合作化问题上给予他们足够的支持；二是 JL 商会的会员大多是小企业主自身的经营能力有限，无暇顾及自家生意以外的其他经营；三是会员们所从事的行业大多与农业无关，出于稳妥考虑而不敢轻易涉足农产品的生产经营和销售。当然，更为重要的原因是"以商养会"是一种需要会员抛开个人私念的发展模式，如果会员无法整合到一起，那么这种集体抱团发展的方式最后便无法成行。

水镇商会的比较优势在于其拥有一家具有二级资质的水镇建筑公司，通过这家公司来承揽政府的工程项目，并将其中一部分费用划转为商会的公共活动经费，目前水镇商会主要依靠水镇建筑公司承接的几个 PPP 项目维持组织的运转，解决了经费不足的问题。然而，PPP 项目由政府主导，形成了水镇商会对地方政府高程度的资源依赖。因此，在资源依赖的视角下，水镇商会对 PPP 项目的依赖带来的另一个影响是，作为受益方的水镇商会必须以地区公共事业为中心，协助地方政府开展多项中心工作。2017 年，在全市"拆三房、建三园"的动员大会上，余某某受邀在会上代表社会组织做表态发言：

> 商会已于 4 月 2 日召开会长办公会，决定发动全体商会成员全方位助力水镇"拆三房"工作，并制定了帮扶方案，充分发挥商会作为政府工作"助推器"的作用。无论何时何地，只要有需要，我们水镇商会便会毫不犹豫地积极响应，与政府一道，攻坚克难，同舟共济，坚决做政府号召的响应者、政策的宣传者以及工作的推动者，以"功成不必在我"的精神境界和"功成必定有我"的历史担当，全力

以赴地支持家乡"拆三房、建三园"工作的开展，全心全力地支持家乡各项事业的建设！

此外，在"千企帮千户""厕所革命""殡葬改革""小荷工程"以及扶贫基金会筹建等工作中，水镇商会都是作社会组织表态发言的常客。表态发言成为一种典型的软约束机制，政府不指定目标，也不摊派任务，但是通过这一形式，水镇商会实际上认领了政府交代的社会责任，并从而受到了政府的政策约束。如今，在地方大大小小的事务中，"政府吹哨，商会报到"的格局已经基本形成。这些行为举措与水镇商会在自我探索时期的角色设定出现了较大张力，在忙碌完成政府的中心工作中水镇商会逐渐为强大的国家权力所吸纳。独立自主性的削弱，使得水镇商会更加无暇顾及商会发展的基本问题，服务会员的办公宗旨出现了一定的偏差。

四　决策集中化与会员疏离化

2014—2019 年，水镇商会因在地区社会事务中的突出表现，曾先后获得国家级荣誉 6 项，省级荣誉 8 项，市级荣誉 12 项，区级荣誉 5 项，镇级荣誉 2 项，成为远近闻名的社会组织明星。与商会社会影响力不断积聚的还有会长余某某个人的政治资本。自 2016 年接任水镇商会会长以来，余某某于 2017 年正式加入中国共产党，并同时担任商会党委副书记一职，其个人所荣获的重要奖项多达 9 项（如表 5-3 所示），并在 2019 年获得由市委组织部颁发的共产党员示范岗称号，同年，余某某还通过换届选举，当选为 X 市工商联副主席。

表 5-3　　　　　　　　　水镇商会会长个人荣誉

序号	时间	荣誉	授奖单位
1	2016 年 9 月	2015—2016 学年度 Y 区捐资助学先进个人	中共 Y 区委、Y 区人民政府
2	2017 年 2 月	Y 区 2016 年度"突出贡献人才"	中共 Y 区委、Y 区人民政府
3	2017 年 10 月	江西省首届"赣鄱慈善奖"最具爱心慈善个人	江西省人民政府
4	2018 年 3 月	在 2017 年度全市乡村两级重点工作中，表现突出，被评为先进个人	中共 X 市委、X 市人民政府
5	2018 年 10 月	2018 年度全省脱贫攻坚奖奉献奖	江西省人民政府

续表

序号	时间	荣誉	授奖单位
6	2019 年 1 月	江西省改革开放 40 年 50 名优秀赣商人物	江西省政府新闻办、省委统战部　省工商联
7	2019 年 2 月	首届优秀 "渝郎奖"	X 市 Y 区政府
8	2019 年 7 月	共产党员示范岗	X 市委组织部
9	2019 年 8 月	新时代赣鄱先锋之突出贡献好榜样	江西省委组织部
10	2021 年 2 月	全国脱贫攻坚先进个人	中共中央、国务院

资料来源：根据水镇商会办公室文件整理。

余某某凭借水镇商会的影响力，也成为全市的"政治明星"，由此增加了其参政议政的机会。例如，在 2018 年年底全市召开的优化营商环境的会议上，受邀参会的余某某就曾直言不讳地在会议上批评地方国有银行对民营企业贷款融资的诸多限制，并且点名道姓地指责部分银行负责人不作为。唐某某认为：

> 这种事情放在以前，几乎是不可能的。要不是这几年我们水镇商会发展得好，我们的农民企业家哪里敢指着国企的老总说不是？大概在 2017 年前后，市区两级的政府部门和单位凡是需要社会组织参与的重要会议都会邀请余某某参加，一些重要的政治会议也会邀请他列席参加。余某某也确实是敢说，在一些会议上还是帮我们的会员说了一些话。（访谈编号：TJZ20191208）

当余某某一个人凭借商会成为"政治明星"时，商会其他会员却出现了不同的声音。

> 遇到的比较麻烦的事情好多，比如在怎么样平衡利益分配的问题上就经常会发生争吵。有的副会长就明确跟我说，事情是大家一起做的，凭什么功劳都他一个人得了？不满啊，怎么办？我只好开导他们，我说，你们确实是做了不少好事，但是评奖是有条件的嘞，你们觉得你们能评上吗？你们要是觉得能评上，那就推你们上去。后来他们就不吭声了，大家都知道，余会长捐款捐物是最多的，评奖不选会长还能选谁呢？（访谈编号：TJZ20191208）

商会内部的分化不仅仅是在个人荣誉问题上，在展示馆的内容布置上一些理事也有反对的声音，不少理事认为，商会展示馆不能仅仅直挂几位会长的照片，也要把理事的照片挂上去，然而因为场地的限制，这些想法和争论最终也没有下文。米歇尔斯曾经指出，组织的内部都存在不同质的成员，在资金、智识和社会地位等方面处于优势的人，更容易成为精英领袖并获得成员的信任，并由此产生专断的倾向，因而组织往往都是由少数领袖（寡头）来实施统治："正是组织使当选者获得了对于选民、被委托者对于委托者、代表对于被代表者的统治地位。组织处处意味着寡头统治。"① 水镇商会在日益发展壮大中，会长作为领头人起到了十分关键的作用，相应也获得了足够强大的政治资本。政治资本的急剧增加，扩大了会长本人的影响力和治理权力，并且逐渐呈现个人化倾向。商会以组织的名义积累的政治资本在组织内部的不均衡分配成为行动主体疏离化的导火索。商会各项活动中，有80%多的会员长期处于不活跃状态。一名理事就曾在访谈时这样说道：

> 我建议你还是去问问余会长，商会的事情他最清楚，或者是去问唐书记，他会把好多事情告诉你。我就是一个理事，每年交点会费，平时很少去商会，也基本不参加活动。我的生意做得不算好，生意不好就不好意思学别人摆点（炫耀）。（访谈编号：FXX20190712）

然而，水镇商会运转的基础是地缘关系，而不是企业家会员之间的利益捆绑关系，当前维持水镇商会内部联结的因素单一，而地缘关系又无法产生实际的经济收益，因此组织的行动主体存在走向分化瓦解的危机和风险。

五 治理常态性与行为象征性

水镇商会在基层治理中的参与是党的十八届三中全会以来地方政府鼓励和引导社会组织参与基层治理的一个重要转变，在地方治理实践中产生了许多积极的影响。首先，水镇商会在基层治理中的参与填补了以往常规化基层治理模式中社会力量的空白，及时塑造了维持乡村社会秩序的新权

---

① ［德］罗伯特·米歇尔斯：《寡头统治铁律——现代民主制度中的政党社会学》，任军锋等译，天津人民出版社2003年版，第1页。

威，促进了基层治理结构向多元化的趋势转变。如今，随着水镇商会模式在全市的普及，商会参与乡村治理已经成为一种普遍现象，乡镇政府在涉及农民经济纠纷、上诉上访等敏锐问题时都会主动引导乡镇商会介入进来。其次，水镇商会在基层治理中的参与推动了地方农民企业家公共精神的构建。不论是否加入商会，许多村庄的农民企业家都会主动参与乡村建设，发挥正能量作用，并将维护乡村公共道德视作一种责任。一名在2017年提交入党申请的会员在访谈时说道：

> 你问我为什么入党，其实理由很简单，我是受到了余会长的影响。这些年他做的事情，大家都有目共睹，让我深受感动。虽然我也是很多年都不怎么和村里打交道了，但是有时候会听到村里的一些鸡毛蒜皮的事情，让我感到非常不安。这些年，村里只剩下些老人，有些吊儿郎当的后生仔（年轻人）经常搞些偷鸡摸狗的事情。我当时加入商会也是因为自己开在镇里的店，大白天的被人偷走了好多钱。我看不惯这些行为，所以经常会在村里的微信群喊几声，告诉大家都要安分守己。我知道也许起不到什么作用，但是总要有人站出来吧，我觉得入党以后我会更有底气说这些话！我最近还打算以商会的名义搞一些小型的公益活动，帮帮自己屋里（村里）的老人家。（访谈编号：JSP20191205）

最后，水镇商会在基层治理中的参与带动了村级组织对农民企业家的吸纳。2013年后，水镇商会党委开始引导党员会员参加村委干部的竞选，通过民主选举担任村级党组织的干部，从而为村庄出谋划策。至今，已有3名党员会员担任水镇的村党支部书记或副书记，开启了"富人治村"在当地的先河。此外，许多村民理事会也纷纷将本村的农民企业家吸纳进来，协助村庄开展工作。据不完全统计，目前水镇商会有近100名会员在村民理事会担任职务，有的是副理事长，有的是秘书长，还有的是理事。而这并不是水镇的个案，在全市所有乡镇都普遍存在农民企业家在村民理事会任职的现象。因此，总体而言，水镇商会实际上起到的是一种引领和带动的作用，使得农民企业家参与基层治理成为一种常态。

值得注意的是，商会与乡镇政府的过密化交往，虽然重新拉近了部分企业家与乡镇党政干部的距离，但也带来了一些乱象。有的企业家趁机借助商会这一平台，要求乡镇在宅基地的审批中为自己开绿灯，还有的企业家试图干预村庄选举，在村庄"两委"中安排自己的亲属。政商私人关系的建构反而使得政社这一公共关系陷入失范的困境。但最为主要的问题是，水镇商会基层治理功能的强化是以服务会员这一功能的弱化为代价的，这种模式突出了国家与社会的协作，却忽视了背后的资本与市场的力量。归根结底，以市场为中心，注重经济发展和企业经营才是民间商会的立足之本。但从水镇商会的实践来看，这种目标定位功能出现了一定的偏差，政府对水镇商会的基层治理期待与其实际的治理能力之间存在供求不一致的问题，进而导致水镇商会在与地方国家权力互动时陷入象征化的境地。这表现为治理过程简单化、治理方式货币化以及治理结果宣传化。例如，在"殡葬改革"的问题上，政府部门曾要求水镇商会大力协助，但水镇商会经过商议认为没有能力解决，于是只是发布了一个《移风易俗倡议书》便草草结束。此外，对于一些需要动员较多人力去处理的事件，水镇商会则会采取货币化的方式，即以捐款捐物的方式做简单处理，然后采取痕迹管理的方式对治理行为进行总结和储存，这使得治理的结果逐渐宣传化。这些问题的存在制约着水镇商会治理能力与治理水平的提升。

第二节　提升与协同：水镇商会的发展路径

水镇商会在基层治理中发挥的作用以及呈现的问题是当前民间商会参与基层治理的一个缩影，折射出当前我国民间商会治理能力不足、自身建设不规范、参与机制不健全以及政社互动机制不完善等突出问题。推进基层治理的现代化，要以提升民间商会的自身能力建设为切入点，着力发挥新时代党和政府向民间商会赋能的职能，并建构科学合理的社会组织协商机制。具体而言，在未来的发展进程中，应当从以下几个方面全面提升民间商会参与基层治理的能力和水平。

一　注重激活内部的运行制度

民间商会作为社会组织的重要类型，参与基层治理已然成为不可逆转的趋势，这就必然要求民间商会不断提升自身的治理能力与治理水平，但"打铁还需自身硬"。我国地域辽阔，市场前景广阔，但基层治理任务艰巨而繁重，机遇与挑战并存，其中地区发展不平衡、不充分则是一直困扰基层治理全面提升的最大阻力之一，这一问题也进而导致民间商会发展的不均衡。相对于沿海发达地区先发型的民间商会，内陆地区的民间商会起步晚，发展缓慢，内部的制度设计与运行状况处于一个较低的水平和层次。尽管如此，内陆地区的民间商会在基层治理中仍有其独特的地位和作用，在治理资源的占有量上具有其他类型社会组织不可比拟的优势，但充分发挥这种优势的前提是增强组织内部的制度建设，激活现行制度的运作能力，并努力提升自身的专业化水平，因为只有在自身能力足够强大的基础上才能为国家推进基层治理现代化的事业做出应有的贡献。

首先，提高民间商会的专业化水平，应当确保运行制度的完整性。民间商会具有多种类型，但无一例外是由民营企业家或民营企业所构成，因此民间商会既是社会阶层的聚合，也是市场主体的整合，有着其自身的独特性，但也有着社会组织的一般特征，这就意味着既要有一般化的制度设计，也要有独特化的制度设计，从而确保制度的完整性。结合个案商会的具体实践来看，当前我国民间商会制度在确保民主选举制度、财务管理制度、组织管理制度、会议制度以及考核惩戒制度等基本制度建设完备的基础上，还应当着重加强监事制度建设，尤其是对于一些具有较多资金流动的民间商会，监事制度对于组织内部的顶层决策与落实执行的监督意义重大。

其次，提高民间商会的专业化水平，还应当确保运行制度的针对性。2019 年 12 月，国家统计局发布的第四次全国经济普查系列报告显示，5 年来，我国营商环境不断改善，中小微企业总量规模不断扩大，产业分布更趋合理，在国民经济和社会发展中的作用日益显著。民间商会通常是中小微企业共同体，继续发挥中小微企业的重要作用，要求民间商会建设更加具有针对性的运行制度，及时回应会员企业与会员企业家在发展中遇到的困境与问题，尤其是投融资与借贷款等方面的问题。此外，针对部分会员反映强烈的维权问题，应当也要有及时的信息收集和反馈制度，激活处于"休眠"状态的维权机构，切实发挥应有的作用。

最后，提高民间商会的专业化水平，应当尊重制度环境的差异性。民间商会之所以呈现出不同功能属性，与其外部的制度环境有着重大的关联。不同地区民营经济发展的程度不同，政府所采取的具体发展政策有所不同，社会对民间商会的期待也略有差异，因此，民间商会在提高自身能力建设时，应该强化自身对制度环境的适应性，及时调适自身的发展战略，根据制度环境的变迁做出策略性的回应。

二　不断强化组织的常规功能

民间商会在国家与社会互动关系的不断调适中衍生出了多重功能属性，已经从最初"在商言商"的单一化的功能结构成长为"在商言商""在商言政"与"在商言治"的多元化的功能体系。然而，民间商会本质是与资本市场紧密相连的一类社会组织，组织的资源与服务的供给都主要来源于会员在市场经济中的营利，不论国家权力如何渗透，民间商会始终无法逃离市场力量的控制，如果违背了这一事实，组织就有可能潜藏着分化瓦解的风险与危机，会导致行动主体的疏离化。社会公益事业的发展激发了民间商会的公益属性，向社会边缘群体与弱势群体提供一定的公共服务，并协助购买部分公共产品逐渐成为组织的发展方向之一，借助商会的公益性平台，民营企业与民营企业家的社会责任也因此获得较大提升。然而，民间商会又与公益组织不同，无论是在经费的配置方面还是在组织的目标定位方面都有着各自的特点，这就意味着公益性与互益性在组织内部的配置比例呈现一定的差异性。显然，以经济发展为核心的民间商会，互益性是其本质属性，向会员提供俱乐部式的公共产品与公共服务是实现组织可持续发展的根本之策。相反，如果以公益性为发展导向，则有可能导致组织存在一定的功能偏差，无法凝聚会员的向心力和行动力。因此，以会员为中心的民间商会能够避免组织发展中积累的政治社会资本出现过度集中的倾向，也能进一步防止行动主体的疏离化倾向。为此，民间商会在处理组织的互益性与公益性问题上，应当着重强化市场信息供给、合作平台构建、教育培训提升与融资贷款协助等基本功能，拓展组织发展的互益性空间。对于一些具有较强内部治理能力的民间商会而言，还应当在满足会员基本需求的基础上继续扩充服务会员的项目种类，提升会员入会的获得感，从而引导会员更加自觉自愿地投入社会公益事业当中。总体而言，民间商会应当在实践中统筹兼顾组织的互益性与公益性，以互益性空间的拓展为社会公益事业提供充足的动力。

三　坚持监管与培育双管齐下

当前我国的民间商会正处于国家与社会互动关系新一轮的调适中，例如脱钩改革以及直接登记制度等一系列的举措都表明政府权力正从民间商会中有秩序地退出，政府角色从管控型转向监管型，并向社会主体让渡出了一定的治理空间。监管时代的来临，意味着政府要不断优化对民间商会的监管方式和策略，从以往注重事前监管转向为注重事中监管与事后监管，切实将政府的监管职责挺在胸前。此外，就理论而言，政府监管角色的转变将会促使民间商会的自主性获得较大的提升，能够在组织的发展中拥有更大的自我决定权。但现实问题是，新一轮的行政机关与民间商会的脱钩改革是一次较为完全的脱钩改革，经费、场地以及人事的全面脱钩对民间商会是一次较大的生存挑战，组织的自主性在这些挑战面前变得无足轻重，这也使得政府与民间商会在短期内不得不共同承受改革所带来的阵痛。尤其是内陆地区的民间商会，在没有获得充分发展的情况下就面临改革的洗礼，组织的生存和发展都面临较大的考验。在此情境下，在优化监管的同时加大对民间商会的培育力度恰恰成为提高民间商会独立自主性的必选项。

首先，政府要不断加大对民间商会的经费扶持力度。以个案地区为例，2018 年该市用于政府购买服务的财政资金仅为 150 万元不到，而在沿海发达地区，同级政府每年用于购买服务的资金多达上亿元。欠发达地区政府对公共服务的投入力度不足，主要受限于地方财政不宽裕等客观条件限制，但是地方政府仍然可以通过其他一些方式向民间商会等社会组织提供经费支持，例如将国家的项目制运作与民间商会"以商养会"的模式相结合，借助市场的力量为民间商会造血。

其次，政府要继续培植和增强支持型的社会组织，政府将相关的职能下放给商会，以谋求市场秩序与地区经济更好的发展是未来的发展趋势，而内陆地区的民间商会在承接政府职能方面却是一块突出的短板。补齐短板，应当依靠支持型社会组织的力量，以社会扶持社会的方式推进社会的成长。为此，政府还要着力以支持型的社会组织为抓手，将培育的职能下放给这类组织，进而提升民间商会的专业化发展水平。

最后，全面加强民间商会党组织建设。随着社会组织党建工作的深入推进，基层党组织逐渐深度嵌入民间商会之中，有的地区还通过派遣党建指导员的方式强化民间商会党组织建设。中国共产党是使命型政党，党组织在民间商会不仅肩负着巩固党的执政基础和群众基础的使命，还肩负着培育和发展民间商会的使命。因此，民间商会的党组织应当在着力提升组织力的基础上充分施展党组织的政治功能，综合采用政治吸纳、社会整合、资源链接、政治规训等方式，为民间商会赋能。经过党政的综合型赋能，民间商会的独立自主性也将获得进一步提高。

四　吸纳进基层民主协商体系

新时代赋予了民间商会更多的历史使命，也为民间商会的未来发展指明了方向，这主要表现为社会组织协商纳入到了社会主义民主协商体系之中。2013 年，党的十八届三中全会提出要"构建程序合理、环节完整的协商民主体系，拓宽国家政权机关、政协组织、党派团体、基层组织、社会组织的协商渠道"；2015 年，中共中央发布的《关于加强社会主义协商民主建设的意见》中提出"逐步探索社会组织协商"，"探索开展社会组织协商，坚持党的领导和政府依法管理，健全与相关社会组织联系的工作机制和沟通渠道，引导社会组织有序开展协商，更好为社会服务"；2017 年，党的十九大报告提出"要推动协商民主广泛、多层、制度化发展，统筹推进政党协商、人大协商、政府协商、政协协商、人民团体协商、基层协商以及社会组织协商"；2022 年，党的二十大报告再次提出："完善协商民主体系，统筹推进政党协商、人大协商、政府协商、政协协商、人民团体协商、基层协商以及社会组织协商，健全各种制度化协商平台，推进协商民主广泛多层制度化发展"，但目前我国的社会组织协商仍处于探索起步阶段。而事实上，社会组织的政治表达和参与行为需求增多，但在实际中开展协商的能力和水平普遍偏弱，协商的制度化程度还不够。社会组织虽然可以提出某些专业性的意见和建议，却缺乏专门的利益诉求渠道，成果转化的制约因素较多。在社会组织自身发展方面，也存在业务发展与政府支持不相匹配，服务内容与群众需求不相匹配等阻碍，因此亟待畅通"政府、社会组织、群众"三大主体之间的对话机制和协商渠道。就民间商会而言，作为社会组织的重要组成部分，也是社会组织协商的重要主体，在今后相当长的一个时期内也将继续引领其他类型社会组织融入民主协商体系之中。为此，民间商会应当以此为契机，以基层治理则为重要切入口，就国家与社会共同关注的治理话题进行协商，这不仅有利于民间商会在协商中增强协商意识、提高协商能力、拓展协商空间，还有利于提升民间商会参与基层治理的效能。为了进一步优化民间商会参与基层治理的效能，就社会组织协商的角度而言，一方面，党和国家要及时将民间商会纳入地方治理事务的协商机制当中，给予民间商会充分的参政议政的权利；另一方面，民间商会在今后也应当注重与政党、政府、人大、政协、群团组织、企业以及社会公众等主体进行积极而有效的对话交流，提高主动性和积极性，并始终坚持以党和国家的重大治理任务与治理目标为中心。总之，党、政府与民间商会应当在实践中进一步丰富协商内容、创新协商形式、规范协商程序，并不断提升协商结果的针对性与实效性。

五　推进商会治理协同制度化

亨廷顿认为，制度是一套"稳定的、受珍重的和周期性发生的行为模式"，而制度化则是"组织和程序获取价值观和稳定性的一种进程"。① 推进治理协同的制度化有利于巩固基层治理主体之间的互动模式，使得具有创新意义的治理观念、行为与方式能够按照既定的制度安排和确定的制度环境运用到治理过程中。基层治理的驱动使得民间商会出现了新的功能偏好，而在与基层政府的互动中又体现出强合作的治理姿态，这些由治理结构创新所带来的新趋势对于推进基层治理的现代化目标具有重要的现实意义和价值。从个案地区来看，民间商会在基层治理中的参与主要缘起于政府官员的治理创新意识与农民企业家的政治觉悟，具有确定性的人员互动带来了民间商会治理协同行为的稳定性。然而，由于党政干部的人事制度具有流动性特征，对既有人员互动模式的强依赖不利于民间商会的内部管理与功能的发挥。此外，基层政权的权力触角在民间商会中的延伸，以及对社会资源的强力汲取，也在一定程度上耗散着民间商会治理参与的积极性与主动性。显然，只有通过制度化的互动方式才能消解主体行为之间的张力，厘清各自的行动边界。基层政府应当意识到，民间商会的可持续发展依靠的是权力合理的适度的引导而非过度渗透，依靠的是权力对资本市场运行的尊重而非对主体利益诉求的回避。在制度化的互动模式下，治理协同将主要依靠基层国家力量与社会力量的公共关系而非政府官员与民营企业家的私人关系推动。纵观中华人民共和国 70 多年的发展历程，就可以发现，"当前我国基层治理的本质是治理主体协作关系的结构化，即一定时期内相对稳定的治理结构"②。为此，推进民间商会在基层

---

① ［美］塞缪尔·P. 亨廷顿：《变化社会中的政治秩序》，王冠华等译，生活·读书·新知三联书店 1989 年版，第 12 页。

② 刘学：《回到"基层"逻辑：新中国成立 70 年基层治理变迁的重新叙述》，《经济社会体制比较》2019 年第 5 期。

治理中的协同，应当树立以政党为核心的制度化互动理念，架设多重主体之间稳固的沟通桥梁。首先，地方党委要继续派驻党建指导员，维护基层党组织对民间商会的引领地位，还要尊重民间商会的自主性，维护其发展的正当合法利益。其次，基层政府既要继续保持与民间商会的常态化联络，适当让渡治理参与的活动空间，又要听取并回应民间商会在经济发展中的呼声。最后，民间商会一方面要继续参与到基层治理实践中，充分发挥组织的社会影响力；另一方面则要保持发展上的独立自主性，积极履行作为民营企业家共同体的组织功能，延伸治理的参与面。治理协同的制度化推进需要各个治理主体在观念与行为上采取步调一致的具体措施并明晰各自的职能与功能边界，防范越轨行为的出现。多元化的基层治理结构也将通过议题协商与利益共享去化解社会矛盾纠纷，最后共同推动城乡公共服务的换代升级。

结论与探讨

一 基本结论

水镇商会由最初捐资助学、修桥补路、助老扶幼等慈善性回馈乡梓，到逐步参与基层社会治理，在这个过程中，民营企业家实现了自我发展、自我提升，也推动了地方性的治理格局转变。水镇商会自其诞生之初就与基层治理密不可分，近些年的中心功能与核心职能也始终围绕着基层治理尤其是乡村基层治理展开。由此，水镇商会的发展壮大以及水镇商会在基层治理的行动轨迹都展现出当前我国社会组织参与基层治理的一些基本经验。结合水镇商会在基层治理中的功能与作用进行考察，可以管窥到当前民间商会发展与基层治理的几条经验：

一是基层治理创新通过国家与社会互动实现。

基层治理水平的提升通过基层治理创新实现，在治理的主体、格局、方式、理念等方面与时俱进，不断开创新的局面，从而将社会的矛盾纠纷、利益冲突等维持在可控范围内。当前，全国各地正在普遍推广新时代"枫桥经验"，其基本经验之一就是实现"基层社会再组织化"①，推动基层社会结构的重构与整合，因此被誉为是中国式现代化的基层实践与表征符号。② 毛泽东曾指出："把群众力量组织起来，这是一种方针"③，"有了团体，心就齐了，力量就结合起来了，就能齐心合力干大事"④。就成熟的基层治理体系而言，基层治理的主体不仅要有统领全局的基层党组

---

① 刘开君、卢芳霞：《再组织化与基层社会治理创新——以"枫桥经验"为分析案例》，《治理研究》2019 年第 5 期。
② 景跃进：《"枫桥经验"：中国式现代化的基层实践与表征符号》，《探索与争鸣》2023 年第 8 期。
③ 《毛泽东选集》第 3 卷，人民出版社 1991 年版，第 930 页。
④ 《毛泽东选集》第 2 卷，人民出版社 1991 年版，第 167 页。

织，还要有发挥主导作用的基层政府，也要有积极参与其中的社会公众和社会组织。浙江省诸暨市枫桥镇自 2015 年起大力培育和发展社会组织，目前已经孵化出 53 家，这对于其化解和调节社会矛盾纠纷、激活社会的活力产生了非常积极的影响。

但是在中西部地区又如何呢？由于治理资源的匮乏，以及基层政府长期一元主导的基层治理格局没有发生实质性变化，许多矛盾纠纷最终难以在社区内部获得有效化解，因此民众大多转而通过上诉和上访等途径表达利益诉求破解矛盾纠纷，但这既增加了基层国家机关的行政负担，也加剧了政府与民众之间的紧张关系。显然，要打破僵局，墨守成规是行不通的，这就必然要向先进地区和典型案例进行学习和借鉴，创新基层治理的思路、格局和方式。然而，对于中西部地区而言，基层治理创新的难点并不在于党和政府如何优化配置治理权力，而在于国家如何培育和引导社会力量有序参与到基层治理之中。中西部地区的社会组织发育迟缓，尤其是在基础薄弱的农村地区更是如此，不论是传统型的民间组织还是新近创立的民间协会都难以发挥真正的功效，虽然实现了社会的部分再组织化，但是在基层治理中的实际效果却还是不尽如人意。病症在哪里呢？水镇商会提供了一种解决方案，那就是国家对分散的社会力量的整合应当符合时代发展的特点，具有可针对性，否则被培育起来的社会组织就可能沦为摆设，难以在基层治理中发挥应有的效果。水镇商会提出的更为具体的解决方案是将本土籍的农民企业家组织起来，给予分散的社会经济精英一个施展抱负的平台，让有志愿的企业家借助这一平台，对村庄的公共事务产生一定的影响。

政府将民营企业家组织起来，基本的出发点是为了招商引资，让民间商会在地区经济发展中发挥作用。水镇政府整合农民企业家，最直接的意图却是创新基层治理格局，似乎与经济发展并不直接关联，但实际上这一做法是深度嵌入政治经济社会结构之中的。首先，改革开放造就了一大批具有一定经济实力的民营企业家，在发展主义的支配逻辑之下，农民企业家凭借着不断累积的社会财富在社会生活占据了重要话语权，而水镇商会生成的逻辑起点即来源于此。面对日益被消解的常规化的基层治理模式，权威弱化的村庄难以产生维持社会公共秩序的内生力量，但却拥有较多的在外知名人士，尤其是对于极度渴望实现脱贫致富的落后村庄，经济能人所能产生的作用要比一般的能人大得多。其次，非公有制经济经过 40 多年的发展在中西部地区已经取得了一定的成效，在地区经济中所占的比重有目共睹，民间商会却并没有因此而兴起，这虽然与经济发展尚不充分有关，但也意味着有大量民营企业和民营企业家游离在社会团体之外，这是一支庞大的亟待被重新组织起来的队伍。最后，村庄旺盛的优化基层治理的需求与城市分散的基层治理资源的供给成为一对亟须被整合起来的治理组合，而能够发挥这种联合机制作用的只能是国家权力。国家权力一方面将村庄的基层治理需求回馈给城市，另一方面又将城市的基层治理资源回流至村庄，将离散的城乡关系重新黏合起来，从而发育出能够发挥实际作用的社会组织。水镇商会由国家权力整合而来，但如果将其塑造成类似于国家机关性质的工商联，那么基层治理的格局又将重新回到起点，即由政府一元主导，商会失去其独立自主性。为了避免这一后果的产生，在尊重和保障民间商会独立自主性的基础上，采取柔和的协商式的互动方式就显得十分有必要。因此，在水镇商会的创立之初，基层政府根据自身的权力属性与权限范围而选择自下而上地将分散的基层治理力量组织起来，并出于民营企业家的自身意愿，有步骤地将基层治理的意图嵌入商会的发展理念与宗旨之中，从而实现了柔性化的基层治理创新。

二是基层党组织的全面建设为民间商会赋能。

习近平总书记在党的二十大报告中指出，"坚持大抓基层的鲜明导向"，"把基层党组织建设成为有效实现党的领导的坚强战斗堡垒"。① 这一重要要求，突出强调基层党组织宣传党的主张、贯彻党的决定、领导基层治理、团结动员群众、推动改革发展的功能定位，为坚持党的领导、加强基层党组织建设指明了方向、提供了遵循。这是中国特色社会主义进入新时代对基层党组织建设提出的新要求，而社会组织中的党组织建设则是其中重要的组成部分。事实上，自党的十八大以来，党中央就高度重视在社会组织中强化党组织建设，通过一系列的文件和行动措施改变了以往社会组织中党组织建立少、组织空转以及功能闲置等面貌，进一步巩固了基层党组织建设的薄弱地带。水镇商会在由弱到强，从鲜为人知到名声大噪，与该组织从建立之初就高度重视商会党组织建设分不开。水镇商会党委成立于 2012 年 12 月，此时社会组织党建尤其是民间商会党建工作还没有被纳入中央全面加强党建工作的核心议题当中，但随着时间的推移，水

---

① 习近平：《高举中国特色社会主义伟大旗帜　为全面建设社会主义现代化国家而团结奋斗》，《人民日报》2022 年 10 月 26 日第 1 版。

镇商会"党建+商会"的发展模式逐渐凸显出其重要的现实意义。之所以出现这样的情况变化，实际上受到国家宏观环境的影响，具体而言是国家与社会关系的调适。在社会组织党建工作强化之前的较长时期内，民间商会与行政机关紧密相连，政府部门对民间商会实施全方位的管控。但是，党的十八大以后，政府的职能日渐向服务型转变，政府权力有了收缩的趋势，这突出表现为行业协会商会与行政机关的脱钩改革，至此政府不再是一个管控者的角色而是一个监管者的角色。然而，政府权力从民间商会中脱离出去后，却留下了权力的真空，这种空白无法通过社会组织自身来填补，因此党组织的全面进入就变得十分有必要。不过，党组织代表国家权力实现对社会组织的权力监管，并不是进行单一的意识形态管理，而是带着使命而来。当然这种使命是与党中央治国理政的思想和目标是一脉相承的，即继续优化和整合社会力量，培育和壮大社会组织，以提升社会组织参与基层治理的能力。水镇商会正是这样一个大环境背景之下组建的，也是通过商会党委这一枢纽实现了与基层各级政权的对接，并得以在地区公共事务发展中崭露头角。随着国家对社会组织党建工作的日益重视，水镇商会"党建+"的品牌效应也随之增强，而基层党组织的赋能使命也因政府角色的转型而得以落实。这主要表现在两个方面：其一，基层党组织的嵌入实现了对水镇商会中的精英骨干力量的二次整合，将一些年轻的活跃的力量团结在党组织周围，促使水镇商会在多年的发展始终能够保持较高的活跃度；其二，基层党组织在政府无法有效供给发展资源的情况下，积极为水镇商会链接有效的项目资源，支撑水镇商会从事更多的基层治理活动。水镇商会党委于 2016 年获得"全国先进基层党组织"的荣誉称号，2019 年商会党委书记还曾作为先进基层党组织的代表参加了在北京天安门举行的盛大的阅兵仪式。党中央的高度肯定为基层党组织的建设提供了行动指南，这意味着民间商会党组织的建设将进一步强化和巩固。在党组织能力增强的同时，相应地为社会组织赋能就不再是一件意料之外的事情，因为在中国的治理环境中，社会组织需要具备足够的政治敏锐度才能实现长期发展。中国电子商务协会即是其中一个典型的例子：

> 2000 年 6 月 21 日，中国电子商务协会（CECA）由信息产业部申请，经国务院批准在北京成立，是一家由民政部核准登记注册的全国性社团组织，其业务范围包括：协助政府部门推动电子商务的发

展；进行与电子商务相关业务的调查和研究，为政府部门制定相关法律法规和政策提供参考建议；开展电子商务国际交流与合作，组织推广国际、国内电子商务技术及应用成果，举办国际、国内技术交流活动及项目洽谈会；开发信息资源，编辑出版电子商务书刊及声像资料；为会员提供相关法律与法规指导；开展信息化人才及电子商务培训；组织专家在电子商务及其相关领域开展咨询服务；完成业务主管单位和政府部门授权委托及会员单位委托的工作事项等。成立近20年以来，作为一家"国字号"的商会，中国电子商务协会在国内和国际等多项商务活动中发挥过其应有的作用。然而，2018年11月协会却被民政部撤销了登记资格。原来，业务主管部门工信部认为，中国电子商务协会超过《社会团体登记管理条例》规定期限提交报告，且2017年度工作报告中缺少机构设置情况等材料，同时认为其内部管理混乱，存在被多次举报投诉的问题。在内部管理混乱方面，工信部尤其指出，中国电子商务协会的党建工作缺失，其提交的2017年度工作报告中载明"党支部未完成换届且2011年至今没有开展任何学习和活动"。

在该案例中，民间商会党建工作被认定为内部管理问题，而且作为主管部门作出撤销商会登记的行政处罚的主要依据之一，这说明社会组织党建不再是一个被边缘化的问题，而是一个核心的管理问题，关乎社会组织的生存和发展。作为一个典型的案例，其意义还在于，当前社会组织与基层党组织是一种共生的关系，党组织建设不力势必也会影响到民间商会的发展质量。相反，水镇商会的发展经验则表明，民间商会党组织的建设可以为民间商会赋能。

三是社会变迁中的民间商会具有多重可塑性。

改革开放40多年来，不同类型的社会组织粉墨登场，有的稍纵即逝，有的则屹立不倒，而民间商会则是后一种，在风雨的洗刷中始终保持着顽强的生命力，而且受到来自国家权力的长期青睐，在国家政治、经济以及社会生活中贡献着持久的活力。为什么会出现这种情况呢？这背后所涉及到的理论问题其实是，组织如何适应制度环境？如何在社会变迁中保持较强的社会适应能力？这些问题对于许多尚处在初步发展阶段或者正经历改革和转型阵痛的社会组织具有突出的现实意义。中国的民间商会是明末清初的产物，伴随资本市场的发育而在国家的社会经济生活中占据一定地位。既然受到来自资本市场形塑的结果，必然就会受到资本市场萎缩、停滞抑或蓬勃发展的影响，这也就导致在社会主义改造至改革开放的一段时期内民间商会一度陷入"冬眠"的境地。改革开放后，市场经济体制的确立触发了民间商会"重见天日"的运行装置，而市场经济的迅猛发展则使得民间商会得以长期保持着领先于其他社会组织的发展优势。一方面，政府对民间商会有需求，即期望通过这一平台提升地区经济发展水平，完成各级政府的招商引资任务；另一方面，民营企业家对政府也有需求，即渴望借助这一平台，与政府建立正式的规范化的互动关系。然而，这并不是民间商会能够长期保持领先优势的原因所在。水镇商会的发展表明，组织的发展韧性实际上通过功能的多重可塑性来实现的，这就包括本书此前所论述的"在商言商""在商言政"以及"在商言治"三项功能。

首先，在商言商的基础性功能是民间商会立足的根本，因为无论是政府还是民营企业家在市场经济体制的结构性背景之下都是以经济发展为中心。其中，对市场的监管与行业的治理是政府对民间商会的经济寄托，而信息服务、产业发展以及融资贷款等则是民营企业家对民间商会的经济诉求。从总体的情况来看，大多数的民间商会通过这一功能的发挥基本满足了各自的需求。

其次，在商言政的赋予性功能是民间商会发展的保障。市场经济催生了数量庞大的民营企业家群体，社会新阶层的诞生意味着国家执政理念必须与时俱进，面对新阶层的利益诉求，只有在政治上给予及时的回应才能稳固国家的政权。因此，国家通过主动赋予的方式，向民间商会赋予一定的参政议政的机会和权利，准许民营企业家阶层借助民间商会这一平台表达自身的发展诉求，通畅地参与到政治发展事业中来。这一功能设定，不仅吸纳了经济精英，破解了多元化利益冲突，也提升了民间商会对民营企业家的吸引力。

最后，在商言治的调适性功能是民间商会壮大的新动力。2013 年，党的十八届三中全会首次提出了国家治理体系与治理能力现代化的目标；2019 年，党的十九届四中全会专门围绕国家治理体系与治理能力现代化的主题提出了更加具体的指导方针和发展战略，治理已经和国家民族的兴衰融为了一体。在此背景下，民间商会的可塑性又再次体现出来，即积极参与到基层治理事业中去，协助地方各级党委与政府处理好各类社会矛盾纠纷，化解利益争端，并适时地将一部分个人资产转化为基层治理的建设性资源，这样的功能调适再度为民间商会的发展增添了新的动力和活力。

转型时期我国的社会制度一直处在变革的进程当中，从事工商业发展的民营企业家是最具有改革活力的群体之一，这也是为什么民间商会能够长期保持着良好发展势头的重要原因。除此之外，水镇商会的实践还表明，外部的环境压力是促进民间商会继续保持领先优势的直接原因。会长余某某在一次会长办公会说过这样一段话：

> 现在我们水镇商会声名在外，不管我们做什么事，都有很多双眼睛在盯着我们看，这是一种非常大的压力啊！现在，市里其他乡镇商会也都搞起来了，有的实力差不多的商会还经常跟我开玩笑说要赶超我们水镇商会。怎么办呢？我们不能落后啊，否则龙头的地位就保不住了。所以我觉得，这次的活动无论如何我们都要力争第一。

制度均衡理论认为，外部环境的压力是制度创新的直接动因之一。随着基层党组织在社会组织发展中的重要引领地位日渐突出，水镇商会"党建+"的品牌只能继续扩大影响，而不是弱化影响。2019 年 12 月，唐某某正式卸任水镇商会党委书记一职。同年，会长余某某接任党委书记，实现了书记会长一肩挑，这意味着新一轮的商会内部治理机制与运行制度的改革启动。总体而言，水镇商会的多重可塑性折射出当前我国民间商会在社会变迁的顽强生命力，这些功能的习得与完善同时为其他类型社会组织的可持续发展提供了可供借鉴的样本。

二 理论探讨

随着行文的结束，本书的核心议题聚焦到了国家力量如何与社会组织协同推进治理现代化目标的问题，其价值指向是基层的多元共治结构。在社会转型的深刻背景下，我们可以看到的基本事实是，近些年来大量社会组织的诞生激活了基层政府推进治理创新的社会资源，强化了基层政权的组织能力和动员能力；而对社会组织而言，在基层治理中的积极参与既是其社会价值的自我实现，也是对制度环境变迁的一种调适性回应，强化了自身的影响力和社会地位。从民间商会的重组、培育再到作用发挥的全过程来看，党建引领下的社会组织对基层治理而言至少产生了三个方面的积极作用：一是促使城市治理资源向乡村薄弱地带回流；二是使得地区社会公益事业蔚然成风；三是促进基层治理新格局的初步形成。此时，基层党组织从一开始的隐性因素逐渐成为显性因素，社会组织党建工作使得党建引领社会组织参与基层治理的格局逐渐稳固。可以说，政党在社会中的回归，党社关系的深刻变迁重塑了当前国家与社会的互动方式。在治理目标驱动下，无论是在基层治理的结构、技术、价值、实践还是制度层面，党的组织体系都发挥着愈来愈为显著的作用。在此意义上，国家与社会的互动频率、互动深度与互动广度将在很大程度上取决于党组织在政府、社会二者之间的功能取向与价值依归，党建引领也因此被认为是对国家—社会分析范式的超越。① 但党建引领地位的日益突出实际上背后的问题指向的还是党政关系，因为从干部人事制度的角度来看，党政关系存在交融与关联，② 刻意地区分党社关系与国家社会关系的两元划分实际上在一定程度上是对中国治理情境的误读。显然，中国的国家角色从来没有离开政党的身影，基层治理中的政党角色也随时代变化，但是在分析层面上是否需要将政党作为一个独立变量来处置，仍然取决于特定的分析场景。③

　　更为重要的是，无论是国家与社会的关系还是党社关系，所有理论关怀的背后都有一个现实导向，即国家治理体系与治理能力现代化的长期目标。作为一个马克思主义的执政党，以人民为中心的中国共产党在基层治理中始终居于核心地位，以政党为中心的治理实践没有发生变化，之所以呈现出理论上的争论，恰恰是与各地区的具体实践有关，归根结底又是与基层党组织政治功能的发挥程度、组织力的建设情况紧密相关。无论是此前颇受欢迎的市民社会理论还是法团主义理论，抑或是作为分析工具的治理理论，其实都需要从理论走向实践，最终要服务于中国的国家治理目标。即便为了更加深入地理解当前党与社会的关系，治理结构中的政府因素显然也是不能被忽视的。此外，无论是政党中心还是国家中心，社会的自主性始终是一个绕不开的议题。本书的研究发现表明，民间商会即便在

---

① 吴新叶：《党建引领社会治理的中国叙事——兼论国家—社会范式的局限及其超越》，《人文杂志》2020 年第 1 期。

② 周雪光、艾云、葛建华等：《党政关系：一个人事制度视角与经验证据》，《社会》2020 年第 2 期。

③ 景跃进：《将政党带进来——国家与社会关系范畴的反思与重构》，《探索与争鸣》2019 年第 8 期。

经费、场地、内部管理等方面拥有独立自主的发展空间，但是如果不主动嵌入国家权力体系，也难达成组织的共同目标。不论是积极主动地嵌入还是被强大的公权力卷入抑或是被政党权力渗透，一个"官民二重性"的基本问题依然伫立在那里，所以一场深刻的以边界意识为核心的制度化的共联协同模式亟待提上议程。需要注意的是，就本书所研究的民间商会这一对象而言，国家与社会的互动关系在多个层面上也需要将市场作为隐性变量进行考察，因为市场的资本力量在与权力的交融互动中容易产生出新的治理模式。因此，在基层治理中，政府、社会、政党与市场的主体四分法几乎是涵盖在所有的研究中，任意两类主体的组合都必然要将其他一类或者两类主体作为理论探讨的背后关怀。尤其是在探讨国家与社会的关系时，不可避免地要关注到市场主体，因为二者的互动方式受到资本运作方式的限定。但以"基层善治"为导向的学术研究，往往将问题聚焦到治理的效能问题上，因而在一定程度上冲散了各种理论界别之间的观念纠缠与结构张力，使得鲜活的基层治理故事能够展现出独具特色的中国意蕴。

国家治理体系与治理能力现代化的目标推进正在迈向一个新征程，基层治理模式也必定不断推陈出新，社会组织蓬勃发展所产生的巨大能量有目共睹，中国国家治理现代化的进程不会因此而退却。令人欣喜的是，许多草根组织在党建旗帜的引领下，与政府协同共治，民间商会更是展现出强合作的治理姿态，积极投入到乡村振兴和共同富裕等中国式现代化的战略工程中。可见，党的十八大以来，国家对社会建设的日益重视已经显现出较大的治理价值。总而言之，理论研究来源于治理实践，最终又服务于治理实践，国家与社会关系理论的现实关怀之一即是基层多元共治结构的完善与优化。

附　录

附录1　访谈对象列表

序号	姓名代号	性别	年龄（岁）（访谈时）	所属机构	身份	访谈时间（次数）
1	TJZ	男	50	水镇商会	党委书记	2018.11 \ 2019.12（2次）
2	YRC	男	52	水镇商会	会长	2019.07 \ 2019.12（2次）
3	CSW	男	63	水镇商会	总顾问	2018.11 \ 2019.07（2次）
4	LJQ	男	56	水镇商会	秘书长	2018.11 \ 2019.08（2次）
5	JYL	男	63	HLS公司	董事长	2018.11（1次）
6	ZYF	女	25	水镇商会	党委委员	2018.11 \ 2019.07 \ 2019.12（5次）
7	JXL	男	31	水镇商会	办公室主任	2018.11 \ 2019.07 \ 2019.12（5次）
8	HC	男	30	水镇商会	党委委员	2018.11 \ 2019.07 \ 2019.12（5次）
9	QXY	男	48	水镇商会	常务副会长	2018.11（1次）
10	FXD	男	45	水镇商会	理事	2019.07（1次）
11	AHB	男	41	水镇商会	理事	2019.07（1次）
12	LYB	男	32	水镇商会	团委书记	2019.12（1次）
13	JSP	男	47	水镇商会	会员	2019.12（1次）
14	JDS	男	50	水镇商会	会员	2019.01（1次）
15	ZXL	男	29	水镇商会	会员	2019.07（1次）
16	DJS	男	47	市民政局	民间组织科科长	2018.11 \ 2019.07（2次）
17	LJ	女	36	市民政局	福利科科员	2019.07（1次）
18	ZML	女	45	市工商联	宣传科科长	2019.08（1次）
19	DXL	女	39	市社会组织孵化中心	主任	2019.08（1次）

序号	姓名代号	性别	年龄（岁）（访谈时）	所属机构	身份	访谈时间（次数）
20	FKJ	男	43	区民政局	副局长	2019.08（1次）
21	SYH	男	34	区社会组织孵化中心	主任	2019.08（1次）
22	FLL	男	34	区委组织部	副科级干部	2018.11（1次）
23	FM	男	34	区委组织部	副科级干部	2018.11＼2019.12（3次）
24	GFG	男	58	XC商会	党委书记	2018.10（1次）
25	LYP	女	32	XC商会	办公室主任	2018.10（1次）
26	HXG	男	53	XC商会	理事	2018.11（1次）
27	ZAJ	男	35	LF商会	秘书长	2019.07（1次）
28	LQ	男	28	LF镇	副镇长	2019.08（1次）
29	ZHQ	男	33	樟树市ZZ商会	秘书长	2019.01（3次）
30	WMR	男	42	莲花县XSD商会	会长	2019.07（1次）
31	LS	男	28	RH镇	大学生村官	2018.11＼2019.07（3次）
32	HCY	男	46	水镇	镇委书记	2019.12（1次）
33	AWY	男	57	水镇	综治办副主任	2019.12（1次）
34	DLL	女	28	水镇	科员	2019.12（1次）
35	QXY	男	30	水镇QX村	村委书记	2018.11（1次）
36	SXL	女	48	水镇QX村	村民	2019.01（1次）
37	LGH	女	33	水镇QX村	村民	2019.01（1次）
38	LJG	男	78	水镇XK村	村民	2019.01（1次）
39	CGZ	男	81	水镇XK村	村民	2019.01（1次）
40	SAF	男	36	宜春ZZ乡	党委书记	2019.07（1次）
41	PSY	女	29	宜春ZZ乡	科员	2018.07（1次）
42	HXY	男	25	宜春ZZ乡	大学生村官	2018.07（1次）

附录 2　主要访谈提纲

（一）商会会长访谈提纲：

1. 个人基本信息：

您的姓名、年龄、学历、从商经历、商会职位、入会时间？

2. 个人入会动机：

您是什么时候加入商会的？是怎样加入商会的？为什么想加入商会？您是否还加入了其他商会？您是如何当选的？

3. 商会组建过程：

当时为什么会想到组建商会？是哪些人发挥了推动作用？是怎样组建起来的？遇到了哪些困难？是如何解决这些困难的？

4. 商会的功能与作用：

商会为会员做了哪些事情？为社会做了哪些事情？商会经常做的是哪些事情？您认为哪些事情是最重要的？为什么？您认为商会应该做哪些事情？哪些事情想做但没有做好？为什么？商会未来还想做哪些事情？为什么？您认为商会首先是公益性组织还是互益性组织？您认为商会与其他类型的社会组织有什么相同和不同之处？

5. 会长与商会：

您认为水镇商会为什么会成功？您会商会做了哪些事情？有哪些事情您觉得做得比较好？有哪些事情您觉得做得不够好？有哪些事情说了但没有做的？为什么？您在运行商会的过程中遇到过哪些困难？怎么克服的？能否请您谈谈作为会长的得与失？您最在意的是什么？最担心的是什么？现在咱商会的名气越来越大了，您觉得有压力吗？为什么？能否展望一下商会的发展？您觉得会遇到哪些困难？您打算怎么解决这些困难？

（二）商会秘书长访谈提纲：

1. 个人基本信息：

您的姓名、年龄、学历、从商经历、商会职务、入会时间？

2. 商会基本情况：

成立时间、会员人数、组织架构、工作人员、制度建设、会费标准、发展历程、管理部门？

3. 商会组建过程：

当时为什么会想到组建商会？是哪些人发挥了推动作用？是怎样组建起来的？遇到了哪些困难？是如何解决这些困难的？

4. 商会与政府的关系：

商会与市政府是什么关系？区政府呢？镇政府呢？商会平常和哪一级政府打交道多些？怎样打交道？政府在商会的发展中有没有给予过帮助？政府对商会提出过什么要求？您认为商会与政府应该是什么样的关系？事实上是什么关系？为什么？

5. 商会与党组织的关系：

商会党组织是什么时候成立的？您认为商会与党组织应该是什么关系？事实上是什么关系？为什么？商会的业务建设与党组织的业务建设是一种什么状态？有没有出现思想和行动不一致的时候？有，为什么？没有，又是为什么？您认为党组织的建立在商会的发展中起到了什么样的作用？

6. 商会发展：

商会在发展过程中取得了什么成绩？遇到过什么困难和问题？怎么解决这些困难和问题的？商会换届工作如何进行？会长人选如何确定？会员如何吸纳？商会与会员是什么关系？会员对商会提出过什么要求？有没有满足？为什么？商会对会员提出过什么要求？有没有满足？为什么？是否出现过会员流失的现象？为什么？您认为商会与其他商会有什么不同和相同之处？您认为商会今后应该怎样发展？商会对政府和党组织有什么期望？

7. 商会的功能与作用：

商会为会员做了哪些事情？为社会做了哪些事情？商会经常做的是哪些事情？您认为哪些事情是最重要的？为什么？您认为商会应该做哪些事情？哪些事情想做但没有做好？为什么？商会未来还想做哪些事情？为什么？您认为商会首先是公益性组织还是互益性组织？您认为商会与其他类型的社会组织有什么相同和不同之处？

（三）商会会员访谈提纲：

1. 个人基本信息：

您的姓名、年龄、学历、从商经历、商会职务、入会时间？

2. 个人入会动机：

您是什么时候加入商会的？是怎样加入商会的？为什么想加入商会？您是否还加入了其他商会？

3. 会员与商会：

您希望商会为您做什么？商会为您做了什么？加入商会是否实现了您当初的目的？对您的人际交往和生意发展有帮助吗？对您的社会声望有影响吗？对您和政府打交道有帮助吗？您觉得商会的发展存在哪些不足或者需要改进的地方？为什么会存在这些问题？您是否想过退会？想过，为什么？没想过，又是没什么？您认为商会与其他商会有什么不同和相同之处？商会如何与您联系？您有参加过商会组织的活动吗？有，参过哪些活动？没有，为什么？您介绍过别人加入商会吗？为什么？对商会的发展您有什么建议吗？

（四）市区民政局和工商联访谈提纲：

1. 个人基本信息：

您的姓名、年龄、学历、工作职务？

2. 民间商会发展情况：

能否请您介绍一下民间商会的基本情况？是否向民间商会提供过帮助？对民间商会提出过什么要求？民间商会是如何回应的？民间商会对政府（工商联）有何诉求？政府（工商联）与民间商会是什么关系？民间商会的管理存在哪些难点？民间商会的发展取得了哪些成绩？政府（工商联）最希望民间商会发挥什么作用？民间商会的发展存在哪些困难？

3. 民间商会的脱钩改革：

地方上的脱钩改革是什么开始的？进展如何？有没有遇到过困难？怎么解决这些困难的？对民间商会的发展产生了什么影响？

4. 水镇商会的功能与作用：

能否请您谈谈水镇商会的基本情况？政府（工商联）是否向水镇商会提供过帮助？提出过要求？水镇商会是如何回应的？水镇商会与其他商会的区别和相同点是什么？水镇商会在民间商会中是什么地位？水镇商会做了哪些事情？能否请您评价一下水镇商会？

（五）商会党委书记访谈提纲：

1. 个人基本信息：

您的姓名、年龄、学历、工作经历、政府职务、商会职务、任职时间？

2. 商会组建过程：

当时您为什么会想到组建商会？您是怎么做的？怎么把会员组织起来的？组建的过程中有没有遇到过困难？是如何解决这些困难的？

3. 商会党组织的基本情况：

商会党组织是什么时候成立的？商会党组织的发展历程是怎样的？党组织的隶属关系是怎么样的？党组织成员是怎么产生的？党员发展状况如何？开展了哪些活动？哪些活动您比较看重？为什么？党组织的工作开展有没有遇到过困难？是如何克服困难的？

4. 商会党组织与商会的关系：

您认为商会与党组织应该是什么关系？事实上是什么关系？为什么？商会的业务建设与党组织的业务建设是一种什么状态？二者有没有出现过思想和行动不一致的情况？有，为什么？没有，又是为什么？您认为党组织的建立在商会的发展中起到了什么样的作用？

5. "党建+商会"模式基本情况：

什么是"党建+商会"模式？为什么要推广这个模式？您怎么看这种模式在全区的扩散与全覆盖？模式在扩散中遇到了什么问题？如何克服这些问题的？您认为这种模式产生了什么影响？您认为党建对商会意味着什么？对商会产生了什么影响？您认为这种模式未来应该怎样发展？

6. 商会的功能与作用：

商会为会员做了哪些事情？为社会做了哪些事情？为政府做了哪些事情？商会经常做的是哪些事情？您认为哪些事情是最重要的？为什么？您认为商会应该做哪些事情？哪些事情想做但没有做好？为什么？商会未来还想做哪些事情？为什么？您认为商会首先是公益性组织还是互益性组织？您认为商会与其他类型的社会组织有什么相同和不同之处？

（六）镇政府访谈提纲：

1. 个人基本信息：

您的姓名、年龄、学历、工作经历、政府职务？

2. 商会组建过程：

镇里当时为什么会想到组建商会？镇里做了哪些工作？组建过程中遇到了哪些困难？是如何解决这些困难的？哪些人在积极推动商会的组建？为什么？

3. 镇政府与商会的关系：

镇里是怎么和商会打交道的？打交道次数多吗？在商会的发展中镇里有没有给予过帮助？镇里对商会提出过什么要求？有没有满足？为什么？商会对镇里提出过什么要求？会员个人有没有提出要求？有没有满足？为什么？您认为商会与镇政府应该是什么样的关系？事实上是什么关系？为什么？

4. 商会的功能与作用：

商会为镇里做了哪些事情？为村民做了哪些事情？商会经常做的是哪些事情？您认为哪些事情是最重要的？为什么？您认为商会应该做哪些事情？为什么？您还希望商会做哪些事情？为什么？您认为商会与其他类型的社会组织有什么相同和不同之处？能否请您评价一下水镇商会做的这些事情？

参考文献

一 经典著作

《毛泽东选集》第二卷，人民出版社1991年版。

《毛泽东选集》第三卷，人民出版社1991年版。

《习近平谈治国理政》第一卷，外文出版社2018年版。

《习近平谈治国理政》第二卷，外文出版社2017年版。

《习近平谈治国理政》第三卷，外文出版社2020年版。

《习近平谈治国理政》第四卷，外文出版社2022年版。

《习近平著作选读》第一卷，人民出版社2023年版。

《习近平著作选读》第二卷，人民出版社2023年版。

二 著作

（一）中文著作

敖带芽：《私营企业主阶层的政治参与》，中山大学出版社2005年版。

陈剩勇、汪锦军、马斌：《组织化、自主治理与民主——浙江温州民间商会研究》，中国社会科学出版社2004年版。

邓正来、［英］J. C. 亚历山大编：《国家与市民社会：一种社会理论的研究路径》，中央编译出版社2002年版。

费孝通：《乡土中国 生育制度》，北京大学出版社1998年版。

冯尔康：《18世纪以来中国家族的现代转向》，上海人民出版社2005年版。

冯仕政：《当代中国的社会治理与政治秩序》，中国人民大学出版社2013年版。

故宫博物院明清档案部汇编：《清末筹备立宪档案史料》（全二册），中华书局 1979 年版。

李强：《社会分层十讲》（第二版），社会科学文献出版社 2011 年版。

林尚立：《政党政治与现代化——日本的历史与现实》，上海人民出版社 1998 年版。

刘培峰、谢海定主编：《民间组织发展与管理制度创新》，社会科学文献出版社 2012 年版。

刘伟：《难以产出的村落政治——对村民群体性活动的中观透视》，中国社会科学出版社 2009 年版。

卢福营：《能人政治：私营企业主治村现象研究——以浙江省永康市为例》，中国社会科学出版社 2010 年版。

潘维：《农民与市场：中国基层政权与乡镇企业》，商务印书馆 2003 年版。

秦海霞：《关系网络的建构：私营企业主的行动逻辑——以辽宁省 D 市为个案》，上海大学出版社 2009 年版。

荣敬本、崔之元、王拴正、高新军、何增科、杨雪冬等：《从压力型体制向民主合作制的转变——县乡两级政治体制改革》，中央编译出版社 1998 年版。

孙立平：《断裂——20 世纪 90 年代以来的中国社会》，社会科学文献出版社 2003 年版。

孙立平：《博弈——断裂社会的利益冲突与和谐》，社会科学文献出版社 2006 年版。

唐力行：《商人与中国近世社会》（修订本），商务印书馆 2017 年版。

王邦佐等：《执政党与社会整合：中国共产党与新中国社会整合实例分析》，上海人民出版社 2007 年版。

王长江：《现代政党执政规律研究》，上海人民出版社 2002 年版。

王沪宁：《当代中国村落家族文化——对中国社会现代化的一项探索》，上海人民出版社 1991 年版。

王名等：《社会组织与社会治理》，社会科学文献出版社 2014 年版。

吴敬琏：《呼唤法治的市场经济》，生活·读书·新知三联书店 2007 年版。

肖唐镖主编：《宗族、乡村权力与选举——对江西十二个村委会选举的观察研究》，西北大学出版社 2002 年版。

闫东：《中国共产党与民间组织关系研究》，中央编译出版社 2011 年版。

虞和平：《商会与中国早期现代化》，上海人民出版社 1993 年版。

俞可平主编：《治理与善治》，社会科学文献出版社 2000 年版。

张静：《法团主义》，中国社会科学出版社 1998 年版。

张静：《基层政权：乡村制度诸问题》（增订本），世纪出版集团、上海人民出版社 2007 年版。

赵树凯：《乡镇治理与政府制度化》，商务印书馆 2010 年版。

周黎安：《转型中的地方政府：官员激励与治理》（第二版），格致出版社、上海三联书店、上海人民出版社 2017 年版。

周雪光：《组织社会学十讲》，社会科学文献出版社 2003 年版。

朱友渔：《中国慈善事业的精神》，商务印书馆 2016 年版。

朱英：《近代中国商人与社会》，湖北教育出版社 2002 年版。

（二）中文译著

［德］罗伯特·米歇尔斯：《寡头统治铁律——现代民主制度中的政党社会学》，任军锋等译，天津人民出版社 2003 年版。

［德］马克斯·韦伯：《支配社会学》，康乐、简惠美译，广西师范大学出版社 2010 年版。

［法］埃哈尔·费埃德伯格：《权力与规则——组织行动的动力》，张月等译，格致出版社、上海人民出版社 2005 年版。

［法］埃米尔·涂尔干：《社会分工论》，渠东译，生活·读书·新知三联书店 2000 年版。

［美］彼得·德鲁克：《管理：使命、责任与实务（使命篇）》，王永贵译，机械工业出版社 2006 年版。

［美］蔡欣怡：《绕过民主：当代中国私营企业主的身份与策略》，黄涛、何大明译，浙江人民出版社 2013 年版。

［美］杜赞奇：《文化、权力与国家：1900—1942 年的华北农村》，王福明译，江苏人民出版社 2010 年版。

［美］加布里埃尔·A. 阿尔蒙德、小 G. 宾厄姆·鲍威尔：《比较政治学——体系、过程和政策》，曹沛霖、郑世平、公婷、陈峰译，东方出版社 2007 年版。

　　［美］罗伯特·D. 帕特南：《使民主运转起来：现代意大利的公民传统》，王列、赖海榕译，江西人民出版社 2001 年版。

　　［美］乔尔·S. 米格代尔：《社会中的国家：国家与社会如何相互改变与相互构成》，李扬、郭一聪译，江苏人民出版社 2013 年版。

　　［美］塞缪尔·P. 亨廷顿：《变化社会中的政治秩序》，王冠华等译，生活·读书·新知三联书店 1989 年版。

　　［美］W. 理查德·斯科特：《制度与组织——思想观念与物质利益》（第 3 版），姚伟、王黎芳译，中国人民大学出版社 2010 年版。

　　［美］詹姆斯·R. 汤森、布兰特利·沃马克：《中国政治》，顾速、董芳译，江苏人民出版社 1996 年版。

　　［英］迈克尔·曼：《社会权力的来源（第二卷）——阶级和民族国家的兴起（1760—1914）》，陈海宏等译，上海世纪出版集团 2015 年版。

二　报刊文章

（一）期刊论文

　　［英］格里·斯托克：《作为理论的治理：五个论点》，华夏风译，《国际社会科学杂志》（中文版）2019 年第 3 期。

　　白小虎：《自发秩序与制度秩序：温州模式研究的理论问题与理论贡献》，《浙江社会科学》2018 年第 11 期。

　　蔡昉：《城乡收入差距与制度变革的临界点》，《中国社会科学》2003年第 5 期。

　　曹正汉：《中国上下分治的治理体制及其稳定机制》，《社会学研究》2011 年第 1 期。

　　陈锋：《分利秩序与基层治理内卷化——资源输入背景下的乡村治理逻辑》，《社会》2015 年第 3 期。

　　陈家刚：《基层党组织组织力建设：实践价值与提升路径》，《学海》2021 年第 6 期。

　　陈家建：《项目制与基层政府动员——对社会管理项目化运作的社会学考察》，《中国社会科学》2013 年第 2 期。

　　陈荣卓、陈鹏：《新型城镇化背景下现代农村社会组织管理体制构建研究》，《社会主义研究》2013 年第 6 期。

　　陈剩勇、马斌：《民间商会与地方治理：功能及其限度——温州异地商会的个案研究》，《社会科学》2007 年第 4 期。

陈锡文、刘守英、魏后凯等：《"共同富裕、社会保障与乡村振兴"笔谈》，《社会保障评论》2022 年第 6 期。

程坤鹏、徐家良：《从行政吸纳到策略性合作：新时代政府与社会组织关系的互动逻辑》，《治理研究》2018 年第 6 期。

崔月琴、张冠：《再组织化过程中的地缘关系——以地缘性商会的复兴和发展为视角》，《吉林大学社会科学学报》2014 年第 4 期。

邓国胜：《政府与 NGO 的关系：改革的方向与路径》，《中国行政管理》2010 年第 4 期。

丁惠平：《从注脚到主角：中国社会组织研究的出场与转向》，《东岳论丛》2023 年第 11 期。

董敬畏：《国家与社会视野下的新中国 70 年：从"组织起来"到"社会建设"》，《行政管理改革》2019 年第 8 期。

高丙中：《社会团体的合法性问题》，《中国社会科学》2000 年第 2 期。

葛亮、朱力：《非制度性依赖：中国支持型社会组织与政府关系探索》，《学习与实践》2012 年第 12 期。

郝志景：《新中国 70 年的扶贫工作：历史演变、基本特征和前景展望》，《毛泽东邓小平理论研究》2019 年第 5 期。

何轩、马骏：《被动还是主动的社会行动者？——中国民营企业参与社会治理的经验性研究》，《管理世界》2018 年第 2 期。

何艳玲：《"嵌入式自治"：国家—地方互嵌关系下的地方治理》，《武汉大学学报》（哲学社会科学版）2009 年第 4 期。

贺东航：《中国村民自治制度"内卷化"现象的思考》，《经济社会体制比较》2007 年第 6 期。

贺雪峰、刘岳：《基层治理中的"不出事逻辑"》，《学术研究》2010 年第 6 期。

黄冬娅、张华：《民营企业家如何组织起来？——基于广东工商联系统商会组织的分析》，《社会学研究》2018 年第 4 期。

黄建：《中国民间商会功能变迁之规律探析》，《商业研究》2011 年第 8 期。

黄晓春：《当代中国社会组织的制度环境与发展》，《中国社会科学》

2015 年第 9 期。

黄晓春、周黎安：《政府治理机制转型与社会组织发展》，《中国社会科学》2017 年第 11 期。

［美］黄宗智：《集权的简约治理——中国以准官员和纠纷解决为主的半正式基层行政》，《开放时代》2008 年第 2 期。

纪莺莺：《治理取向与制度环境：近期社会组织研究的国家中心转向》，《浙江学刊》2016 年第 3 期。

季中扬、师慧：《新乡贤文化建设中的传承与创新》，《江苏社会科学》2018 年第 1 期。

江华、张建民：《民间商会的代表性及其影响因素分析——以温州行业协会为例》，《公共管理学报》2009 年第 4 期。

江华、张建民、周莹：《利益契合：转型期中国国家与社会关系的一个分析框架——以行业组织政策参与为案例》，《社会学研究》2011 年第 3 期。

姜晓萍：《国家治理现代化进程中的社会治理体制创新》，《中国行政管理》2014 年第 2 期。

金太军、鹿斌：《社会治理创新：结构视角》，《中国行政管理》2019 年第 12 期。

景跃进：《将政党带进来——国家与社会关系范畴的反思与重构》，《探索与争鸣》2019 年第 8 期。

敬乂嘉：《控制与赋权：中国政府的社会组织发展策略》，《学海》2016 年第 1 期。

李朔严：《政党统合的力量：党、政治资本与草根 NGO 的发展——基于 Z 省 H 市的多案例比较研究》，《社会》2018 年第 1 期。

李友梅：《中国社会治理的新内涵与新作为》，《社会学研究》2017 年第 6 期。

李祖佩、曹晋：《精英俘获与基层治理：基于我国中部某村的实证考察》，《探索》2012 年第 5 期。

林尚立：《领导与执政：党、国家与社会关系转型的政治学分析》，《毛泽东邓小平理论研究》2001 年第 6 期。

刘精明、李路路：《阶层化：居住空间、生活方式、社会交往与阶层认同——我国城镇社会阶层化问题的实证研究》，《社会学研究》2005 年第 3 期。

刘开君、卢芳霞：《再组织化与基层社会治理创新——以"枫桥经验"为分析案例》，《治理研究》2019 年第 5 期。

刘鹏：《从分类控制走向嵌入型监管：地方政府社会组织管理政策创新》，《中国人民大学学报》2011 年第 5 期。

刘学：《回到"基层"逻辑：新中国成立 70 年基层治理变迁的重新叙述》，《经济社会体制比较》2019 年第 5 期。

刘伟、翁俊芳：《"社会治理共同体"话语的生成脉络与演化逻辑》，《浙江学刊》2022 年第 2 期。

罗文恩：《后脱钩时代行业协会功能再定位：共益组织研究视角》，《治理研究》2018 年第 5 期。

卢福营：《经济能人治村：中国乡村政治的新模式》，《学术月刊》2011 年第 10 期。

卢晖临、李雪：《如何走出个案——从个案研究到扩展个案研究》，《中国社会科学》2007 年第 1 期。

吕德文：《治大国若烹小鲜：基层治理与世道人心》，《教学与研究》2021 年第 5 期。

马敏：《试论晚清绅商与商会的关系》，《天津社会科学》1999 年第 5 期。

倪咸林：《政府购买社会组织服务供需适配精准化的实现机制》，《江苏社会科学》2023 年第 5 期。

欧阳静：《政治统合制及其运行基础——以县域治理为视角》，《开放时代》2019 年第 2 期。

潘修华：《国家与社会关系演变视域中社会组织发展对政治稳定的影响探析》，《理论与改革》2018 年第 3 期。

彭南生：《行小善：近代商人与城市街区慈善公益事业——以上海马路商界联合会为讨论中心》，《史学月刊》2012 年第 7 期。

渠敬东、周飞舟、应星：《从"总体支配"到"技术治理"：基于中国 30 年改革经验的社会学分析》，《中国社会科学》2009 年第 6 期。

任勇：《新中国成立 70 年来国家与社会关系研究的拓展及应用》，《当代世界与社会主义》2019 年第 5 期。

沈永东、虞志红：《社会组织党建动力机制问题：制度契合与资源拓展》，《北京行政学院学报》2019 年第 6 期。

谈火生、苏鹏辉：《我国社会组织协商的现状、问题与对策》，《教学与研究》2016 年第 5 期。

唐皇凤：《常态社会与运动式治理——中国社会治安治理中的"严打"政策研究》，《开放时代》2007 年第 3 期。

唐文玉：《行政吸纳服务——中国大陆国家与社会关系的一种新诠释》，《公共管理学报》2010 年第 1 期。

唐兴军：《嵌入性治理：国家与社会关系视阈下的行业协会研究》，《公共行政评论》2018 年第 2 期。

田毅鹏：《转型期中国社会原子化动向及其对社会工作的挑战》，《社会科学》2009 年第 7 期。

童潇：《直接注册时期社会组织管理模式创新——社会组织管理体制改革面临的新问题及应对》，《探索》2013 年第 5 期。

汪火根：《"嵌入性"自主治理：温州行业自主治理的典型研究》，《甘肃行政学院学报》2016 年第 3 期。

王崇杰：《地缘商会"嵌入式"发展的内在动力与路径研究——广东省湖北商会的个案分析》，《华中农业大学学报》（社会科学版）2018 年第 6 期。

王名、蔡志鸿、王春婷：《社会共治：多元主体共同治理的实践探索与制度创新》，《中国行政管理》2014 年第 12 期。

王宁：《代表性还是典型性？——个案的属性与个案研究方法的逻辑基础》，《社会学研究》2002 年第 5 期。

王诗宗、宋程成：《独立抑或自主：中国社会组织特征问题重思》，《中国社会科学》2013 年第 5 期。

吴津、毛力熊：《公益组织培育新机制——公益组织孵化器研究》，《兰州学刊》2011 年第 6 期。

吴巧瑜、董尚朝：《民间商会组织的社会治理功能透视——深圳"银商之争"的经验观察》，《华南师范大学学报》（社会科学版）2009 年第 4 期。

吴新叶：《党建引领社会治理的中国叙事——兼论国家—社会范式的局限及其超越》，《人文杂志》2020 年第 1 期。

夏柱智、贺雪峰：《半工半耕与中国渐进城镇化模式》，《中国社会科学》2017 年第 12 期。

肖唐镖：《宗族在重建抑或瓦解——当前中国乡村地区的宗族重建状况分析》，《华中师范大学学报》（人文社会科学版）2011 年第 2 期。

肖瑛：《从"国家与社会"到"制度与生活"：中国社会变迁研究的视角转换》，《中国社会科学》2014 年第 9 期。

谢玉峰：《加强社会组织党建工作　推动社会组织健康发展》，《中国社会组织》2016 年第 24 期。

徐家良：《政府购买社会组织公共服务制度化建设若干问题研究》，《国家行政学院学报》2016 年第 1 期。

徐建卫、黄德海：《中国商会研究的知识图谱分析》，《管理现代化》2019 年第 6 期。

徐勇：《"政党下乡"：现代国家对乡土的整合》，《学术月刊》2007 年第 8 期。

徐越倩、楼鑫鑫：《政府与商会关系的理论进路与政策演化》，《治理研究》2019 年第 1 期。

燕继荣：《社会变迁与社会治理——社会治理的理论解释》，《北京大学学报》（哲学社会科学版）2017 年第 5 期。

严宏：《政党与民间组织的关系：一种比较视角》，《华南农业大学学报》（社会科学版）2010 年第 4 期。

叶敏：《政党组织社会：中国式社会治理创新之道》，《探索》2018 年第 4 期。

虞和平、陈君静：《1920 年前后废督裁兵运动中的商会与孙中山》，《广东社会科学》2012 年第 3 期。

俞可平：《中国的治理改革（1978—2018）》，《武汉大学学报》（哲学社会科学版）2018 年第 3 期。

郁建兴：《改革开放 40 年中国行业协会商会发展》，《行政论坛》2018 年第 6 期。

岳经纶、王春晓：《三明医改经验何以得到全国性推广？基于政策创新扩散的研究》，《广东社会科学》2017 年第 5 期。

袁方成、陈印静：《社会治理现代化进程中的商会改革：风险及其化解》，《国家行政学院学报》2015 年第 4 期。

张丙宣：《支持型社会组织：社会协同与地方治理》，《浙江社会科学》2012 年第 10 期。

张小劲、李春峰：《地方治理中新型社会组织的生成与意义——以 H 市平安协会为例》，《华中师范大学学报》（人文社会科学版）2012 年第 4 期。

赵刚印：《"两新"组织党建的战略新思维》，《中共中央党校学报》2014 年第 1 期。

赵秀梅：《基层治理中的国家—社会关系——对一个参与社区公共服务的 NGO 的考察》，《开放时代》2008 年第 4 期。

周飞舟：《从汲取型政权到"悬浮型"政权——税费改革对国家与农民关系之影响》，《社会学研究》2006 年第 3 期。

周俊、宋晓清：《行业协会的公共治理功能及其再造——以杭州市和温州市行业协会为例》，《浙江大学学报》（人文社会科学版）2011 年第 6 期。

周黎安：《行政发包制》，《社会》2014 年第 6 期。

周庆智：《改革与转型：中国基层治理四十年》，《政治学研究》2019 年第 1 期。

周桐宇：《民间商会内部治理的委托代理分析》，《华东师范大学学报》（哲学社会科学版）2008 年第 3 期。

周雪光、艾云、葛建华等：《党政关系：一个人事制度视角与经验证据》，《社会》2020 年第 2 期。

朱健刚：《论基层治理中政社分离的趋势、挑战与方向》，《中国行政管理》2010 年第 4 期。

朱英：《"在商言商"与近代中国商人的政治参与》，《江苏社会科学》2000 年第 5 期。

祝捷：《构建新型政商关系　根除"权力围猎"现象》，《人民论坛》2017 年第 9 期。

（二）报纸文章

本报评论员：《发挥好党组织在社会组织中的政治核心作用》，《人民日报》2015 年 9 月 29 日。

李友梅：《坚持党的全面领导不动摇》，《人民日报》2021 年 12 月 2 日。

任欢：《改革创新激发社会组织发展活力》，《光明日报》2016 年 8

月 23 日。

王铭、金伟:《党建引领聚合力社会组织更出彩》,《中国社会报》2022 年 4 月 21 日。

郁建兴:《让社会既充满活力又安定有序》,《人民日报》2023 年 5 月 10 日。

三 文件讲话

胡锦涛:《高举中国特色社会主义伟大旗帜为夺取全面建设小康社会新胜利而奋斗》,《人民日报》2007 年 10 月 25 日。

习近平:《在民营企业座谈会上的讲话》,《人民日报》2018 年 11 月 2 日。

习近平:《在庆祝改革开放 40 周年大会上的讲话》,《人民日报》2018 年 12 月 19 日。

习近平:《在企业家座谈会上的讲话》,《人民日报》2020 年 7 月 22 日。

习近平:《高举中国特色社会主义伟大旗帜 为全面建设社会主义现代化国家而团结奋斗》,《人民日报》2022 年 10 月 26 日。

习近平:《决胜全面建成小康社会 夺取新时代中国特色社会主义伟大胜利》,《人民日报》2017 年 10 月 28 日。

中共中央文献研究室编:《十三大以来重要文献选编》(中),人民出版社 1991 年版。

《中国共产党章程》,人民出版社 2017 年版。

四 英文文献

Bruce J. Dickson, *Red Capitalists in China*: *The Party*, *Private Entrepreneurs and Prospects for Political Change*, Cambridge : Cambridge University Press, 2003.

Christopher Earle Nevitt, "Private Business Associations in China: Evidence of Civil Society or Local State Power?", *The China Journal*, 1996 (36).

David L. Wank., "Private Business, Bureaucracy, and Political Alliance in a Chinese City", *The Australian Journal of Chinese Affairs*, 1995 (33).

Gordon White, "Prospects for Civil Society in China: A Case Study of Xiaoshan City", *The Australian Journal of Chinese Affairs*, 1993 (29).

Jean C. Oi, *Rural China Takes Off: Institutional Foundations of Economic Reform*, Berkeley: University of California Press, 1999.

Jonathan Unger, Antia Chen, "China, Corporatism and the East Asian Model", *The Australian Journal of Chinese Affairs*, 1995 (33).

Joseph Fewsmith, "From Guild to Interest Group: The Transformation of Public and Private in Late Qing China", *Comparative Studies in Society and History*, 1983 (4).

Joseph Fewsmith, *The Logic and Limits of Political Reform in China*, Cambridge: Cambridge University Press, 2013.

Josephine Fox, "Common Sense in Shanghai: The Shanghai General Chamber of Commerce and Political Legitimacy in Republican China", *History Workshop Journal*, 2000 (50).

J. S. Burgess, "The Guilds and Trade Associations of China", *The Annals of the American Academy of Political and Social Science*, 1930 (152).

Kenneth Jowitt, "Inclusion and Mobilization in European Leninist Regimes", *World Politics*, 1975 (28).

Kenneth W. Foster., "Embeded with in State Agencies: Business Association in Yantai", *The China Journal*, 2002 (147).

Klaus, E. M., "Institutions, Transaction Costs and Entry Mode Choice in Eastern Europe", *Journal of International Business Studies*, 2001 (32).

Margaret M. Pearson, "The Janus Face of Business Associations in China: Socialist Corporatism in Foreign Enterprises", *The Australian Journal of Chinese Affairs*, 1994 (31).

Suchman M. C., "Managing Legitimacy: Strategic and Institutional Approaches", *Academy of Management Review*, 1995.

Tara Kolar Bryan, "Multilevel Learning in Nonprofit Organizations: Exploring the Individual, Group, and Organizational Effects of a Capacity Building Program", *Journal of Nonprofit Education and Leadership*, 2017 (7).

Tony Saich, "Negotiating the State: The Development of Social Organizations in China", *The China Quarterly*, 2000 (161).

Tsai K S., *Capitalism without Democracy*: *The Private Sector in Contemporary China*, Ithaca: Cornell University Press, 2007.

Zhu X., Zhang Y., "Political Mobility and Dynamic Diffusion of Innovation: The Spread of Municipal Pro-Business Administrative Reform in China", *Journal of Public Administration Research & Theory*, 2016 (26).

后　记

　　本书由我的博士学位论文改编而来，从萌生出版想法到正式出版历经四年的时间，经过反复的打磨、修改和校对才得以呈现在诸位面前。2020年8月参加工作后，我曾想过将论文出版，但终因自觉行文质量不佳而选择了放弃。去年，我重燃了出版论文的想法，如今当初的想法终究得以成行，而个中曲折也终于有了倾诉的机会。

　　本书主要考察的是我国民间商会参与社会治理的行为。自己一直习惯从基层思考国家与社会关系的变迁，故而长期致力于基层治理的研究，而之所以会将研究对象对准民间商会，实际上与硕士学位论文有关。2017年，我在进行硕士学位论文写作时，借助人类学的方法深入老家农村，对当时普遍盛行的祠堂重修之风进行观察，先后走访多个村庄，采访了多名乡村干部，还对多位村民进行了访谈。在田野调查中我收获了新知，顺着祠堂重修这条线索，逐渐发现了隐藏在背后的权威与秩序关系，传统权威的式微与新式权威的嵌入，带来了乡村秩序的转变，形塑了当前赣西农村的基本治理风貌。其中以民营企业家为代表的"新乡贤"群体在多起乡村矛盾纠纷调处中崭露头角，刮起了一股新的治理之风。但受到调查深度、时间和范围的限制，当时并没有对这些正在全国范围内发挥作用的乡贤组织进行更深入的研究和探讨。读博后，硕士学位论文当中的疑惑仍旧困扰着我，我想要将研究的层面从乡村场域扩展到市镇场域，对"基层共治"的未来走向进行更深入的思考。在导师的鼓励和引导下，我决定对老家的一家典型性商会组织进行长时段的追踪和调查。

　　2018年11月，我顺利进入了这家商会。这里面还有一个插曲，我向一名副会长递交自己的简历后，这名副会长误以为我是来应聘工作的，当他看到"博士研究生"几个字后，惊讶地问道："博士也来我们这里应聘啊!"我随即向他说明了来意,他非常高兴,立刻打电话给商会的党委书记,告知我准备在商会"长期驻扎"的消息。商会工作人员对我的到来同样感到惊讶和好奇,但他们还是很快接纳了我。在日后他们都给予了我很多帮助,几乎毫无保留地向我提供了所有宝贵的材料和信息。而我的家乡人身份,更是成为了最佳通行证,老乡们为我的调研之旅"大开方便之门",让我有足够的时间、空间和勇气打开一切未知之门,探索民间商会参与社会治理的地方奥秘。

第一次调研大概进行了半个月,我搜集了数百份电子材料和一些纸质材料,对商会的工作人员分别进行了一次深入的访谈。在调研期间,我一方面完成既定的调研任务,一方面协助他们做一些力所能及的事,比如接待慕名而来的访客和前来求助的乡民,有时还外出扶贫济困,从事一些公益活动等。记忆最深的一次是 2019 年 7 月发生的水灾,当地最大的乡镇遭遇洪水灾害,数百名群众被洪水围困在集镇。得知险情后,水镇商会第一时间购买了大量物资,并动员若干名会员前往受灾地参与救援。那一天,我被眼前的一幕震惊了,有史以来第一次,十多个乡镇商会,扛着本商会的旗帜,统一穿着红马甲,在赈灾点协助政府工作人员抗洪抢险,从上午一直忙碌到晚上。这可能是我见过的最为震撼的场面,它让我深深地意识到,有组织的有党建引领的商会组织给这个分化的社会带来了温暖和感动,此刻国家与社会的良性互动变得具象化了。前期的调研建立了我与商会的长期联系,使得我后期能够随时进入商会进行观察和调研,久而久之,我成为了商会的特殊一员。后来,博士学位论文答辩结束,我也经常去商会坐一坐、聊一聊,关心商会的最新进展。

参加工作后,不知道为什么,很长时间不愿意面对自己的论文,更不愿意去好好修改一番,通过出版的方式呈现给更多的读者。这一放就是三年。三年里发生了许多事,脱贫攻坚任务顺利完成,乡村振兴战略全面实施,党建引领成为基层治理创新的重要法宝,社会治理的现代化越来越需要有组织的社会力量的参与和加入……这又让我重拾了出版论文的信心。在某种程度上,我的论文通过大量的实证材料展现了促使民间商会与基层治理产生千丝万缕联系的宏观和微观力量,揭示了一些具有代表性的运行机制。这就使得我能够壮着胆子联系出版社,将曾经的想法付之于实践。

本书从谋篇布局到付梓出版,前后经历六载,期间,我从一个学生变成了一名教师,从一个单身汉变成了一名丈夫,从一个儿子变成了一名父亲，完成了许多人生大事，离梦想的生活又近了一些，而这一切都离不开那些照亮我人生道路的可敬可爱的人。

家乡商会是我第一个要感谢的对象，但因为学术规范，我仍旧无法在此具名表达我的谢意。谁能想到，那个曾经养育过我的小镇，在我外出求学多年后仍旧给予我那么大的支持，这种温暖值得我永远铭记在心间。此外，如果没有访谈对象的推心置腹，我也无法搜集到那么多的素材，我本想开出一个长长的名单，无奈人员实在太多，只好选择其中一些予以感谢。感谢周金林、邹细保、何华武、张钰斐、傅敏，是他们无私的帮助，让我在调研过程中畅通无阻，他们保存的大量的文字材料，为本书的写作提供了扎实的基础。

从事基层治理研究，离不开两个重要的老师。一个是我的授业恩师——武汉大学张星久教授，他从不干预我的研究兴趣，从硕士期间就开始鼓励我深入田间地头，在学术的田野上大胆假设，小心求证，严谨写作。他经常与我促膝长谈，每每都能给予我心灵的震撼和灵感的启迪。张老师虽已退休，但仍笔耕不辍，他的治学精神一直激励我不断前行。另外一个是我的学术引路人——武汉大学的刘伟教授。刘老师不仅激发了我对基层治理的研究兴趣，而且在本书的写作过程中提出了许多宝贵的修改意见，令我受益匪浅。学术研究向来不是一个人单独就能办到的事，我还要感谢给我写作启发的老师和师兄们，他们是唐皇凤教授、沈永东教授、闫帅副教授和邢健老师，以及为我校对过文字的师弟师妹们，他们是梁新芳博士、尚振扬博士、张玉昆博士和卢春玲师妹。

除此以外，工作单位的领导和同事在本书的出版事宜上也提供了大力支持。感谢雷振文院长，在我提出资助出版的申请后，他第一时间给了我肯定的答复，更要感谢陈志兴教授，如果不是他的开导和指引，原稿可能还会继续尘封下去。还要感谢中国社会科学出版社的梁剑琴老师，她对本书做了专业、耐心且细致的编辑工作。

过去的六年，我的父母和妹妹一直在背后默默支持我的求学之路，感谢他们的辛苦付出。因为家庭贫困，父母在我很小的时候就外出务工，我一度成为留守儿童，其中的艰难困苦自不必说。然而，相比于那些早早就辍学的农村孩子们来说，我无疑是个幸运儿。父母从小教育我要勤奋读书，毫不吝啬地支持我一路念到了博士，这样的家庭氛围也激励我的妹妹成为一名优秀的大学生。在本书刊印之际，我即将奔赴学习的最后一站——北京大学，开启为期半年的公派访学之旅。对于我的家人而言，"北大"两个字或许只是一个模糊的符号，但却让他们拥有了"凡尔赛"的新资本，可以让他们高兴好一阵子，我想这大概也算是一种感恩和回报吧。

最后，我想感谢我的爱人刘文琴老师。每次提到她我都觉得感谢两个字的分量太轻了。她不仅用自己的历史素养填补了我知识上的一些空白，而且用她的善良、体贴、温柔、智慧和美丽，在情感上给予了我莫大的鼓励和慰藉，没有她我无法想象自己的人生会减少多少光亮。今年春节，我们的女儿卢哲苓呱呱坠地。有了女儿后，我们的生活增添了许多乐趣，她好动、爱笑、贪玩，眼睛里充满了对这个世界的好奇，她在一点点长大，我的书稿也在一点点完成。应该说，本书的修改是伴随她的成长一起的。

虽然我一直竭尽全力地打磨书稿，试图通过较强的叙事性来丰富个案研究，但因个人对实证方法的运用以及对理论资源挖掘的能力有限，书中在经验的总结和理论的提炼等方面仍存在不足之处，还望各位专家学者、同仁和学友海涵，也诚恳地欢迎诸位批评指正！

卢艳齐
2024 年 8 月于赣西秧田村